知識ゼロからの

老後のお金入門

司法書士法人ソレイユ
代表司法書士
河合保弘
Yasuhiro Kawai

幻冬舎

まえがき

あなたが築いた財産なのに、あなたの自由に使えない。本当にそれで良いですか？

「お金」とは、いったい何なのでしょう？

お金は、あらゆる財産の中で、最も自由に使えるものです。

いつでも不動産や宝石など、他の種類の財産に換えられます。またお金で、旅行や飲食、医療や介護など、あらゆるサービスを買うこともできます。

「お金」をもっている人は、自分自身の意思で自由に使えるという、強い権利をもっているということなのです。

しかし、いつの日か、その人が認知症になって、自分で何も判断ができなくなったとき、その人のお金はどうなるのでしょう？

そして、いつの日か、その人がお亡くなりになったとき、そのお金はどうなるのでしょう？

答えは、残念なことに、「その人のお金なのに、その人の自由には使えなくなる」ということです。

人が何の準備もしないまま、認知症になった場合、その財産は「成年後見人」と呼ばれる人の管理下に置かれ、事実上凍結されてしまいます。人が死亡した場合には「法定相続人」という、法律が勝手に決めた人たちに機械的に分けられてしまいます。

自分の財産なのに、財産の行方を決める権利が他人に任されてしまうのです。

本当にそれで良いのでしょうか？

特に「相続」に関して、日本人は大きな誤解をしているのではないかと思います。

「相続」の主役は一体誰なのでしょう？

一般の方々、専門家ですら、「相続の主役は相続人だ」と思い込んでいます。

相続セミナーなどでも、「あなたが亡くなったら配偶者に2分の1、子どもたちに残りの2分の1」といった、いわゆる法定相続の話から入っています。

しかし、それは明らかに誤りです。相続の主役はあなた自身、財産の行方を決める本当の権利をもつのはあなたなのです。

ただし、あなたが主役になるには、それ相応の準備が必要であるということを忘れてはなりません。

日本人は「リスク」に対する意識が極めて薄いといわれており、先進国の中で任意後見人をつける人、遺言書を書く人の割合が極端に低いという事実があります。その結果として、「争続」と揶揄される不毛な相続争いの多さは、民法という法律の不備も相まって、この国はおそらく世界最高ではないかと思われます。

何も準備をしないということは、責任を放棄するということです。

自分の財産は自分の意思でもって適切に管理し、そして正しい形で次世代に引き継がせるべきです。子や配偶者としての義務も果たさずに法定相続の権利を振り回すばかりの者ではなく、本当に「愛する家族」に、そして「親孝行者」や「後《あと》継《つ》ぎさん」にこそ遺してあげるべきだと思いませんか？

財産を管理し、引き継ぐための準備を、一日でも早い段階で進めておくことが、あなたが愛する人たちのために果たすべき、いわば「大人の責任」であり、「大切な義務」でもあるのです。

本書が「お金」の、本当の意味を考えていただく、一つの機会になれば幸いです。

司法書士法人ソレイユ 代表司法書士 **河合保弘**

もくじ

あなたが築いた財産なのに、あなたの自由に使えない。
本当にそれで良いですか？……1

第一章 ライフステージに合った制度を利用すれば、認知症も相続もこわくない 13

事件簿No・1 身の回り編①
後見人がいないと
介護・医療が受けられない!?……14

事件簿No・2 身の回り編②
すすめられるままに購入した
高額な健康食品や布団がいっぱいに……16

事件簿No・3 遺言書編①
配慮が足りない遺言書によって
兄弟関係が悪化……18

事件簿No・4 遺言書編②
内容がわからないまま、
遺言書を書かされてしまう……20

事件簿No・5 不動産&株式編①
年長の伯父が亡くなった。
共有名義の不動産の管理はどうする!?……22

事件簿No・6 不動産&株式編②
自社株式の配分ミスで家業が倒産寸前に……24

ライフステージと制度
複数の制度を組み合わせ
今から賢い備えを……26

各制度の概要

●今後の収入
加入期間・納付額に応じて受給できる 年金……30

●お金の管理ツール①
ケガや病気の一時的な備え 任意代理契約……32

●お金の管理ツール②
判断能力の低下に備える 任意後見制度……34

●お金の管理ツール③
財産の分け方を指定する 遺言書……36

●お金の管理ツール④
分け与えて財産を活用 贈与……38

●お金の管理ツール⑤
財産管理を家族などに託す 家族信託……40

各制度の組み合わせ

●ケース別の利用モデル
判断能力・身体能力の経過に応じて使う制度が変わる……42

自治体の社会福祉協議会で、福祉・介護サービスを受ける……46
＊日常生活自立支援事業

もっと知りたい1 死後の手続きや葬儀の手配
死後の手続きやあなたらしい葬儀を手配しておく……48

第二章 契約や支払いを信頼する人に任せ、生活資金を守る
——見守り契約・任意代理契約・任意後見制度——
49

生活資金の確保
将来に備え、お金の管理を信頼できる人に任せておく……50

各契約・制度の基本

●生活資金を守る3つの制度
見守り契約・任意代理契約・任意後見制度の3つで備える……52

見守り契約

●見守り契約の基本、見守り契約書
定期的な連絡・訪問で変化に早く対応してもらう……56
★見守り契約書の作成例

任意代理契約

●任意代理契約の基本
ケガ・病気のときなど一時的に財産管理を依頼……58

もくじ

●任意代理契約書
依頼する内容を契約書に明記する……60
★移行型任意後見契約書の作成例

任意後見制度

●任意後見制度の全体の流れ
判断能力の低下に備えて、任意後見人を指定しておく……62
●制度の類型
体調や支援状況によって任意後見制度の形を選ぶ……64
●任意後見人・任意後見監督人の仕事の流れ
後見事務は、財産管理から家庭裁判所への報告まで……66
●任意後見人に依頼すること①
あなたの生活を守るために、契約や支払いなどを頼む……68
●任意後見人に依頼すること②
家族の将来を任意後見人に託すことができる……70
●任意後見人の検討
自分が〝信頼できる人〟に頼む……72
●予備後見人、複数後見人
複数の人を選んでおけばもしものときに安心……74
●法人後見人
法人を後見人に選任することもできる……76
●任意後見監督人
家庭裁判所に選任された監督人が権利を守る……78
●費用と報酬
任意後見人、任意後見監督人に費用と報酬を支払う……80
●任意後見契約書
契約内容が決まったら「任意後見契約書」を作成する……82
★移行型任意後見契約書の作成例

情報収集

●任意後見制度に関する情報収集
専門家団体や自治体で情報を集める……86
もっと知りたい2　〝心〟に関する公正証書
お金のこと以外に、命の尊厳に関わる意思表示もできる……88

第三章
財産の配分を決め、次の世代に活きる遺し方をする
——遺言&贈与——
89

遺言書の書き方と相続の基本
正しい遺言書を作成し、相続トラブルを回避する……90

遺言書の基本
●**遺言書の役割と種類**
「遺言」とは違う。財産の配分を決める……92
●**財産の棚卸**
遺言書で指定する財産をリストアップする……94

相続の基本
●**予備知識①相続人**
遺言書がないと、相続人は民法上の優先順位で決まる……96
●**予備知識②遺留分**
遺言書通りにいかないことがある……98

遺言書の書き方
●**遺言書で指定できること**
遺言書で指定できることは民法で決められている……100
●**内容の特定の仕方**
「財産&数量の特定」が遺言書の鉄則……102

戦略的遺言書
●**遺言書に潜むリスク**
遺言制度は穴だらけ。リスクを想定して備える……104
●**多重遺言**
あらゆる相続パターンに備え柔軟な遺言書を作成する……106
●**補充遺言**
先立たれても困らないように夫婦で遺言書を作成する……108

もくじ

公正証書の作成

●公正証書の作成手続き

遺言執行者を決め、公証役場で作成する……110

贈与の検討

計画的な贈与と特例の利用

“資金不足”に陥らないように計画的に贈与する……112

●贈与の基本

本当に贈与が必要ですか？基本をおさえて方針を決める……114

控除・特例

●教育資金贈与ほか

特例を使った一括贈与で家族に還元&相続税対策……116

贈与税の課税方式

●暦年課税、相続時精算課税

課税方式は2種類。あげる相手に合わせて選ぶ……118

相続税対策で贈与を考えている人は必見「あげすぎ」「遺しすぎ」を避ける贈与額の考え方……120

もっと知りたい3 贈与したお金の活用例

贈与と生命保険を組み合わせ、相続争いを防ぐ……122

第四章 自分から子・孫の代までカバー。あらゆる相続問題を生前にクリア ——家族信託—— 123

信じた人に財産を託す

財産管理、相続、家族の扶養……お金の悩みを解決する……124

家族信託の基本

●信託の特長

遺言書でできないことも家族信託なら可能……126

家族信託の仕組み

- **信託の概念**
基本の考え方は、所有権を権利と名義に分けること………132

- **信託の登場人物**
主な登場人物は委託者・受託者・受益者………134

- **信託の前提**
家族信託は信頼の上に成り立つ………136

家族信託に関わる人

- **委託者**
受益者と関係が良好な人を受託者に選ぶ………138

- **受益者**
相続を想定して受益者を決定する………140

家族信託の設計

- **信託内容の検討**
"願い"と信託財産を整理し、信託内容を決める………142

家族信託の活用例

- **①遺言代用信託**
自宅の不動産を継がせたい人に確実に渡す………144

- **②遺言・後見併用型信託**
遺言と後見制度を組み合わせ、家族の思いを実現させる………146

- **③金銭贈与信託**
判断能力が低下しても家族への贈与を続けられる………148

- **④家督承継信託**
直系の親族だけに代々伝わる財産を譲り渡す………150

- **⑤再婚支援信託（ハッピーマリッジ信託®）**
再婚夫婦の"争続"防止に。お互いの財産を信託する………152

- **⑥障害者福祉信託**
自分の亡きあともわが子を一生養うことができる………154

もくじ

家族信託の手続き

●信託契約の開始と終了
契約書などによって開始。目的が達成されると終了……156

●信託契約書
家族信託契約書を作成し、信託契約の存在を証明する……158
★信託契約書に盛り込む項目例

もっと知りたい4 その他の家族信託の活用例
ペットや伝統家屋も。家族信託で守れるものはまだある……160

巻末特集
今後の資金計画を左右する 今さら聞けない年金・保険Q&A 161

制度の確認
今後の大切な収入〝年金〟と支出に関わる〝健康保険〟を理解していますか？……162

年金編
Q1・年金制度をもう一度おさらいしたい。……163
Q2・年金は、ある程度の年齢で必ずもらえるんですよね？……164
Q3・年金はいつからもらえるのですか？……165
Q4・年金受給開始を早めたり遅らせたりできますか？……166
Q5・年金額はどうやって調べたらいい？……167
Q6・家族がいると年金が増えるの？……168

知識ゼロからの老後のお金入門

Q7・定年後も働けば、年金と給与でダブルの収入!? …………169

Q8・年金額が少ない……増やす方法はないの？ …………170

健康保険編

Q9・健康保険の仕組みをおさらいしたい。 …………171

Q10・勤め人の健康保険って、どう切り替わるの？ …………172

Q11・医療費や介護費で高額出費……どうしよう！ …………173

付録

いくらもらえて、いくら支払う？ 老後のお金試算表 …………174

さくいん＆ひとこと用語解説 …………178

困ったときの問い合わせ先 …………186

遺すお金に愛を込めて。美しい人生のエピローグを。 …………188

取材協力 …………190

参考文献 …………191

本書の情報は、2015年11月現在のものです。法制度や税率は、今後変わる可能性があります。

この本の登場人物

一家の主、信夫が定年退職を間近に控えた佐藤家。今後の生活設計が気になり始めています。

〈佐藤家〉

信夫(64)

会社員。定年退職を控え、人生やお金について考えることが増えた。

託子(62)

専業主婦。おっとりして慌て者。長男の妻との関係は良好。

優子(35)

しっかり者で義父母にも頼りにされている。二児の母。

民夫(36)

会社員。両親を支えつつ、自分の将来のことも少し気になる。

法子(32)

独立して翻訳家をしている。自由気ままな一人暮らし。

誠(6)

幼稚園に通う。優しくて頼もしい性格。

実(3)

少し甘えん坊な性格。兄の誠と仲良し。

司法書士
河合保弘先生

遺言、相続、家族信託など“エピローグケア”全般が得意分野。

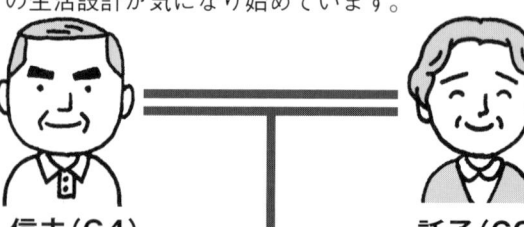

第一章

ライフステージに合った制度を利用すれば、認知症も相続もこわくない

お金の管理にまつわる法制度には、それぞれのライフステージに適した制度があります。第一章では、安心してこれからの生活を送るための法制度と、その組み合わせ活用例を紹介します。

事件簿
No.1

身の回り編
①

後見人がいないと介護・医療が受けられない!?

事件の骨子

Aさん（79歳）は最近物忘れが多い。妻には先立たれ、一人暮らし中。「このままでは、今後生活に支障が出てきて困るかもしれない」と心配し、高齢者向け住宅に入居するための契約に行った。

ひと通り説明を聞き、契約しようとすると、高齢者向け住宅の職員から「後見人や身元保証人がいない場合、契約は難しい」と渋い顔をされてしまった。

いまだ契約は保留である。

医療費の請求や手術に意思確認が必要なことも

もし将来、入院したり、高齢者向け住宅に入居することになると、後見人や身元保証人の存在を求められることがよくあります。後見人や身元保証人がいない場合は、入院や入居を断られてしまうケースも。どんな対策があるのか見ていきましょう。

保証人とは、重たい響きですね。後見人も、負担が大きいイメージです。そんな人、見つかるでしょうか……

病院や介護施設が後見人や身元保証人を求めるのは、**もしものときに費用を請求したり、判断をゆだねたりするためです。**たとえば、下記の場合です。

たとえば……
- ●手術を受ける
- ●延命治療を続けるかどうか、判断が必要
- ●脳死状態になり、臓器提供をするかどうか判断が必要
- ●高額の治療費や施設利用料を支払う　　など

いろんなケースが考えられますね。

そうですね。**病院や施設側だけでは判断できないので、それを助ける役割が必要になる場合がある**のです。

もし自分だったら、お世話になった病院や施設に、迷惑をかけるのは気が引けます。かといって、医療や介護が受けられないと困るな……

安心して医療や介護を受けるために、任意後見制度を含め、いろいろな制度で準備しておくことができますよ。健康な今のうちに備えておくことが大切です。

解決のカギ

この制度を使って予防＆解決！

見守り契約→P28、53、56
任意代理契約→P28、32、54、58～
任意後見制度→P28、34、55、62～
尊厳死宣言公正証書→P88
臓器提供宣言公正証書→P88

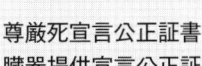

事件簿
No.2

身の回り編
②

すすめられるままに購入した高額な健康食品や布団がいっぱいに

事件の骨子

一人暮らしのBさん（74歳）は早くに夫を亡くしている。最近、頻繁に訪問販売の営業員が来るように。「息子たちよりもずっと優しいわ」と、たまの会話を楽しんでいた。

しかし、相手は悪質業者だった。次第に勧誘がエスカレートし、Bさんはつい品物を購入した。

その後も断れなくなり、気がつくと部屋中、高額な商品があふれていた。

知らないうちに高額商品を契約してしまうことも

訪問販売などで、高額な商品や不要なリフォームなどを契約してしまうケースがあります。エスカレートすると、預金が底をついたり、自宅を差し押さえられてしまうことも。判断能力に不安が出てきたら、重要な契約は、誰かに手伝ってもらうのが賢明です。

親切な人から毎日電話がかかってきたら、心を許してしまうわ！　知らず知らずのうちに契約してしまいそうね。

気づいたときには貯金が大幅に減ってしまっているというケースも少なくありません。

そういえば、近ごろ新聞やテレビでこんなニュースを見ました。

たとえば……
- 親の年金を子が勝手に使ってしまった
- 介護施設で「遺産はすべて施設に寄贈する」という契約を結んでしまった
- 後見人を装って金融機関に同行されて、お金を下ろされてしまった

いずれも、判断能力の低下によって起こるものです。
それをカバーするための制度はたくさんあります。

むやみにお金が減らないように対策ができますし、家族とのトラブルも防げそうですね。

この制度を使って予防＆解決！　解決のカギ

見守り契約→P28、53、56
任意後見制度→P28、34、55、62～
任意代理契約→P28、32、54、58～

事件簿 No.3

遺言書編①

配慮が足りない遺言書によって兄弟関係が悪化

事件の骨子

Cさんはとても家族思い。自分が亡くなってから家族がもめないように、早くから遺言書を作成していた。

やがて、Cさんは亡くなった。

葬儀後、長男と次男が遺産をめぐって争いに。なぜなら、次男が相続した預金はCさんの医療費で減り、株式の価格も暴落していたからだ。

相続対策をしていたにもかかわらず、Cさんの思いは叶わずじまいだった。

遺言書には落とし穴がいっぱい。正しく書かないと争いを招く

遺産相続への関心が高まり、遺言書を作成することがめずらしくなくなってきています。ただ、せっかく遺言書を作成しても、書式が間違っていたり、相続人が納得できない内容では、トラブルのもとになります。

最近は遺言書の作成が奨励されていますが、**いいかげんな遺言書によるトラブルが後を絶たないのです。**

えっ、そうなんですか？

遺言書の失敗例は、とてもたくさんあります。

たとえば……
- ●署名、日付、捺印がない
- ●財産の記載もれ
- ●思いがけず相続時に財産が増えていた
- ●相続予定の財産が相続時になかった
- ●遺《い》留分《りゅうぶん》（P98）に全く配慮していなかった
- ●付言事項（P101）を書いていなかった

考えてもみなかった！　だけど、**正しい遺言書を作成することで争いを防ぐことができるんですな。**

その通りです。また、遺言書を作成するほかに、家族信託という、今大注目の方法を使うのも一つの手です。

解決のカギ

この制度を使って予防＆解決！

公正証書遺言→P29、93～
多重遺言→P106
補充遺言→P108
家族信託→P29、40、第四章

事件簿
No.4

遺言書編②

内容がわからないまま、遺言書を書かされてしまう

事件の骨子

Dさん（80歳）は、夫を亡くしてから認知症の症状が出てきた。子がいるが疎遠で、今は歳の離れた実の妹とその子（姪）と暮らしている。

妹はふだん姉の世話を焼いているので、遺産をもらえて当然だと思っている。

妹はDさんに働きかけて自分に有利な遺言書を作成させ、その子（姪）をDさんの養子にし、妹家族が相続時に有利になるようにした。

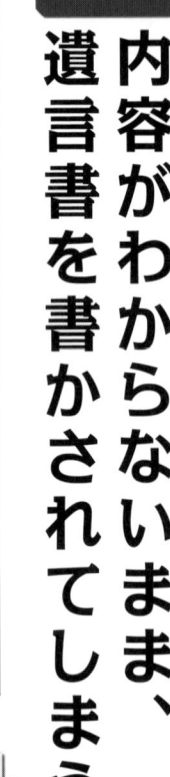

認知症になってからの法律行為は争いの火種となる

この先判断能力が低下すると、相手の都合の良いような遺言書を作成させられてしまう可能性があります。このような場合、その遺言書は無効にすることができますが、そのためには手間も時間もかかるうえ、確実に元通りになるかわかりません。

知らないうちに相手に有利な遺言書を書かされてしまうなんて、恐ろしい！

財産狙いの養子縁組なども増えています。**相続人が1人増えるだけで、相続割合がだいぶ変わります**から、争いの原因になりやすいのです。

いったん成立してしまった養子縁組や遺言書は、撤回できないんですかー！？

無効にするには、証拠を集めて裁判で立証しなければなりません。その証拠というのがこんなものです。

たとえば……
●筆跡鑑定（本当に本人が書いたか）
●日記、手紙の鑑定（本人の字か、判断能力があったか）
●介護記録（判断能力があったか）
●脳の MRI 画像（判断能力があったか）

無効にできたとしても、お金が返ってくるかどうかはわからないし、何より心にしこりが残るわよね。

そうです。**自分や周りの人を悲しませないために、対策が必要なのですよ。**

解決のカギ

この制度を使って予防＆解決！

見守り契約→P28、53、56
家族信託→P29、40、第四章
任意後見制度→P28、34、55、62～

事件簿
No.5

不動産＆
株式編①

年長の伯父が亡くなった。共有名義の不動産の管理はどうする!?

事件の骨子

Eさんは、伯父や兄弟たちとアパートを共有している。家屋は老朽化が激しく、すぐにでも建て替えが必要だ。

建て替えの相談をしようとした矢先、100歳近い一番上の伯父が亡くなった。伯父の家では遺産相続がこじれて、新しい所有者が決まっていない。

所有者全員の印鑑がそろわないため、アパートの建て替えができず、居住者も減ってしまった。

所有者全員の同意がないと処分できなくなる

複数の相続人で不動産を共同相続し続けると、一つの不動産に対して多数の所有者がいる状態になります。その全員を把握するのは難しいことも。売却や改修をしたい場合、所有者全員の同意が必要なので、どうすることもできなくなるおそれがあります。

そういえば田舎に、私の父の代から共有状態になっている土地があります。

お父さまの代からならまだ良いほうですよ。今のうちに**所有者を明らかにしておくべきでしょうね。**共有状態にある不動産には、こんなリスクがあります。

たとえば……
- ●共有者（相続人）が誰なのかわからないが、戸籍の調査は難しい
- ●一部の共有者の居場所がわからないが、住所の調査はほぼ不可能
- ●不動産を売却したり活用したりできず、多額の管理費や固定資産税ばかりがかかる

もう打つ手立てはないのでしょうか……

それを解決できるのが、家族信託です。所有権はそのままに、不動産を処分することができる仕組みなのです。

そんな画期的な制度があるのですね！　気になります。

今、大注目の制度です。家族信託が普及して、不動産をはじめとする資産がもっと活用されるようになるといいですね。

解決のカギ

この制度を使って予防＆解決！

家族信託→P29、40、第四章　任意後見制度→P28、34、55、62～
任意代理契約→P28、32、54、58～

事件簿
No.6

不動産＆
株式編②

自社株式の配分ミスで家業が倒産寸前に

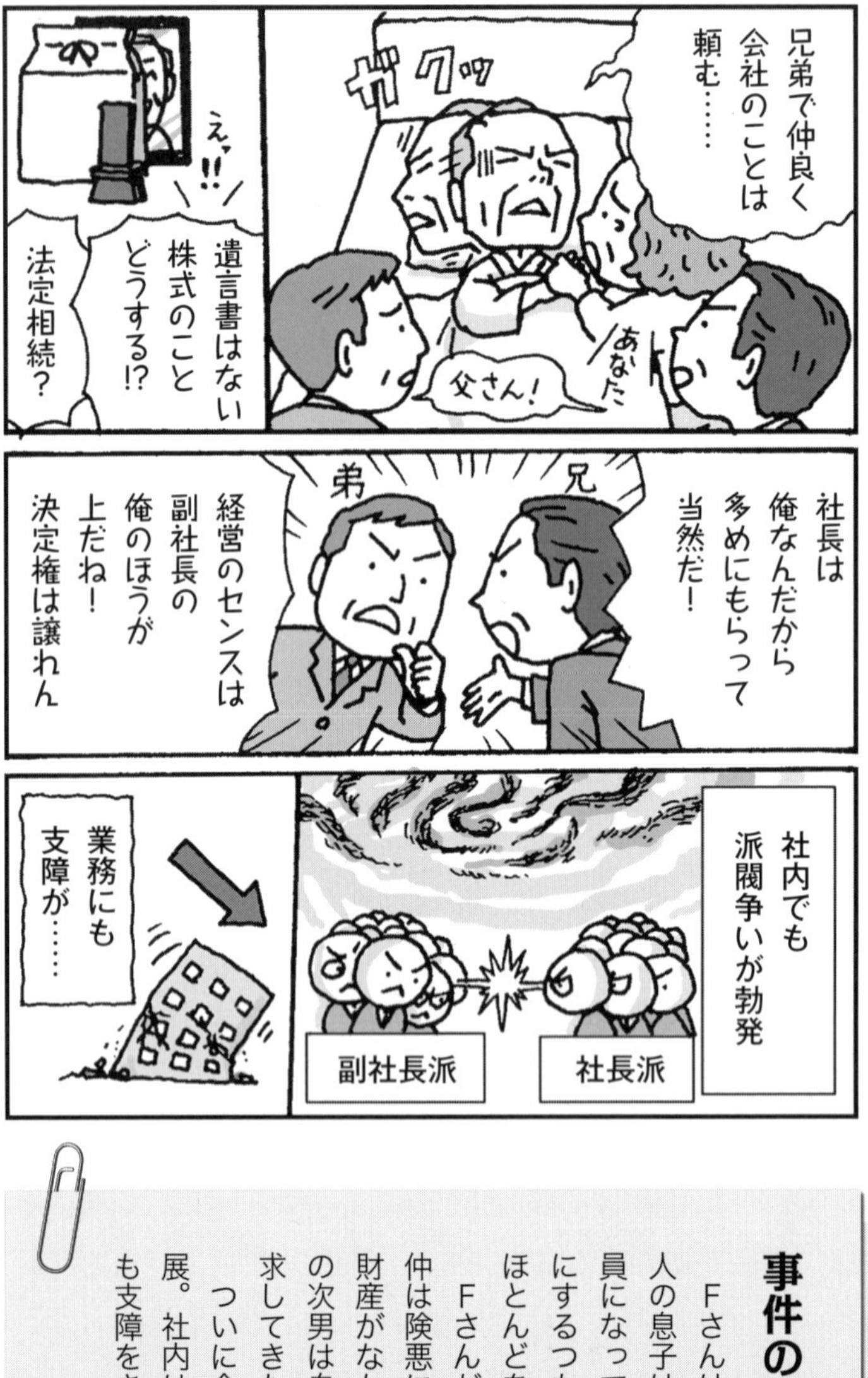

事件の骨子

Fさんは会社の経営者。2人の息子はそれぞれ会社の役員になっている。長男を社長にするつもりで、自社株式のほとんどを相続させた。

Fさんが亡くなると、兄弟仲は険悪に。自社株式以外に財産がなかったため、副社長の次男は自社株式の半分を請求してきた。

ついに会社は派閥争いに発展。社内は騒然とし、業務にも支障をきたすようになった。

事業に関わる財産は確実に後継者に引き継ぐのが鉄則

会社の経営者は、自分の生活資金に加えて、会社の資産も管理しなければなりません。個人のお金と違い、きちんと引き継がないと経営全体に関わる問題に発展します。確実に引き継ぐことができるように準備しておく必要があります。

中小企業を営む方に多いのですが、遺言書などで対策をしたものの、うまくいかないケースがあります。

えっ、遺言書通りにならないケースもあるのですか！

民法には「遺《い》留分《りゅうぶん》」といって、一定の法定相続人が請求できる取り分があるのですよ。**遺言書で財産の配分を明記しても、民法には逆らえないのです。**ただし、**家族信託なら、「相続」ではなく「契約」になるので、遺留分対策も可能になります。**さまざまなケースに有効です。

たとえば……
- 自社株式や事業用不動産を、確実に後継者に引き継がせたい
- 自宅の土地と家屋を、自分の直系の親族に代々引き継がせたい
- 法律上の婚姻関係にない人に、自分の財産を相続させたい
- 自分の亡きあとは、財産はすべて発展途上国の子どもたちに寄付したい

幅広いケースに対応できるんですね。

この制度の効力を確実に発揮するには、専門家の指導のもとに行うのが安心です。うまく使えば、とても使い勝手の良い制度なのです！

解決のカギ

この制度を使って予防＆解決！

家族信託→P29、40、第四章

ライフステージと制度

複数の制度を組み合わせ今から賢い備えを

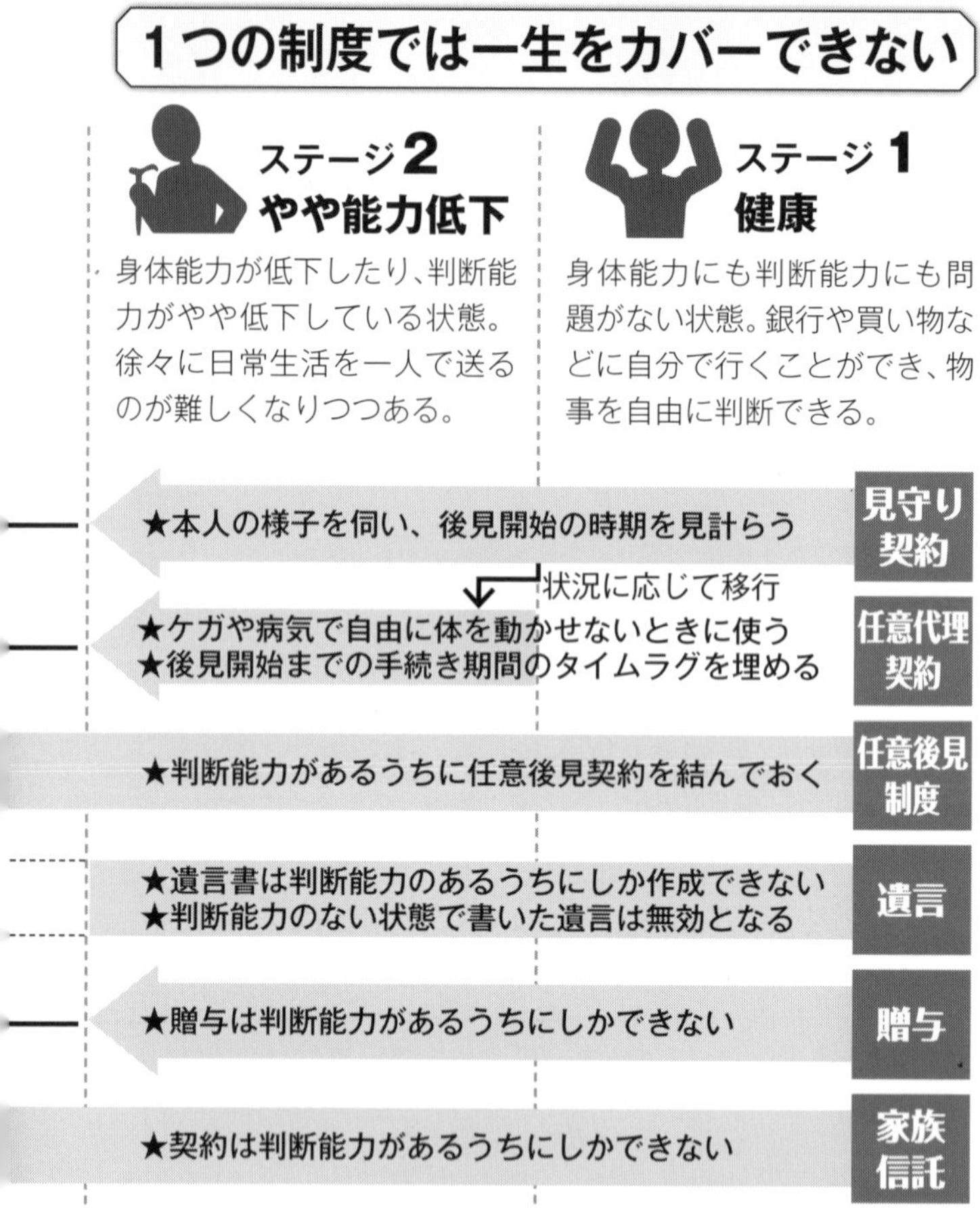
1つの制度では一生をカバーできない
ステージ1
健康
身体能力にも判断能力にも問題がない状態。銀行や買い物などに自分で行くことができ、物事を自由に判断できる。
ステージ2
やや能力低下
身体能力が低下したり、判断能力がやや低下している状態。徐々に日常生活を一人で送るのが難しくなりつつある。
見守り契約
★本人の様子を伺い、後見開始の時期を見計らう
状況に応じて移行
任意代理契約
★ケガや病気で自由に体を動かせないときに使う
★後見開始までの手続き期間のタイムラグを埋める
任意後見制度
★判断能力があるうちに任意後見契約を結んでおく
遺言
★遺言書は判断能力のあるうちにしか作成できない
★判断能力のない状態で書いた遺言は無効となる
贈与
★贈与は判断能力があるうちにしかできない
家族信託
★契約は判断能力があるうちにしかできない

多くの人は、60代から70代にかけて仕事の第一線を退きます。自分の時間が増える一方で、収入が減り、今までの貯蓄と年金を中心に、暮らしていくことになります。

まとまった額の定期収入が減るこの機会に、生活の見直しが必要です。

貯蓄に余裕がある人は、旅行や買い物を楽しんだり、自分の意思で自由に、財産を贈与したり相続させたりしたいものです。

ただし、貯蓄が十分にあっても、医療費や介護費などで、思いがけず出費がかさむこともあります。決して油断はできません。

心身ともに豊かに暮らすためには、今後の生活設計を十分に考え、お金を管理する必要があります。

今後の生活や資産管理に関する

ステージ3 判断能力低下

認知症などによって、物事の良し悪しを判断したり、自分の行動の結果を予測したりする力が弱まっている。

ステージ4 相続

人が亡くなり、遺産相続や死後の事務が必要な時期。故人の意思と残された人の思惑が対立しやすく争いが起きやすい。

ステージ5 二次、三次相続

自分の子や孫の代以降の相続。遺言では自分の相続までしか指定できない。自分が形成した財産であっても、その先の処分については自分の意思が反映されない。

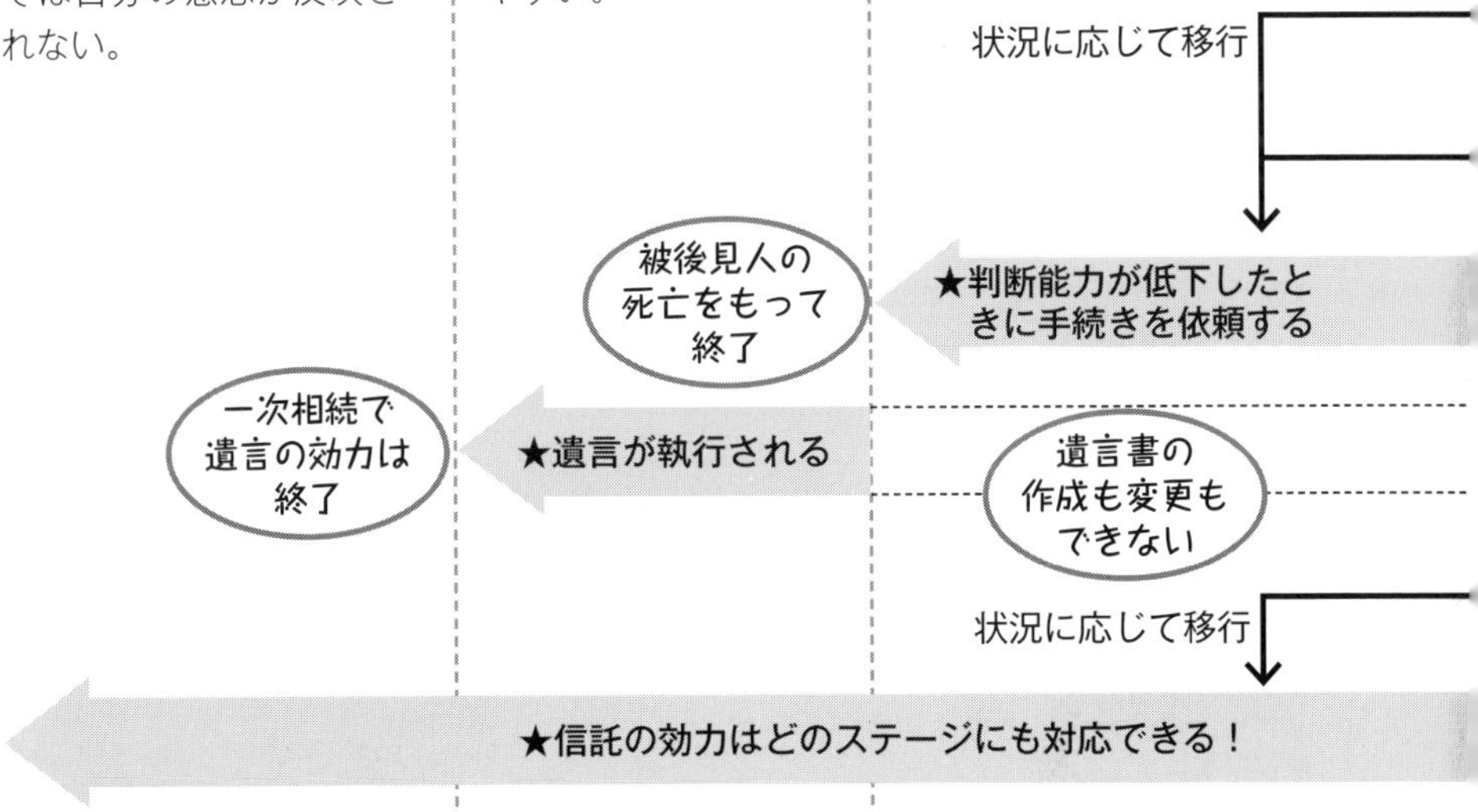
状況に応じて移行
★判断能力が低下したときに手続きを依頼する
被後見人の死亡をもって終了
★遺言が執行される
遺言書の作成も変更もできない
一次相続で遺言の効力は終了
状況に応じて移行
★信託の効力はどのステージにも対応できる！

法制度には、さまざまなものがありますが、一つの制度では、ライフステージの一部分にしか対応できません。長い間には、体調や生活環境が変わり、過ごし方も変わるものです。複数の法制度を組み合わせて、ライフステージの変化に対応する必要があります。

ワンポイント

自分のためでもあり家族のためでもある

何も対策をしないまま、判断能力が低下したり、亡くなったりすると、その人の財産は、誰も自由に処分できなくなります。老後のお金を自分のために使うにも、家族への贈与や相続で有効活用してもらうにも、準備が必要なのです。

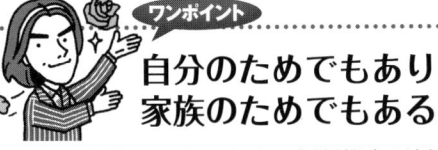

制度の違いをおさえ、上手に組み合わせて使いこなす

任意代理契約

内容

判断能力があるときに、日常生活や医療・介護などの契約、支払いや手続きなどを任せる。依頼できることの範囲が広く、柔軟性の高い制度。

手続き内容

親族や専門家などと私的に契約を結ぶ。もしくは、任意後見契約と同時に公証役場で行う。

費用

公正証書の作成費用：1 万 1,000 円～

詳細は P32、54、58 ～

見守り契約

内容

定期的に面会したり連絡を取り合い、判断能力の低下、身体能力の低下を客観的に見てもらう。特に、任意後見制度の開始時期を見極めてもらうために必須。

手続き内容

親族や専門家などと私的に契約を結ぶ。もしくは、任意後見契約と同時に公証役場で行う。

費用

公正証書の作成費用：1 万 1,000 円～

詳細は P53、56

成年後見制度

任意後見制度

内容

判断能力があるうちに後見人を自分で選べることが大きなメリット。将来、判断能力が低下したときに財産管理などを代理してもらう。

手続き内容

公証役場に行き、任意後見契約書を作成する。

費用

公正証書の作成費用：1 万 1,000 円～
後見人への報酬：月額約 1 万円～
（財産の金額による）

法定後見制度

内容

判断能力がすでに低下している場合に、親族などが家庭裁判所に申し立て、後見人を選任してもらう。財産の管理、契約の取消などを代理してもらう。

手続き内容

家庭裁判所で審判を受ける。

費用

申立て手数料：800 円
登記料：2,600 円
その他（郵便切手、医師の鑑定料 5 万円～ 10 万円程度）

詳細はP34、55、62～

人のマークは、その制度を設定する時期、効力を発揮する時期（P26～27）と対応しています。

遺言

内容

判断能力があるうちに、自分の財産を誰にどれだけ相続させるかを文書（遺言書）で指定することができる。自筆証書遺言と秘密証書遺言、公正証書遺言がある。

手続き内容

公正証書遺言は公証役場で作成し、認証してもらう。自筆証書遺言と秘密証書遺言は、書式にのっとって自分で作成し、秘密証書遺言なら公証役場で認証を受ける。

費用

公正証書の作成費用：1万1,000円～
（財産の金額による）
認証の費用：一律1万1,000円

詳細はP36、90～

家族信託

内容

財産の一部を契約で切り離し、家族などに管理を委託する。信託財産には相続の規定は及ばない。生存中はその財産の生み出す利益は本人が得られ、死後は引き継がせたい人に確実に取得させることができる。

手続き内容

家族信託契約書を作成する。公正証書にしたり、公証役場で宣誓認証を受ける。

費用

公正証書の作成費用：1万1,000円～
（財産の金額による）
宣誓認証の費用：一律1万1,000円

詳細はP40、第四章

贈与

生前贈与

内容

本人に判断能力があるときに、財産を自分の意思で自由に、あげたい人にあげることができる。

手続き内容

決まった手続きは特にない。ただし、贈与契約書を作成しておくのが望ましい。さらに、贈与税の基礎控除額を超えるなら、税務申告が必要。

費用

贈与金額に応じた贈与税など

死因贈与

内容

自分の死後に特定の財産をあげたい人にあげる旨を伝え、相手の同意を得る。本人の生存中、判断能力があるときに契約をする。遺言と同様の効力があり、不動産の場合は仮登記が可能。

手続き内容

死因贈与契約書を作成する。相続が起こった段階で、相続同様に相続税が課せられる。

費用

公正証書の作成費用：
1万1,000円～
（財産の金額による）

詳細はP38、112～

今後の収入

加入期間・納付額に応じて受給できる 年金

世代を超えて、今後の生活を支える制度

現役世代

年金の財源の半分は、現役世代が納める年金保険料によってまかなわれる。

国

年金の財源の残り半分は、国税によってまかなわれる。

65歳以降の収入の大きな比率を占めているのが、年金です。

年金は、現役世代が支払う年金保険料と国税によってまかなわれています。年金の加入期間や、現役時代にどれだけ収入があったかに応じて、受給額が変わります。

今後の生活の計画を立てるためには、年金がいくらもらえるかを把握しておきましょう。

また、将来、お金の管理をほかの人に依頼する際、年金口座の管理も任せることになります。

年金は、お金の管理に関するあらゆる場面に関わってくるのです。

人のマークは、その制度を設定する時期、効力を発揮する時期（P26～27）と対応しています。

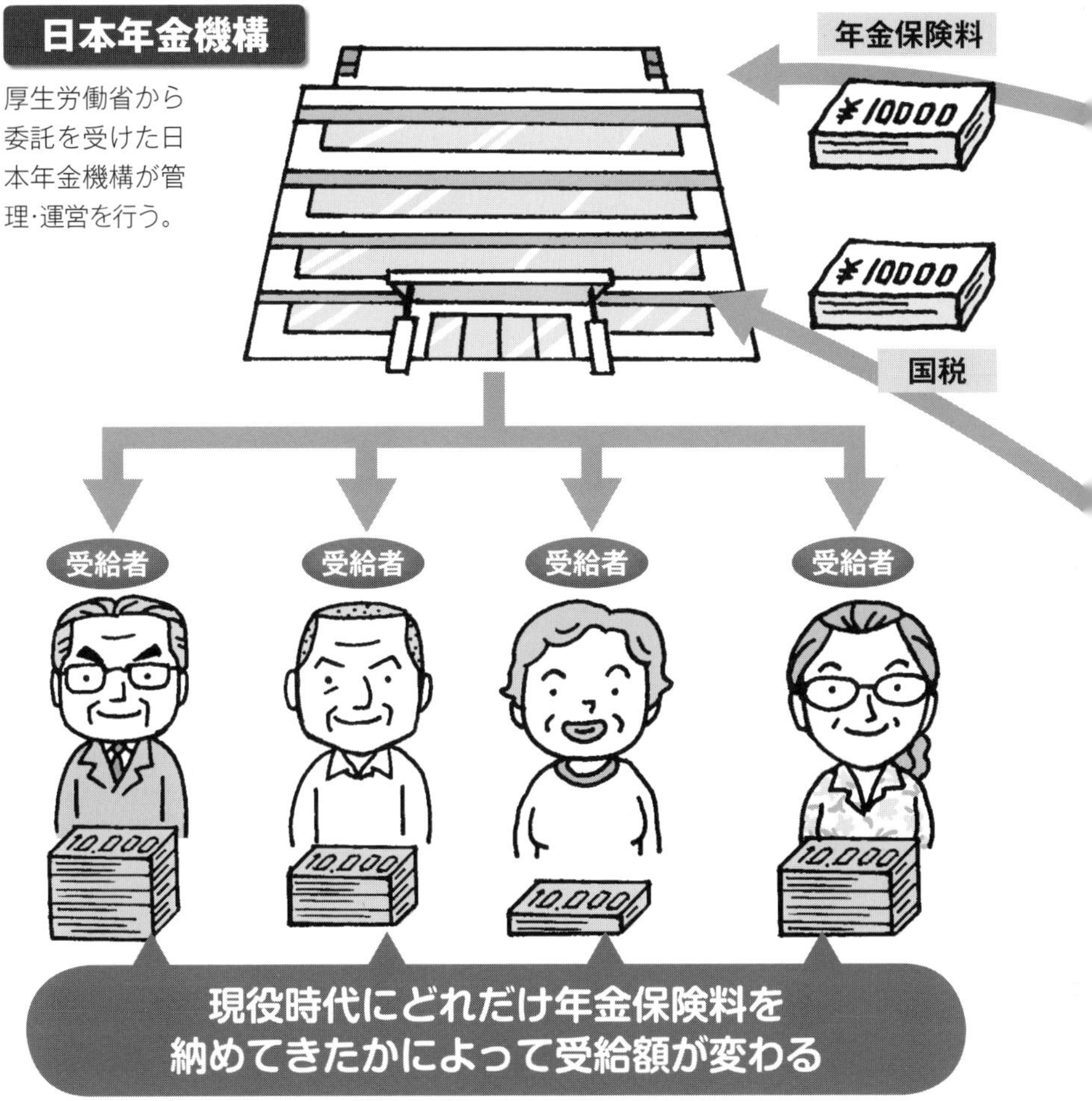

年金の注目トピックス

平成28年10月1日から

短時間労働者にも年金、保険の適用が拡大される。

年金給付開始年齢の引き上げなど、今後改正される可能性がある事案がある。官報や日本年金機構のホームページ、報道などを随時確認しておくことが必要。

平成29年4月1日から

受給資格が、年金保険料の支払い期間 25 年から 10 年に引き下げられる。

詳細は巻末特集（P161～）へ

お金の管理ツール①

ケガや病気の一時的な備え
任意代理契約

銀行や役所の手続きを依頼する

事前に契約しておく

判断能力があるうちに、代理を依頼する事項を決めておく。

代理権目録（代理する行為のリスト）と任意代理契約書をつくる。

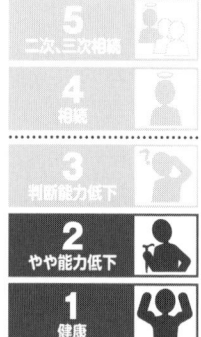

突然、ケガや病気になり、自由に買い物をしたり、銀行に行ったりすることができなくなることもあります。

このような場合に備え、さまざまな契約や支払いを頼んでおくのが、任意代理契約です。

財産管理を代行してもらう制度には、任意後見制度もありますが、こちらは「判断能力の低下」が後見開始の条件となっています。

任意代理契約は、判断能力があっても自由に財産管理を依頼でき、また自己管理に戻すこともできる、柔軟性の高い制度です。

任意代理契約の注目トピックス

- 任意代理契約は、委任できる仕事の範囲が広い。
- ほかの制度を利用するための手続きの間にも一定の範囲で効力を発揮する。
- 認知症以外の病気やケガで、判断能力が低下していないときも、一時的に支払いや手続きなどを代理してもらうことができる。
- 弁護士法や司法書士法などによる制限があるので、一部の専門業務は一般の人が有料で代行してはいけない。

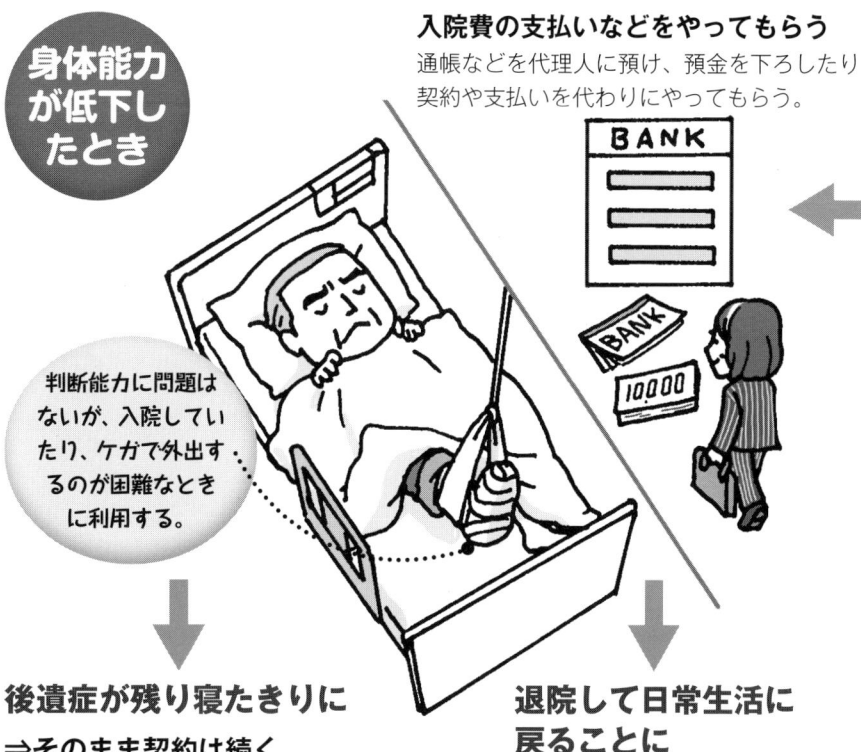

身体能力が低下したとき

入院費の支払いなどをやってもらう

通帳などを代理人に預け、預金を下ろしたり契約や支払いを代わりにやってもらう。

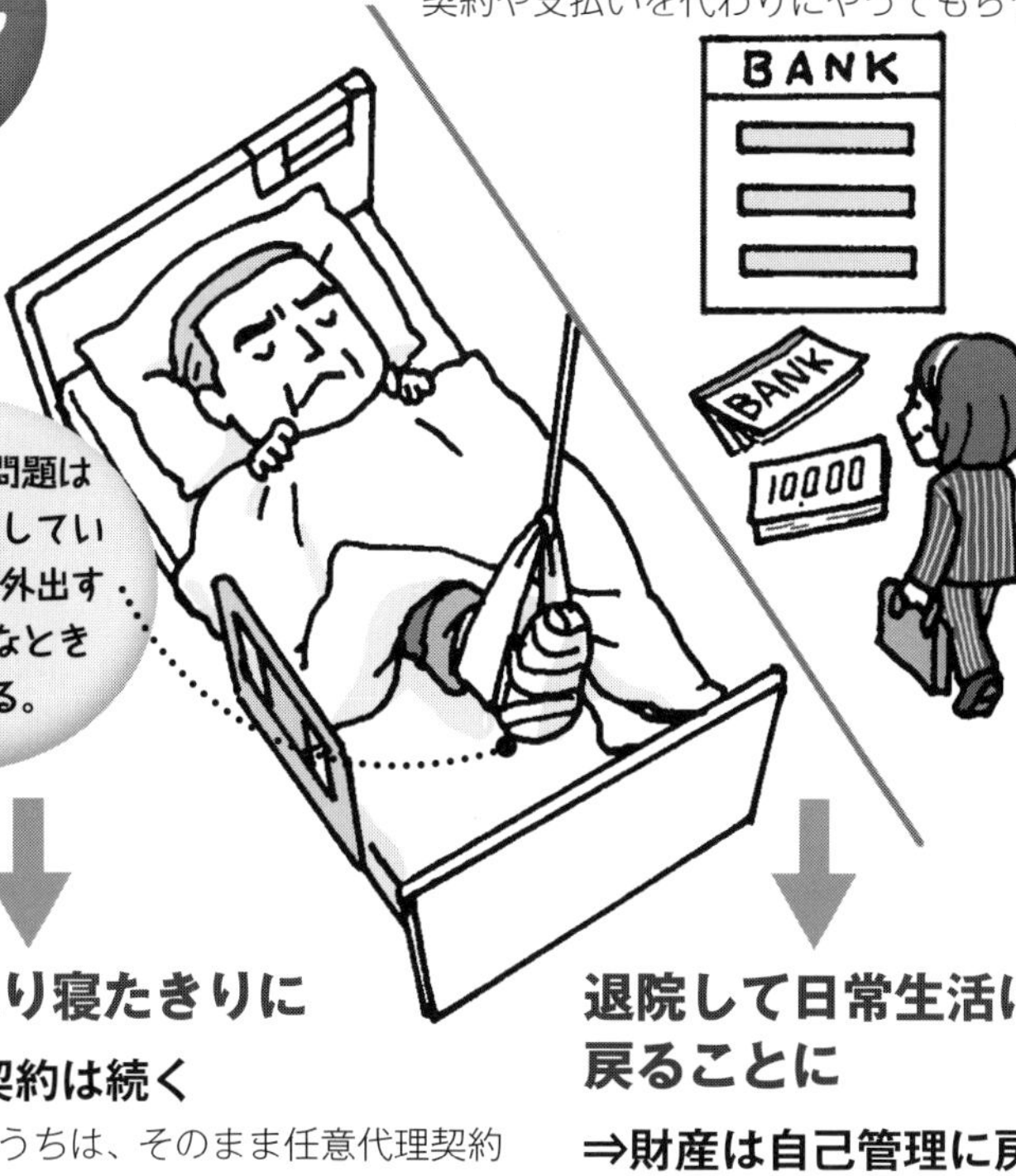

判断能力に問題はないが、入院していたり、ケガで外出するのが困難なときに利用する。

後遺症が残り寝たきりに

⇒そのまま契約は続く

判断能力があるうちは、そのまま任意代理契約を継続する。公正証書で任意後見制度に移行する契約を締結していた場合は、その後判断能力が低下すると任意後見制度に移行し、家庭裁判所の監督のもとで財産管理を代理してもらう。

詳細は第二章(P54、58～)へ

退院して日常生活に戻ることに

⇒財産は自己管理に戻る

判断能力も身体能力もあり、日常生活に支障がなければ、財産は自己管理に戻る。基本の契約は続いているので、再び入院したときなどは同じ内容で代理を依頼できる。

各制度の概要

お金の管理ツール②

判断能力の低下に備える任意後見制度

信頼のおける人をあらかじめ後見人に選ぶ

健康なとき

自分で後見人を選ぶ

自分が将来、判断能力が低下したときに財産管理を依頼したい人を、判断能力があるうちに選ぶ。

認知症などで判断能力が低下すると、財産管理が難しくなります。

そういうときのために、将来、財産管理を頼みたい人を選任しておく制度を、任意後見制度といいます。家族や司法書士、弁護士などの法律家などから、自分の意思で自由に選任することができます。

２０００年に制度ができてから、少しずつ利用数が増えています。それにともない、制度が見直されています。任意後見人の仕事内容の拡充や、家庭裁判所の監督強化などが検討され、被後見人へのメリットが多くなる見通しです。

判断能力が低下したとき

後見を開始し、契約行為を委任

判断能力が低下してきたら、家庭裁判所に任意後見監督人の選任を申し立て、認められると任意後見が開始する。

安心
安心
任意後見人に通帳や
実印などを預け、
契約や支払いなどを
代行してもらう。

任意後見制度の注目トピックス

改正検討中の事項

- 任意後見人に対する家庭裁判所の監督が強化される。
- 死後の事務まで任意後見人に依頼できるようになる。
- 被後見人宛ての郵便物を、任意後見人が開封して管理できるようになる。
- 任意後見人が、被後見人が受ける医療行為についての同意権をもつようになる。

詳細は第二章（P55、62～）へ

各制度の概要

お金の管理ツール③

財産の分け方を指定する遺言書

死後の財産の帰属先を文書に記す

健康なとき

ぼくが
覚えておくよ
預金は○○、
土地は○○
……
遺言書

自分の意思を書き記す

遺言しておきたい財産をリストアップし、あげたい人とその配分を明記する。決められた書式にのっとって作成する。

ふあぃ
ZZZ…
本人が亡くなり
遺言書の効力が
発揮されるまで、
保管しておく。
そのときが来たら…
遺言書

亡くなった人の財産は、その後家族が引き継いで、管理・活用することになります。

相続人を決めておかないと、複数の相続人が財産の所有権をめぐって争う可能性があります。所有者が決まらないと、その財産を売却・使用できません。

さらに、2015年に相続税が増税されました。遺産分割がすみやかにできないと、相続税の納税にも支障が出てきます。

子や孫たちのために、遺言書を作成しておくのは必要なことなのです。

5
二次、三次相続
4
相続
3
判断能力低下
2
やや能力低下
1
健康

亡くなったあと

原則、遺言書の通りに相続する

書式にのっとった遺言書であり、その効力に問題がない場合、遺言書の通りに相続される。

お呼び!?

長男は家と土地！
長女は株式！
それから……
俺、
これだけー!?
一部の法定相続人には、遺産を多く受け取った相続人に対して請求できる「遺《い》留分《りゅうぶん》」という権利がある。
お父さん
ありがとう
安心したわ

遺言書の注目トピックス

平成26年度

遺言書の作成数が 10 万件を突破した。

改正検討中

公正証書遺言による相続の場合には相続税を減税する「遺言控除」が検討されている。

詳細は第三章（P90～）へ

各制度の概要

お金の管理ツール④

分け与えて財産を活用 贈与

自分の意思で自由に財産をあげる

タイミングも金額も自由

自分の生活を考えたうえで、自分の財産を渡すことができる。金額やあげる人、タイミングも自由に決められる。

ある程度の年齢に達し、仕事も一段落してくると、「子や孫を援助してあげよう」という気持ちの余裕も生まれてきます。

子や孫を金銭面からサポートすることは、将来の相続税対策にもつながります。

子どものマイホーム購入や孫の教育のための資金の贈与には特例が設けられており、一定額まで非課税で贈与することができます。

気をつけたいのは〝あげすぎ〟です。今後の生活費に困ることのないように、計画的に贈与を行いましょう。

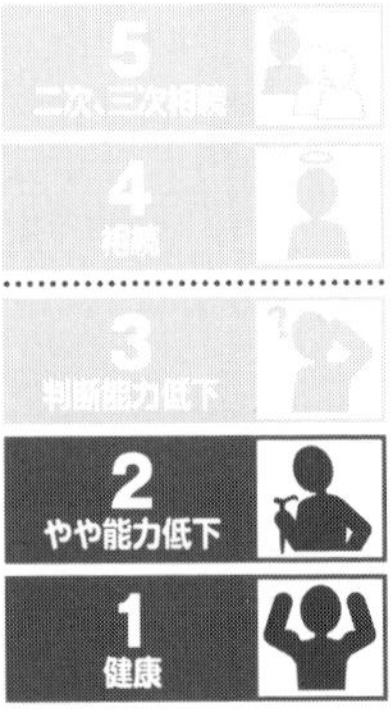

第一章
ライフステージに合った制度を利用すれば、認知症も相続もこわくない

贈与実行時（健康なとき）

双方の合意を得る

一方的な意思で行われる相続とは異なり、贈与は契約なので、あげる側ともらう側の双方の合意が必要。

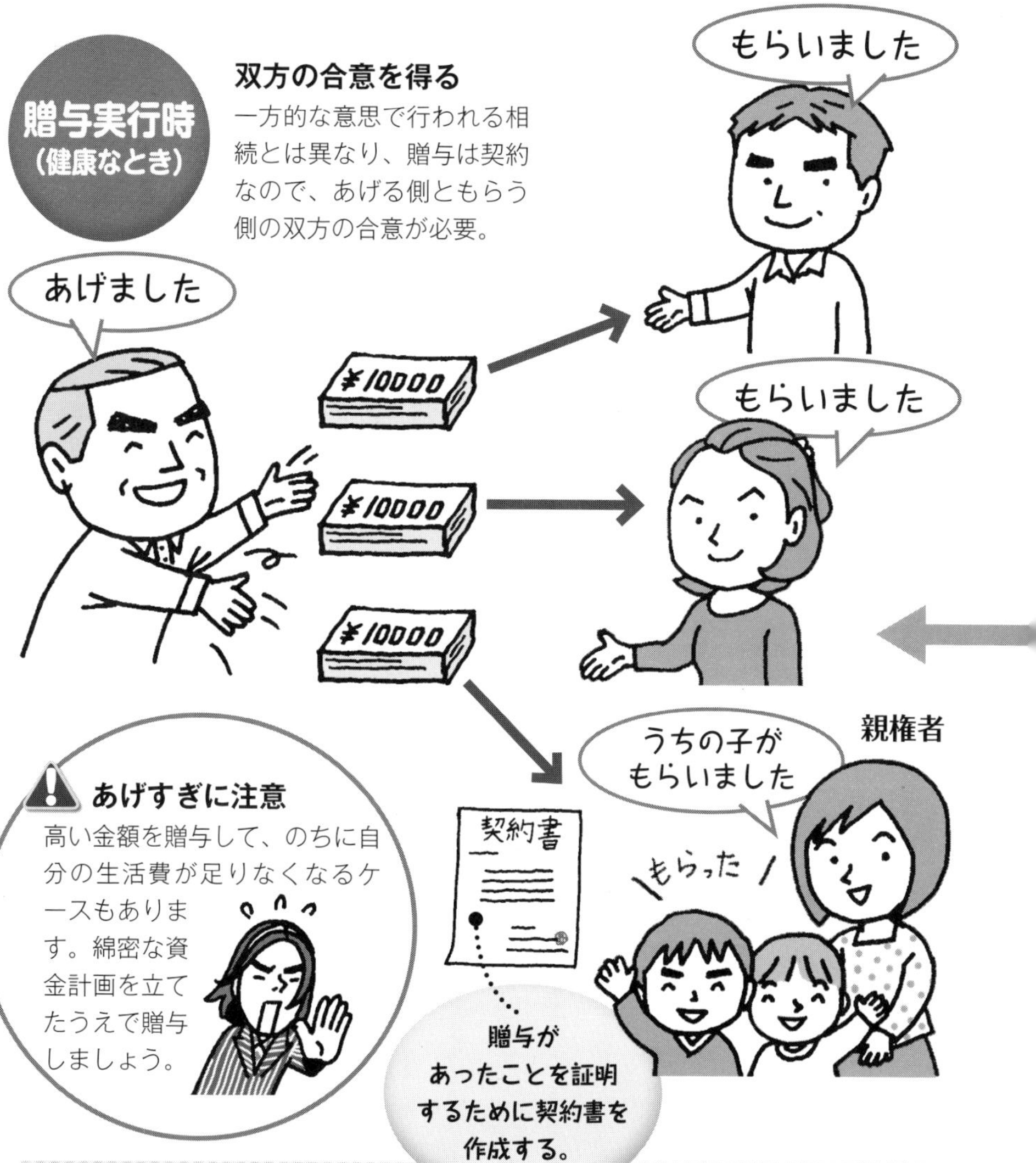
もらいました
あげました
¥10000
¥10000
¥10000
もらいました
親権者
うちの子が
もらいました
契約書
もらった
あげすぎに注意
高い金額を贈与して、のちに自分の生活費が足りなくなるケースもあります。綿密な資金計画を立てたうえで贈与しましょう。
贈与が
あったことを証明
するために契約書を
作成する。

贈与の注目トピックス

一括贈与の特例（信託銀行などを介することなどが条件）

- 孫の教育資金なら最大 1,500 万円まで非課税で一括贈与できる（塾などは 500 万円まで）。
- 子、孫の住宅取得資金なら最大 3,000 万円まで非課税で一括贈与できる。
- 子、孫の結婚･子育て資金は最大 1,000 万円まで非課税で一括贈与できる。

詳細は第三章（P112～）へ

各制度の概要

お金の管理ツール⑤

財産管理を家族などに託す 家族信託

一部の財産を切り離して管理を依頼する

信託設定時
（健康なとき）

信託する財産を選別する

お財布を２つに分けるイメージで、自分で管理する財産と家族などに管理を依頼する財産に分ける。

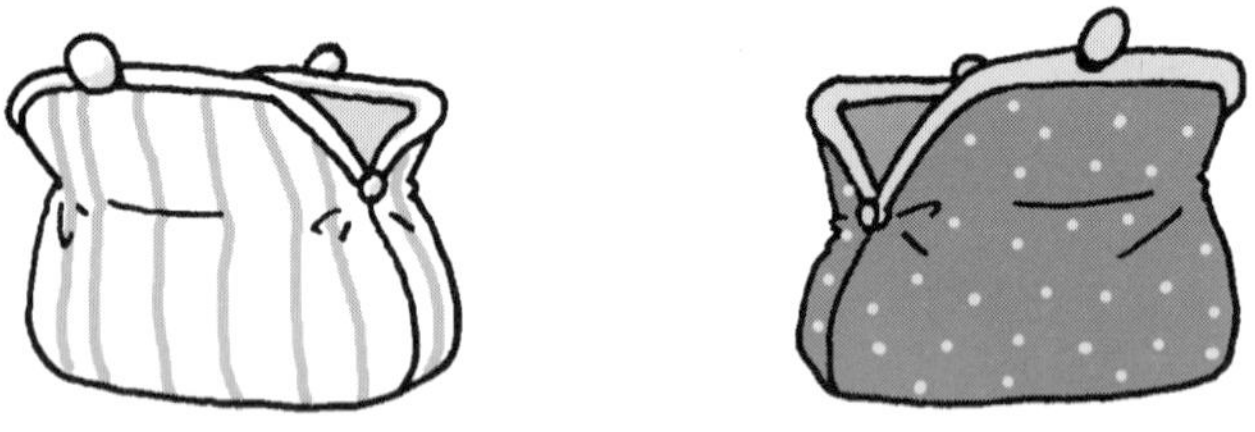

家族などに託する財産　　本人が管理する財産

財産の一部を契約によって切り離し、家族などに託する制度が、家族信託です。

家族信託は、その契約の内容を自由に決めることができます。そのため、他の制度では思い通りにならないケースにも対応できます。

信託財産は相続ではなく契約で権利が移動するため、遺言書よりも確実に、特定の財産を継がせたい人に継がせることができる、本来なら相続権がない人に財産を遺せるなど、多くの利点があります。

財産に関するあなたの願いを、確実に叶えることができます。

- 5 二次、三次相続
- 4 相続
- 3 判断能力低下
- 2 やや能力低下
- 1 健康

家族信託の注目トピックス

平成19年
- 改正信託法が施行され、信託銀行や信託会社だけではなく、家族間や中小企業の事業承継にも信託を活用しやすくなった。
- 信託の確実性を保ち、かつ家族信託を使いやすくするために、信託監督人、受益者代理人、受益者指定権者が新設された（P135）。
- 受益者連続型信託（P140）や自己信託（P156）など、従来は不可能だった家族信託向きの新しい仕組みが認められた。

信託開始時（健康なとき）

まかせて　　管理よろしく　　安心

信託財産
株式や不動産など、確実に承継させたい相手がいる財産。万が一、相続争いで所有者が確定せずに権利が凍結すると困る財産などのこと。

信託対象外の財産
今後の生活費など、自分や任意後見人が管理しても問題ないもの。

別の人に管理してもらう
信託対象財産の所有権は移転せず、「名義」のみが家族などに変更される。

詳細は第四章（P124〜）へ

ケース別の利用モデル

判断能力・身体能力の経過に応じて使う制度が変わる

財産管理に関する各制度は、すべての制度を必ず利用するわけではありません。

自分のライフステージと、体調や財産状況に合った制度を利用することになります。

各制度の利用を開始したり効力を発揮するためには、条件があります。主に、判断能力があるかどうかを見極めて、制度が変わっていくのが基本です。

そのため、見守り契約で定期的に連絡を取り合って様子を見てもらい、状況に応じてほかの制度に移行していきます。

各制度が開始される要件は異なる

制度＼条件		判断能力あり	判断能力なし	死亡後
見守り契約	締結	○	−	−
	開始	○	−	−
任意代理契約	締結	○	−	−
	開始	○	−	−
任意後見契約	締結	○	−	−
	開始	−	○	−
法定後見契約	締結	−	○	−
	開始	−	○	−
生前贈与	実行	○	−	−
死因贈与契約	締結	○	−	−
	執行	−	−	○
遺言書	作成	○	−	−
	執行	−	−	○
家族信託契約	締結	○	−	−
	実行	○	○	○

制度の関連と仕組みをおさえておく

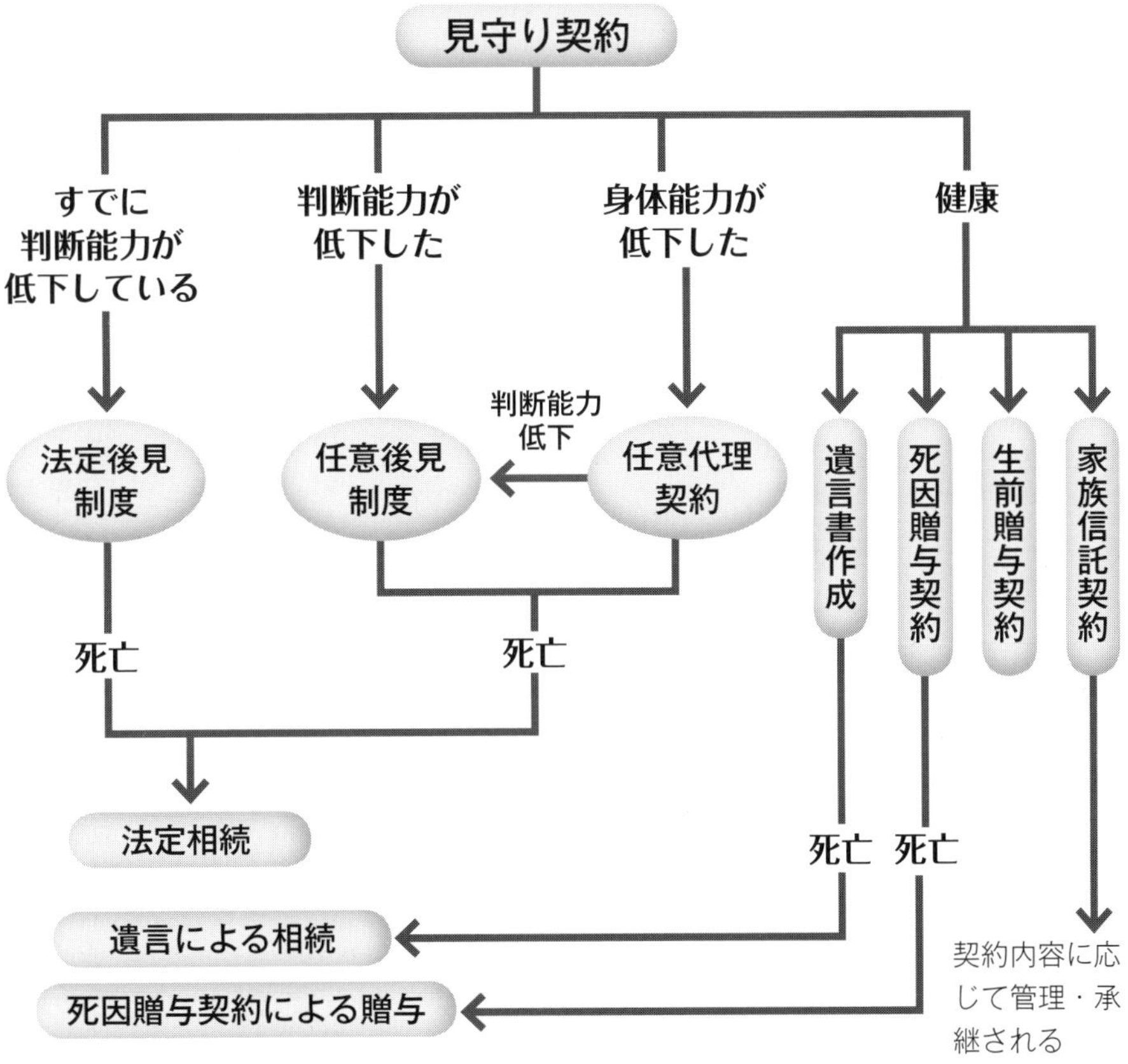

ワンポイント

制度の利用計画は、司法書士や社会福祉士に相談する

どの制度をどのタイミングで使うのが最適なのかは、あなたの家族構成や体調、資産状況などによって変わります。家族に財産管理を頼めるのかどうか、持病が悪化していないか、会社の経営者で自社株式など特殊な財産があるかなど、検討するべきポイントは数多くあります。

専門家に頼らなくても、問題なく制度を利用できるケースもありますが、司法書士や自治体の社会福祉士などの専門家に相談するほうが安心です。

制度利用例① ケガをして寝たきりに。それに加えて認知症を発症したら

Aさん

会社員のAさん。貯金があまり多くないうえに、認知症になったときのことが心配。不注意で財産を失わないように、ほかの人に管理を任せる準備をしています。

	Aさんの状況	利用する制度
現在	**65歳** 定年退職を機に、今後の資金対策を始めた。ケガ・認知症、急に亡くなった場合など、とりあえずできる対策はすべてやっておいた。	遺言書作成 見守り契約 任意代理契約 任意後見契約
未来予測	**72歳** 旅先で転倒。大腿骨を骨折してしまい、寝たきりに。外出できないので、買い物や銀行は息子の配偶者に頼む。	任意代理開始
	80歳 認知症を発症。自分では財産の管理ができないので、自宅を含む財産を息子に管理させる。	見守り契約終了 任意後見開始
	相続時 遺言書通りに財産が分けられる。	遺言執行

制度利用例② 体が少し不自由になってしまったが生涯、判断能力は衰えなかったら

Bさん

自営業のBさん。定年退職がないので、生涯現役をめざしています。ただ、何かあったときに困らないよう、最低限の対策はしています。

	Bさんの状況	利用する制度
現在	**69歳** 店がまわらなくなると困るので、認知症になったり、倒れたりしたときに財産管理を委託する旨の契約をした。店舗不動産は、息子に相続させる遺言書を作成した。	遺言書作成 見守り契約 任意代理契約 任意後見契約
未来予測	**77歳** ケガをして車いすの生活に。日常生活に支障が出てきたため、身の回りのことは娘に任せる。	任意代理開始
	相続時 生涯判断能力が低下しなければ、任意後見制度は利用されない。遺言が執行され、思い通りに財産を分けられる。	遺言執行

制度利用例③ 事業用の資産と個人の財産を区別。2つの財産を認知症から守るなら

Cさん

経営者のCさん。認知症の発症に備えて財産管理を他者に委託する契約を結びました。個人の財産と事業用資産を分けて、別々に管理できるようにしてあります。

Aさんの状況		利用する制度	
		個人の財産	事業用資産
現在	**66歳** 経営者の引退を考え、事業用資産を会社の後継者に信託した。個人の財産は、認知症になったときのために任意後見契約を結んだ。遺言書も作成した。	任意後見契約 遺言書作成	家族信託
未来予測	**75歳** 会社の顧問税理士に相続税を試算してもらう。相続税が多額になりそうなので、少しずつ贈与を始める。	贈与	ずっと家族信託の対象として管理される。 ↓
	82歳 配偶者に先立たれる。以前作成した遺言書の内容を改めて、作成し直す。	遺言書作成	
	相続時 生涯、判断能力が低下しなければ、任意後見制度は開始しない。事業用資産は後継者が取得し、個人の財産は遺言書どおりに分けられる。	遺言執行	亡くなったあとは、信託契約の受託者（後継者）に財産が引き継がれる。

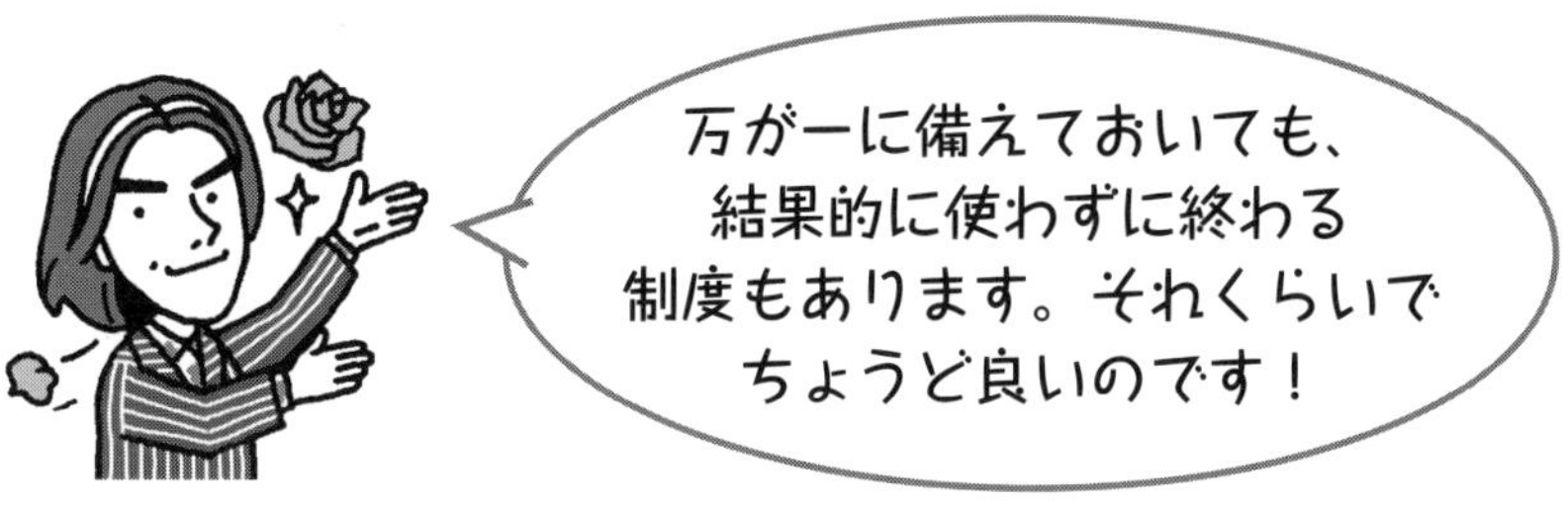
万が一に備えておいても、
結果的に使わずに終わる
制度もあります。それくらいで
ちょうど良いのです！

自治体の社会福祉協議会で、福祉・介護サービスを受ける

お金の管理や契約などを一人で行うのが不安になってきた人のために、自治体が主体となって福祉や介護サービスの利用を支援する制度があります。親族が遠くに住んでいて身の回りのことを頼めない場合など、行政主体なら気軽に利用できます。

行政と民間の協力で支援が行われる

福祉・介護に関する公共の支援は、自治体の窓口や、地域包括支援センターを中心に行われています。全国の自治体に置かれている社会福祉協議会、民間のＮＰＯ団体などと連携して、福祉・介護に関するサービスを提供します。

社会福祉協議会は、介護支援専門員（ケアマネージャー）や保健師など各方面の専門家（下表）で構成されています。

自治体によって異なる。必ず利用先に確認する

自治体の支援制度で代表的なものが、日常生活自立支援事業です。生活費の管理や契約、手続きなどを頼んだり、日常の困りごとの相談にのってもらったりできます。

状況に応じて一番ふさわしい制度を紹介してもらい、移行することもできます。

サービスは、自治体によって異なります。必ず自分が利用する自治体の詳細を確認しましょう。

●福祉・介護に関わる専門家（一例）

社会福祉士	身体や精神に障害がある人の相談に応じ、介護・福祉サービスの紹介、利用の援助や調整をする。
介護支援専門員（ケアマネージャー）	介護が必要な人から話を聞き、ケアプランを立て、介護サービスの利用を援助する。
生活支援員	福祉施設などで、利用者の相談に応じたり、さまざまな手続きを代行する。
保健師	自治体や保健所で、地域住民が適切な医療や看護を受けられるように、情報提供などをする。
民生委員	自治体から推薦されて厚生労働大臣に任命されたボランティア。地域住民の生活状況を把握する。

日常生活自立支援事業

問い合わせ先は P186

最近、物忘れがひどくなり、契約や手続き、お金の管理を一人でやるのは不安だけど、近くに頼める人がいない……。こういう場合に、自治体に相談したり手続きなどを代わってもらうのが、日常生活自立支援事業です。社会福祉協議会が支援を行います。

サービス内容	**●福祉サービス利用支援** サービスの情報提供／利用の相談／契約の代行／利用しているサービスへの苦情解決制度の利用援助 **●支払いや手続き** 医療費の支払い／福祉サービス利用料の支払い／年金の受給／税金の納付／電気・ガス・水道などの公共料金の支払い／預金の引き出し／日用品の購入 **●通帳や書類の管理** 預金通帳、実印、銀行の認印、年金証書、保険証書、不動産権利証書などの管理 **●日常生活に必要な事務手続き** 住宅の補修工事の相談／部屋の賃借の情報提供／住民票の届出／訪問販売などのクーリングオフの利用手続き
利用までの流れ	**相談申込み**：地域の社会福祉協議会に連絡し、相談の日程を決める。自治体の窓口や、地域包括支援センターを通して受付をすることもできる。 ↓ **相談**：社会福祉協議会に所属する専門員が、自宅や介護施設、病院などに来てくれる。生活状況や困りごとを話し、支援内容を決める。 ↓ **契約**：支援計画書と契約書を作成し、契約を結ぶ。 ↓ **利用開始**：支援計画にそって、社会福祉協議会に所属する生活支援員に支援をしてもらう。
費用	相談：無料 利用：有料（そのサービスに応じて料金がかかる） ※訪問１回あたりの利用料の平均は 1,200 円（厚生労働省ホームページより）

死後の手続きや あなたらしい葬儀を手配しておく

亡くなったあとの事務手続きや葬儀、供養の仕方をあらかじめ決めておく人が増えています。近くに死後事務を頼める人がいない場合のほか、自分らしい供養の方法を選びたい場合などには、生前に契約しておくことができます。

死後事務委任契約

亡くなったときの、親族や知人への連絡、未納の公共料金や税金などの支払い、葬儀の手配などを頼んでおく契約。近くに親族がいない場合などに、よく用いられる。手続きに必要な費用をあらかじめ渡すか、死因贈与する契約をあわせて結んでおくこともある。

契約書に盛り込まれること

・親族への連絡
・役所への届出
・葬儀の手配、埋葬の手続き
・未納の公共料金や税金の支払い
・医療費、施設入居費などの清算
・遺品の整理

生前契約

死後事務委任契約で決めたことが確実に実行されるように、あわせて墓や葬儀場、遺品整理などの契約をしておくこと。供養の方法を細かく決め、準備しておくことができる。

最近では、パソコンや携帯電話などのデータの処理を依頼する、電子機器の遺品整理を行うサービスなども出てきている。

自然葬や永代供養が増えている

供養の方法は多様化している。墓に入らない方法を選ぶ人も増えている。

●自然葬
散骨：海や山林に骨をまく
樹木葬：樹木の根元に骨を埋める
●永代供養
納骨堂に一定期間骨を安置し、その後合祀とする

第二章

契約や支払いを信頼する人に任せ、生活資金を守る

――見守り契約・任意代理契約・任意後見制度――

将来、お金の管理や日常生活に必要な手続きなどが難しくなってきたらどうしますか？意外と見落とされがちです。第二章では、安心してほかの人に生活の見守りや財産管理を頼める制度を紹介します。

生活資金の確保

将来に備え、お金の管理を信頼できる人に任せておく

お金の管理には３つの落とし穴がある

ケガで一時寝たきりに
困った
やっぱり一人だと不便だし不安だわ
気ままな一人暮らし
一人は気楽でいいわ

落とし穴その１　ケガや病気で自由に外出ができなくなる

ケガや病気で入院をしたり、自由に外出できなくなることがあります。食品や日用品の買い物や、通院はもちろん、銀行に行ってお金を下ろすことが難しくなることも。生活全般において、誰かの助けを借りなければなりません。

任意代理契約➡ P54、58～

２０１５年に相続税制が改定され、それにともない贈与の特例制度が拡充されました。自分の財産を、いかに子や孫に遺すかということに、関心が集まっています。

その反面、自分の老後、つまり生きている間のお金の管理については、見落とされがちです。

平均寿命が延び、ケガをしたり、さまざまな病気や認知症を発症する人の数は増えました。

今は元気で、身の回りのことはすべて自分でできても、今後も同じような生活を送り続けられるかどうかはわかりません。

もし、ケガや病気などで外出できなくなったら、自由にお金を下ろして買い物をすることもままならなくなります。自宅や賃貸マンションを所有・経営している場合

第二章 契約や支払いを信頼する人に任せ、生活資金を守る――見守り契約・任意代理契約・任意後見制度

詐欺にあいそうに！	ようやくケガが治ったものの

（詐欺にあいそうに！のコマ）
もしもし？
あ！オレオレ オレだけど
え？200万円必要？
息子に頼んであるし、もう安心なのよね
RRRR

（ようやくケガが治ったもののコマ）
最近物忘れがひどいわ
あれ？えーと…
認知症になる前に誰かに身の回りのことを頼んでおかなくちゃ

落とし穴 その3　制度の切り替え時期がわからない

事前に任意代理契約（P54ほか）や任意後見制度（P55ほか）でお金の管理を頼んでおいても、生活状況や体調を定期的にチェックしてくれる人がいないと、いつから制度の利用を開始すればよいのかわかりません。認知症に気づかないまま、散財してしまったり詐欺にあってしまう危険も。

見守り契約 ➡ P53、56

落とし穴 その2　判断能力が低下してくる

生活費を自分で管理することが難しくなります。また、生活に必要な契約行為もできなくなります。たとえば引っ越す場合の入居契約や、自宅の売却契約などが結べなくなり、生活に制限が出てしまいます。

任意後見制度 ➡ P55、62～

は、その管理をすることも制限されてきます。認知症で判断能力が低下し、振り込め詐欺の被害にあってしまうケースも見られます。自分だけでは生活できなくなったときに、誰かの力を借りることができるようにしておくことも、大切な備えの一つです。

ワンポイント

とにかく判断能力があるうちの備えが大切

判断能力が低下すると、さまざまな契約行為ができなくなり、今後の生活について自分で決定できる範囲が狭まります。

自分の希望を叶えるためには、判断能力があるうちに、制度の利用設計をしておくことが重要です。

生活資金を守る3つの制度

見守り契約・任意代理契約・任意後見制度の3つで備える

お金の管理や身の回りの契約を他者に依頼する制度には、任意代理契約と任意後見制度があります。

判断能力があるうちは任意代理契約、判断能力が低下したら任意後見制度に移行するのが原則です。ただし、これらの契約を結んでいたとしても、制度の移行のタイミングを逃してしまうと、効果を発揮できません。

定期的に、第三者にあなたの体調や判断能力をチェックしてもらう見守り契約を組み合わせておけば、適切な時期に任意後見制度に移行することができます。

3つの制度でカバーできる範囲は違う

	見守り契約	任意代理契約	任意後見制度
契約が可能な時期	判断能力があるうち（軽度の認知症が含まれることもある）		
効力を発揮する時期	任意後見制度の利用が開始するまで。	任意後見制度の利用が開始するまで。委任者に判断能力があるうちは、自由に任意代理を開始・中断できる。	判断能力が低下し、それにともない家庭裁判所に後見開始の申立てをして、その決定がなされたとき。
契約内容	定期的に連絡や訪問をし、本人が認知症になっていないか、体の不調などがないかを見守る。	依頼内容についての法律上の制限はないため、当事者同士で自由に決められる。	主に、財産管理と身《しん》上《じょう》監《かん》護《ご》（身の回りの契約や手続き）。依頼する行為の範囲は法律で決められている内容に従う。➡ P68 ～

5 二次、三次相続

4 相続

3 判断能力低下

2 やや能力低下

1 健康

人のマークは、その制度を設定する時期、効力を発揮する時期（P26～27）と対応しています。

1 定期連絡と面会で様子を観察してもらう
見守り契約

任意後見制度利用開始のタイミングを見逃さない

見守り契約とは、体の不調や判断能力の有無を見ていてもらう契約です。任意後見制度の適切な利用開始時期を見極めることが主な目的。任意後見契約とセットで契約されることが多いようです。定期的に訪問したり、電話で連絡を取り合ってもらいます。

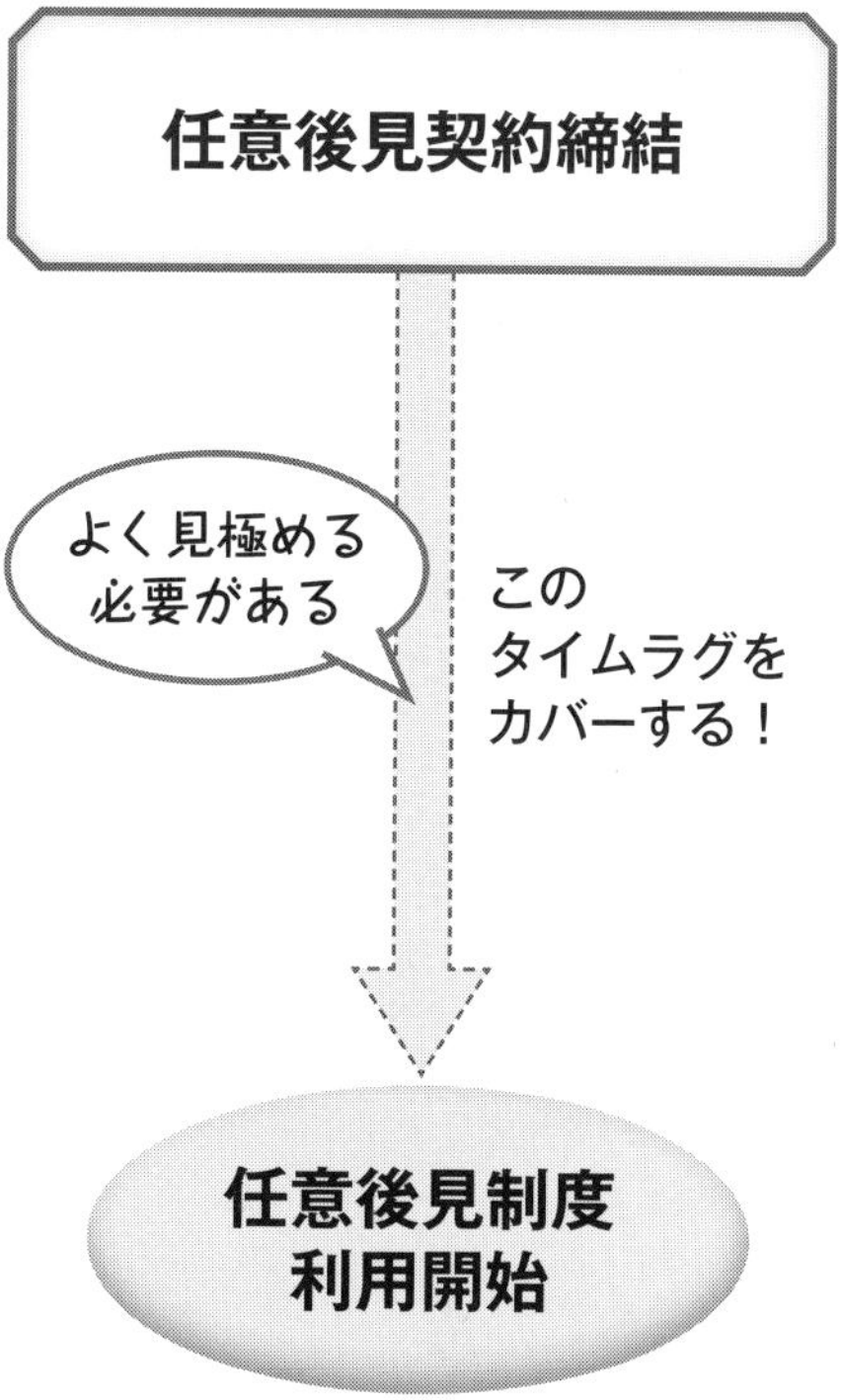

〈この制度を使うなら〉

- ●頼むこと……判断能力が低下していないかどうかの見極め
- ●頼む人……家族、社会福祉士、近所に住んでいる信頼できる人
- ●報酬のめやす……5,000 円／月

●適切な時期に後見を開始しないと意味がない

ケース 見守り契約を結んでいなかった

「任意後見開始前に振り込め詐欺にあった」（Aさん、78歳）

Aさんは郊外で一人暮らし。以前、認知症対策として、都心に住む息子と任意後見契約を結びました。息子は「おふくろが認知症になったら一緒に住めばいいか」と気長にかまえていました。

徐々にAさんは、物忘れがひどくなりました。息子は、2～3カ月に1度しかAさんのところに来ないので、なかなか認知症に気づくことができません。そのうち、任意後見開始の申立てをする前に、振り込め詐欺にあって預金の一部を振り込んでしまいました。

2 自由自在に代理行為を決められる 任意代理契約

自分で決めた代理権目録の通りに代理してもらう

任意代理契約とは、財産管理委任契約ともいい、主に財産管理と身《しん》上《じょう》監《かん》護《ご》（身の回りの契約や手続き。P 58）を依頼する契約です。細かい契約内容は自由に決められます。判断能力はあっても、財産管理を誰かに頼みたいときなどに使われ、本人の意思で自由に依頼したり、中断したりできます。

〈この制度を使うなら〉

- 頼むこと……財産管理を中心としたあらゆること
- 頼む人……家族、社会福祉士、司法書士など
- 報酬のめやす……1万～2万円／月

主な契約内容

※税務申告を一般の人が有料で請け負うことは禁止されている。

委任相手はよく考えて決める

COLUMN

任意代理契約は、相手との合意があれば、自分が信頼できる相手を自由に受任者として決めることができます。私的な契約なので、委任相手を選任する際に家庭裁判所を介することはなく、また代理人の監督人を置く仕組みがありません。委任相手を見極めるのは、本人だけです。そのため、たとえば介護施設の職員と利用者など、ほかの利用者との公正な関係が保たれなくなるおそれがある相手は避けるなど、考慮が必要です。

3 裁判所の厳格な監督で安心して任せられる
任意後見制度

自分の信頼する人のもとで厳格に管理される

任意後見制度は、判断能力が低下したときのために、あらかじめ任意後見人候補者を選んでおき、判断能力が低下したときに財産管理と身上監護（身の回りの契約や手続き。P58）をやってもらうことができる制度です。

任意後見開始時には、家庭裁判所に申立てをし、任意後見の開始と任意後見監督人の決定を行います。さらに、任意後見開始後は、任意後見人の仕事を任意後見監督人と家庭裁判所が監督します。これによって、制度の適確性が保たれるのが特徴です。

〈この制度を使うなら〉

- 頼むこと……財産管理と身上監護（身の回りの契約や手続き。P58）
- 頼む人……家族、社会福祉士、司法書士など
- 報酬のめやす……1万～3万円／月

任意後見制度のしくみ

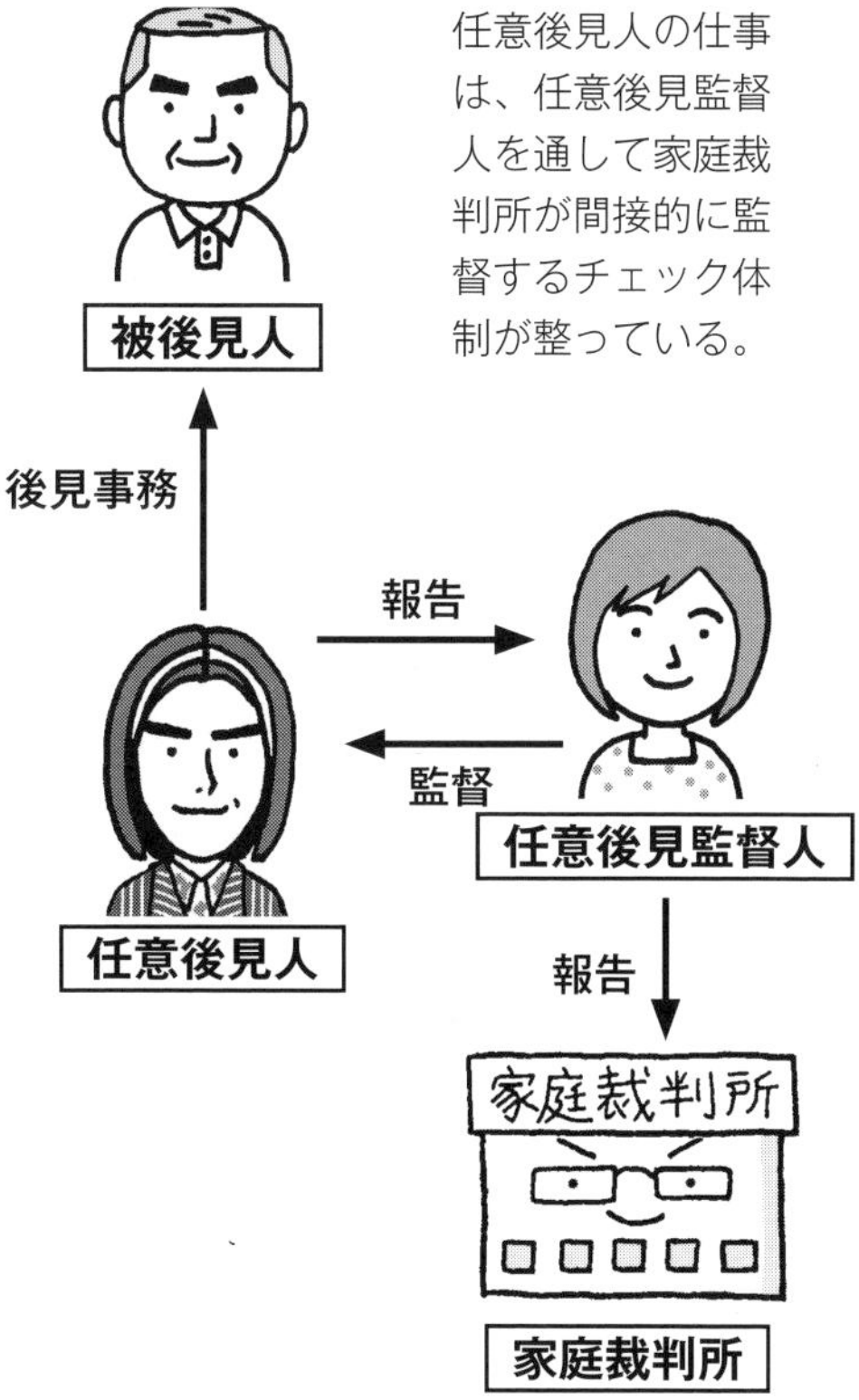

任意後見人の仕事は、任意後見監督人を通して家庭裁判所が間接的に監督するチェック体制が整っている。

●任意代理契約との違い

	任意後見制度	任意代理契約
判断能力	なし	あり
契約内容	制限がある	制限なし
監督人	あり	なし
契約書の形式	必ず公正証書で作成する	私文書も可（公正証書が望ましい）

任意後見制度の契約内容については、改正が検討されている。

見守り契約の基本、見守り契約書

定期的な連絡・訪問で変化に早く対応してもらう

一般的に、任意後見契約を締結してから実際に任意後見が開始するまでには、時間差があります。その間、本人の生活状況や体調、判断能力の変化を見守り、適切な任意後見開始の時期を見極めなければなりません。

本人の判断能力が低下したらすぐに任意後見開始の申立てができるように、定期的に本人に連絡や訪問をするのが、見守り契約です。任意後見契約の相手と結ばれることも多く、連絡を取って状況をわかってもらえば、任意後見人の仕事がスムーズに進められます。

任意後見制度の利用に備える

Point 1　契約の基本条項を決める

契約の目的や、契約期間、解除する場合の条件などを定める。基本的には、任意後見開始まで継続するので、契約の自動更新の記述を入れておくとよい。

Point 2　見守りの内容を細かく決めておく

連絡を取る方法（電話、訪問・面談など）と、その頻度（月に○回、年に○回など）を決め、明記する。司法書士などの専門家に依頼する場合、実際には、その専門家が委託する別の人物が連絡などを行うこともある。

Point 3　報酬・秘密保持に関する事項を明記する

報酬を支払う場合は、金額を明記する。また、親族以外の人に見守り契約を依頼する場合などで、見守り契約中に知りえた情報を他者に公開してほしくないときは、その旨を盛り込む。

●見守り契約書の作成例

見守り契約書

委任者○○○○（以下「甲」という）と、受任者○○○○（以下「乙」という）は、下記の通り、見守り契約を締結します。

第一条（目的）
本契約は、定期的な連絡・訪問を通じて、乙が甲の健康状態や生活状況を把握することにより、任意後見開始の申立てを適切な時期に行うことを目的とします。

第二条（契約期間）
甲は乙に対し、○○○○年○○月○○日より、定期的な見守りを委任します。
　2　契約期間は、契約締結の日から満1年とします。
　3　契約期間終了日の1カ月前までに甲または乙から相手方に対して何らの意思表示がない場合には、契約はそのまま更新されることとします。

第三条（見守りの内容）
本契約期間中、乙は甲に対して、定期的に電話及び訪問を行います。ただし、乙は、その雇用する事務員に履行補助者として電話及び訪問の一部を代行させることができます。
　2　電話連絡は、乙が甲に対して1カ月に1回電話をすることとします。
　3　訪問は、乙が甲に対して2カ月に1回程度行うこととします。その際、長谷川式簡易知能評価スケールを用いて、認知症の簡易検査を行います。訪問の日時は、甲と乙が協議してそのつど決めます。
　4　乙は、前項に定める訪問のほかにも、乙が必要と認めた場合または甲からの要請があった場合には、随時訪問・面談を行います。

第四条（報酬）
甲は乙に対し、本契約に対する報酬として月額5,000円を支払うものとします。

第五条（秘密の保持）
乙は、甲の承諾を得ないで本契約を通じて知りえた甲の個人情報及び秘密等を開示または漏えいしてはなりません。

第六条（契約の終了）
本契約は、次の事由により終了します。
　（1）甲または乙が死亡したとき
　（2）甲が任意後見開始の審判を受けたとき
　（3）乙が後見開始の審判を受けたとき

～～以下省略～～

COLUMN

認知症かどうかをチェックする簡易検査やアプリがある

　認知症かどうかを調べるための、簡易検査やスマートフォンのアプリなどがあります。見守り契約の依頼相手に活用してもらうことで、認知症かどうか効率的にチェックしてもらうことができます。

　代表的な簡易検査には、長谷川式簡易知能評価スケールやMMSE（Mini Mental State Examination）などがあります。生年月日や日時を答えたり簡単な計算をすることで、認知症かどうかを調べます。

ケガ・病気のときなど一時的に財産管理を依頼

ケガや病気の療養中など、判断能力には問題ないが、財産管理を誰かに頼みたい場合があります。

任意代理契約は、私的な契約なので、契約内容や期間を自由に決められます。任意後見制度は、判断能力が低下していないと使えませんが、任意代理契約なら、判断能力の有無に関係なく、財産管理を他者に頼むことができます。

また、任意後見開始の申立てをしてから後見開始までは、手続きに時間がかかります。任意代理契約はその間も、一定の範囲で効力を発揮できます。

代表的なのは、財産管理と身の回りの契約

財産管理

契約内容に法律による規制はない。ただし、任意後見契約を補う役割があるので、内容は任意後見契約に準じる。

□通帳や実印、株式、土地の権利証などの管理
□年金、家賃などの収入の管理
□公共料金、税金、社会保険料などの納付
□医療費、介護施設入居料などの支払い
□税務申告、自宅家屋の修繕　など

身上監護《しんじょうかんご》（身の回りの契約や手続き）

本人が快適な生活を送れるようにするために、主に医療や介護にまつわる契約や手続きをする。

□見守り契約と同様、定期的に本人の健康状態や生活状況を確認する
□体調が悪いときに治療を受けさせたり、入院させる
□要介護認定の申請
□福祉・介護サービスの利用申込み
□介護施設への入居手続き　など

任意代理契約、こんなときどうするの？

Q1 誰に依頼するのが良い？

A1 信頼できる人、これにつきます。

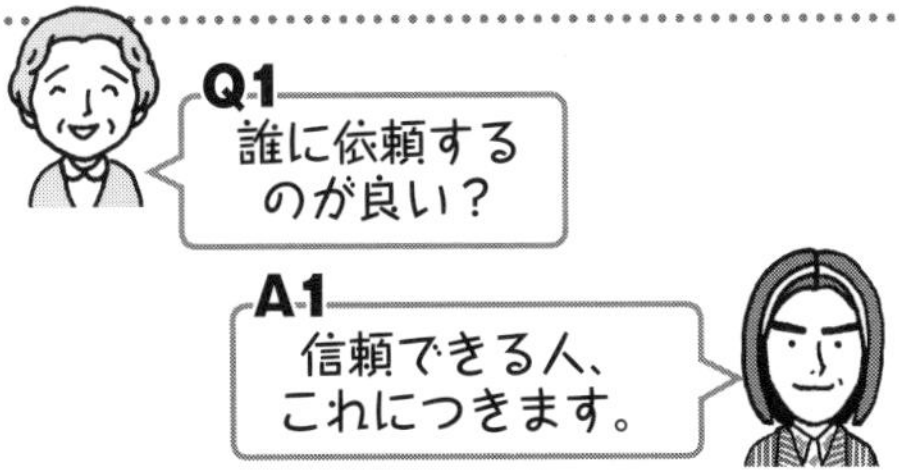

任意代理契約を依頼するのに最適な人物は人によって違う。知っている人に頼む場合も、新たに頼める人を探す場合も、信頼できることを第一に考えて依頼をする。

身近に頼める人がいないときは……
- 自治体の福祉課
- 各地域の弁護士会
- 各地域の司法書士会
- 各地域の社会福祉士会
- 社会福祉協議会　など

詳細な連絡先は巻末P186を参照。

Q2 手続き方法や費用は？

A2 作成費はかかるが公正証書がベター。

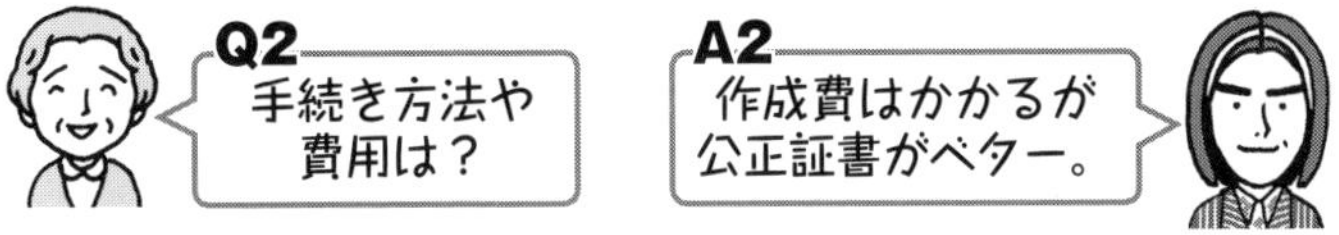

〈費用のめやす〉
公正証書作成費：1万1,000円〜
月額の報酬：1万円程度

契約書は公正証書なら公証人のアドバイスのもとで作成できて安心。なお、任意代理契約と任意後見契約を一連の文書で結ぶこともある。

Q3 メリットがたくさん。気をつけるべきことは？

A3 メリットと注意点は裏返しの関係。下記のことに気をつけて。

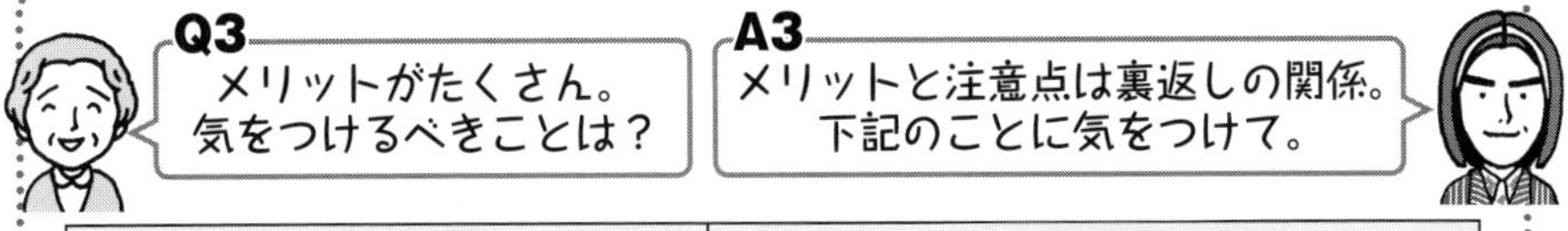

メリット	注意点
①任意後見契約では委任できないことまで幅広く委任できる。 ②判断能力があっても他者に委任できる。 ③家庭裁判所での手続きが不要。 ④監督人を必ず置く必要がないので、逐一報告を行わなくて済む。代理人の裁量が大きい。	①代理行為の範囲はよく考える必要がある。 ②判断能力が低下したときに、すみやかに任意後見制度に移行できるかどうかは不明。 ③委任相手が適切かどうか審理されることなく、安易に任意代理人が決まってしまう。 ④判断能力が低下したときに正しく代理行為が行われるか不安であれば、自分で監督人を定める必要がある。

第二章　契約や支払いを信頼する人に任せ、生活資金を守る──見守り契約・任意代理契約・任意後見制度──

任意代理契約書

依頼する内容を契約書に明記する

任意代理契約の手続きは、契約書の作成のみです。公正証書でも、私文書でもかまいません。

公正証書で作成すれば、確実に効力のある契約書ができるうえ、公的な証明になります。任意後見契約とセットで公正証書を作成することもできます。

任意代理契約は、手間や時間をかけずに委任相手や契約内容を自由に決められるため、任意後見契約を補うことができる柔軟な契約です。柔軟であるがゆえに、代理権の内容や、委任する相手は慎重に決める必要があります。

代理権の内容は、注意深く決める

Point 1 任意後見契約とセットで契約されることも

任意後見契約の相手と同じ人と任意代理契約を結ぶこともできる。信頼している人に継続して財産管理を依頼できて良い面もあるが、ケースによってはまれに問題が起こることもある（左ページコラム）。

Point 2 代理権の範囲を明記する

任意後見契約に準じる内容で代理権の範囲を決める（公正証書の場合は、公証役場にあるひな形を参考にしてもよい）。

そのうえで、任意後見契約では依頼できない部分（医療行為の同意権、契約の取消権、利益目的の不動産の活用など）を委任したい場合は、それも盛り込む。

Point 3 代理人に渡す証書類を決めておく

円滑な事務作業を行うため、通帳や実印、不動産の権利証などを渡す必要がある場合もある。契約書に明記しておき、必要なときに代理人がすぐに使えるような根拠を示しておく。

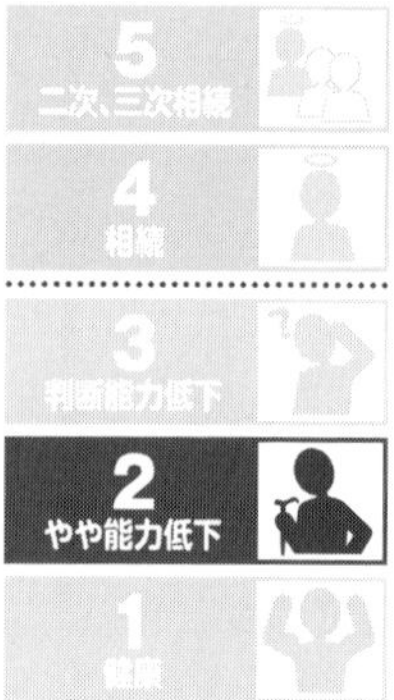

●移行型任意後見契約書の作成例

任意代理契約及び任意後見契約公正証書

本公証人は、委任者○○○○と、受任者○○○○の依頼を受けて、本職役場において、双方の述べる契約の内容を聞き、その趣旨を書き取ってこの証書を作成します。

本旨

第一　委任契約

第一条（契約の趣旨）
委任者○○○○は、受任者○○○○に対し、本日以降の委任者○○の生活、療養看護及び財産の管理に関する事務（以下「委任事務」という）を行うことを依頼し、受任者○○はこれを受諾します。

第二条（任意後見契約との関係）
1　この契約を結んだあと、委任者○○が判断能力が不十分な状態になり、受任者○○が、第二　任意後見契約による後見事務を行うのがよいと認めたときには、受任者○○は、家庭裁判所に対して任意後見監督人の選任の請求をします。
2　この契約は、第二　任意後見契約につき任意後見監督人が選任され、効力を生じたときに終了します。

第三条　（委任事務の範囲）
委任者○○は、受任者○○に対し、別紙代理権目録の委任事務（以下「本件委任事務」という）を行うことを依頼し、その事務処理に必要な代理権を与えます。

第四条　（証書等の引き渡し）
委任者○○は、受任者○○に対して、本契約の事務処理を行うために必要な場合に限り、次の証書等を引き渡します。
①登録済権利証または登記識別情報　②実印、銀行印　③印鑑登録カード
④マイナンバー通知書　⑤年金関係書類　⑥キャッシュカード　⑦重要な契約書類

～～以下、省略（費用の負担や報酬、契約解除など）～～

第二　任意後見契約

～～以下、省略～～

まれにある要注意ケース

後見を開始しない場合もあり、利点と欠点両方ある

はじめは任意代理契約を使い、判断能力が低下したら任意後見制度に移行するのが原則です。しかし、一連の財産管理を同じ人に依頼している場合、任意代理人が、本人の判断能力が低下しても任意後見開始の申立てをせず、制度移行させないケースもあるといわれています。

任意代理契約は任意後見契約よりも自由に財産管理ができます。そのため、きめ細やかで迅速な対応ができるというメリットがある反面、任意代理人の恣意的な財産管理になるというデメリットもあるので注意しましょう。

任意後見制度の全体の流れ

判断能力の低下に備えて、任意後見人を指定しておく

任意後見制度は、平成12年にできた制度で、法定後見制度を補完するものです。

法定後見制度は、すでに判断能力が低下している人のための制度で、親族等が家庭裁判所に申立てをして法定後見人を選びます。

一方、任意後見制度は、あらかじめ判断能力が低下したときのために任意後見人を選んでおける制度です。法定後見制度とは違い、自分の意思が反映されます。

任意後見契約を結んでおくと、将来の生活に対する不安を軽減することができます。

任意後見制度の基本的な流れをおさえる

信頼できる人を探す

任意後見人を頼みたい人には何度か面会し、信頼できる人かどうか見極める。

判断能力低下

任意後見契約締結

①公証役場で、任意後見契約書を作成する

任意後見人になってくれる人を決めて、一緒に公証役場に出向く。公証人の立ち会いのもとで契約書の内容を調整し、公正証書を作成する。契約の内容は、法務局に登記される。

➡作成例は P82

ワンポイント

民間の見守りサービスもある

郵便、運送会社などが定期的に訪問してくれるサービスも始まっています。また、ガスや電気ポットなど毎日使うものに発信器が内蔵され、使用状況を家族にメールなどで知らせる商品も。

②見守り契約で、後見開始のタイミングを逃さない

定期的に連絡や訪問をしてもらい、判断能力が低下していないかどうか見てもらう。任意後見制度に切り替える時期を見極めてもらう。

➡関連ページは P52

任意後見開始の申立て

手続き（約４カ月）

任意後見開始

③任意後見監督人が選任され、任意後見契約が開始する

見守り契約の受任者などが、本人の判断能力が低下して任意後見制度が必要だと判断したら、家庭裁判所に申立てを行う。家庭裁判所によって任意後見監督人が選任され、任意後見が開始する。

➡関連ページは P66、78

任意後見終了

④要件が満たされると任意後見契約が終了する

本人か任意後見人のいずれかが亡くなった場合、任意後見人が破産宣告を受けた場合、さらに任意後見人にも後見の必要が生じてしまった場合などに、契約は終了する。

任意後見人が不正行為をしたときは、家庭裁判所によって解任される。

任意後見開始後の詳しい流れはP66へ

制度の類型

体調や支援状況によって任意後見制度の形を選ぶ

任意後見契約をする時点での、体調や状況は、人それぞれです。心身ともに元気な人もいれば、判断能力はあるけれど、軽い認知症と診断されている人もいます。

そのため、契約締結から実際に任意後見が開始するまでの期間や流れは、人によって違います。

任意後見契約には、契約締結から後見開始までに3つの代表的なパターンがあります。

自分の体調や判断能力の有無、支援してくれる人の状況をふまえ、任意後見開始の時期と今後の流れを想定しておきましょう。

任意後見契約には3パターンある

判断能力が低下してから

将来型任意後見

任意後見契約のみ結んでおき、将来判断能力が低下して初めて、財産管理を他者に依頼する。

●どんな人向け？

- 現在、判断能力も身体能力も低下しておらず、身の回りのことをすべて自分でできている。
- 子や孫などと同居していて、あえて見守り契約などを結ばなくても本人の経過観察と任意後見開始の申立てをしてもらえる。

●どういう流れで進む？

任意後見契約締結後、判断能力が低下したときに家族に任意後見監督人選任の申立てをしてもらう。

段階的に代理を依頼する

移行型任意後見

任意後見契約と同時に、見守り契約・任意代理契約を結んでおく。3つの制度を、状況に応じて自由に使い分けられる。

●どんな人向け？

●現在、判断能力が十分にある。
●ケガや病気で身体が自由に動かなくなったときに備えておきたい。
●任意後見制度で頼めないことまで依頼したい。

●どういう流れで進む？

判断能力があるうちは、自分の判断にもとづいて好きなタイミングで財産管理を依頼。判断能力が低下した時点で任意後見制度に移行する。

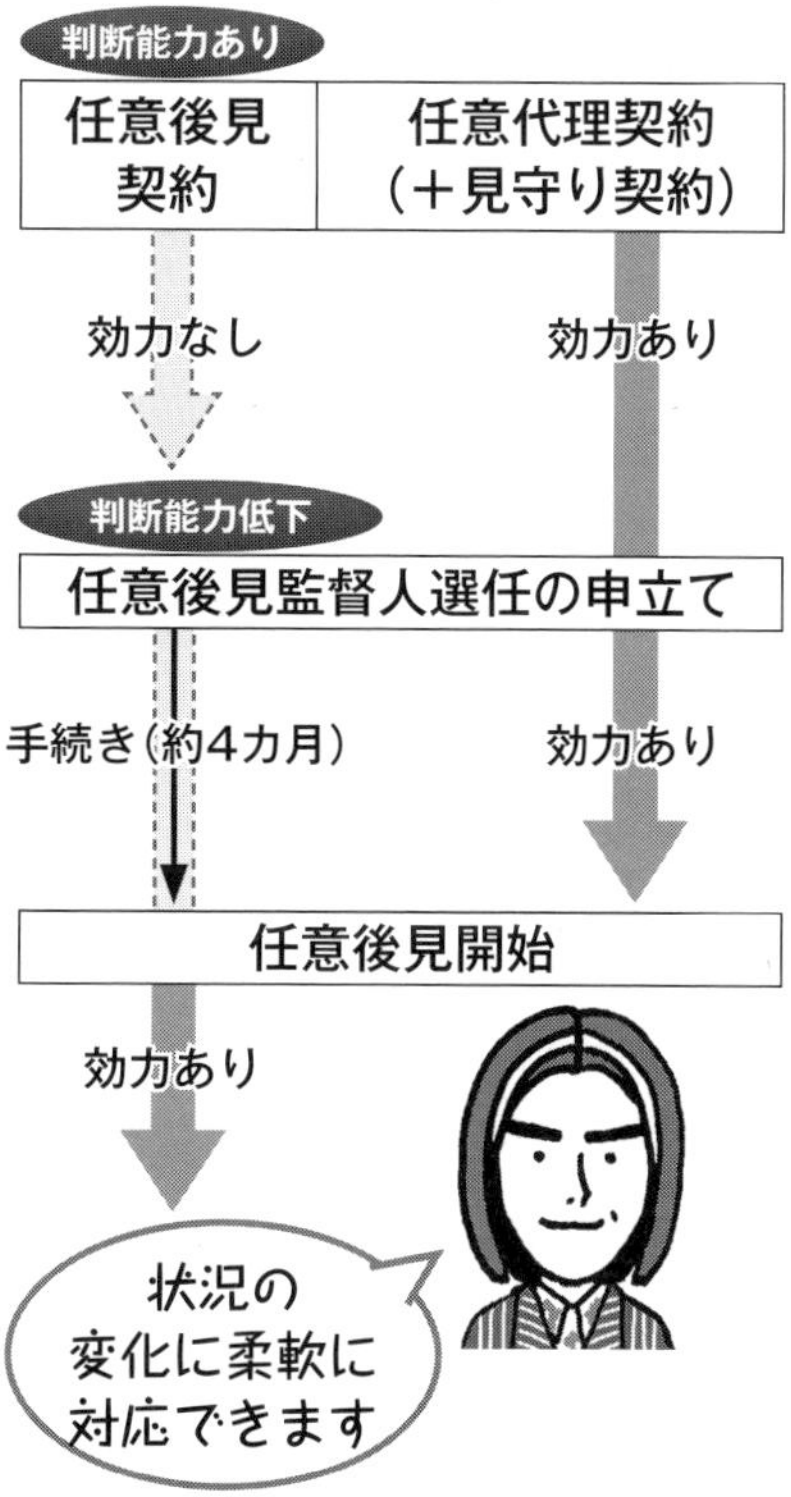

契約からすぐに後見開始

即効型任意後見

任意後見契約を結んですぐに手続きをし、任意後見が開始する。

●どんな人向け？

●現在、判断能力に不安があり、すぐにでも財産管理を依頼したい。
●判断能力が低下しつつあるが、任意後見制度の内容を理解し、契約できるくらいの判断能力はある。

●どういう流れで進む？

任意後見契約締結後、すぐに任意後見監督人選任の申立てをする。選任されたら、任意後見が開始する。

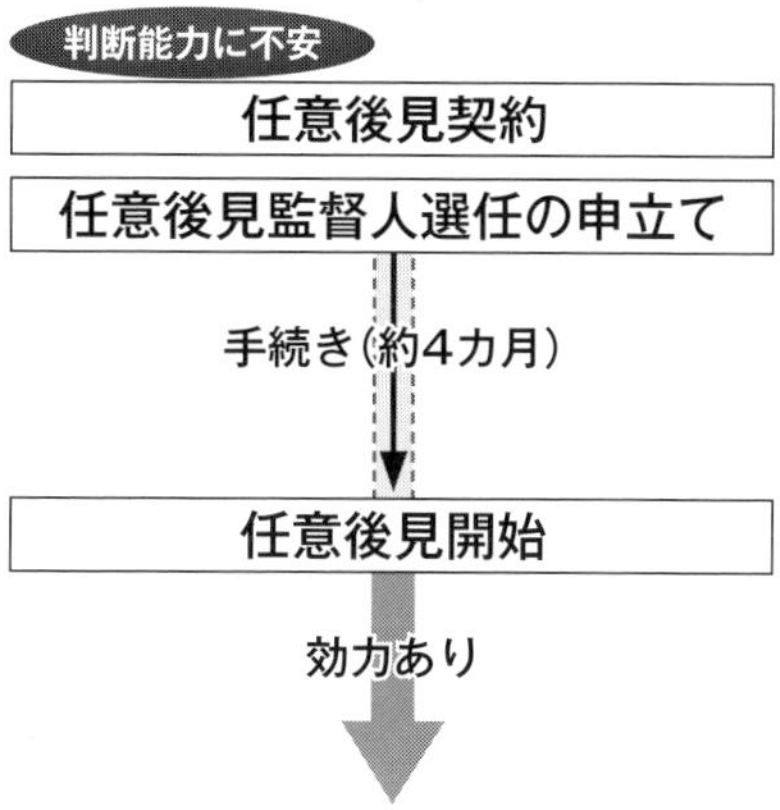

任意後見人・任意後見監督人の仕事の流れ

後見事務は、財産管理から家庭裁判所への報告まで

任意後見人と任意後見監督人がサポートする

任意後見契約の相手など

任意後見監督人選任の申立て（＝任意後見開始の申立て）を行う

家族や見守り契約の相手（任意後見契約の相手と同じ人であることも多い）によって、本人の判断能力が低下してきたと判断されると、家庭裁判所に任意後見監督人選任の申立て（P78）が行われる。

オンラインで家庭裁判所に登記されている

公証役場で任意後見契約書を作成すると、契約内容は、公証役場からの申請によって法務局に登記される。任意後見開始後は、その契約内容にしたがって後見事務が行われる。

任意後見制度で、被後見人である本人をサポートするのは、任意後見人と任意後見監督人です。

任意後見人は、財産管理や身の回りの契約をすることによって直接的に本人をサポートします。ほかにも、財産目録や収支報告書などを作成して、任意後見監督人に報告する義務があります。

任意後見監督人は、その報告を受けて、適切に後見事務が行われているかチェックし、間接的に本人をサポートします。

この両者がいることで、本人の生活や権利が守られるのです。

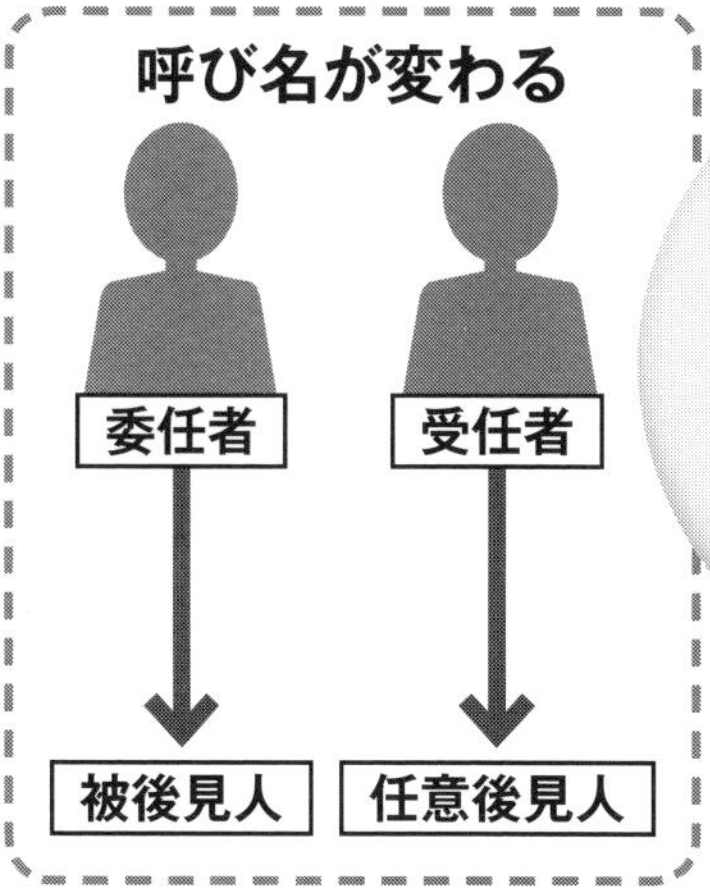

任意後見人

任意後見開始。関係機関に届け出て、後見事務を行う

日々の生活の財産管理や身の回りの契約を代理で行う。今後の後見事務をスムーズに行うために、年金受給用の口座を開設している銀行などに、本人（委任者）が被後見人となったことを届け出ておく。

あなた

実印や通帳を預ける

契約書に記載した事項にのっとって、実印や通帳、その他証明書類を任意後見人に預ける。後見事務をスムーズに行えるようにしておく。

任意後見人、任意後見監督人

任意後見監督人を通じて、家庭裁判所に定期的な報告を行う

任意後見人は、半年～１年に１回程度、定期的に任意後見監督人に、後見事務に関する報告をする。事務内容や収支を報告書にまとめて提出する。それをもとに、任意後見監督人は家庭裁判所に報告する。

あなた

口座をあらかじめまとめておく

任意後見人が後見事務を行いやすく、また、負担を軽くするために、口座が多数ある場合はまとめておく。

任意後見人に依頼すること①

あなたの生活を守るために、契約や支払いなどを頼む

任意後見契約の目的は、本人の生活を守ることです。任意後見人は、そのための契約、手続き、収支の管理を行うのが原則です。

そのため、介護や看病などの実務や、財産を増やすための資産運用などは、任意後見契約で依頼する代理行為には含まれません。これらには別の契約が必要です。

この原則にのっとって、代理権目録を作成し、任意後見人に依頼する仕事の内容を決めます。

より柔軟に財産管理を依頼したい場合は、任意代理契約や家族信託（P124～）を利用しましょう。

生活に必要な手続き全般を代理してもらう

医療・介護・生活に関すること	
医療	医療契約の締結。
介護	介護サービス利用の申込み、介護施設への入所契約、要介護認定の申請など。
生活	本人が訴訟に巻き込まれた場合、代わりに裁判をするために弁護士に委任するなど。
財産管理に関すること	
預金	年金の請求、預金の払い戻し、公共料金の払い込みなど。
不動産	賃貸借契約の締結、解除。不要な不動産の売却など（家庭裁判所の許可が必要）。
相続	本人が遺産分割でもめている場合は、本人に代わって最低限の取り分をもらえるように主張する。

任意後見契約の財産管理は、日常生活に関することだけ

現在

遺言、贈与

将来起こる相続に備えて、財産の処遇を決めておく。あくまでも財産の所有権の移転のみ。

任意代理契約

任意後見契約と同様に、継続的な日常生活の財産管理が中心。ただし、範囲を広げて、資産運用なども依頼できる。

見守り契約

本人の体調や生活状況の観察のみ。財産管理は行わない。

家族信託

財産の名義のみを他人に託す。現在から未来にわたって永続的に自分の希望通りに、財産の移転先を決められる。

任意後見契約

「現在」の本人のために
「身の回り」の収支の管理を行う

他の制度と違うのは、本人の生活を守るための財産管理に徹する点。年金受給用の銀行口座の管理や、家賃の支払い、医療費の支払いなど、日常生活が困らないようにするための収支の管理を継続的に行う。

未来

財産 ⟷ 身の回り

COLUMN

医療行為への同意、保証人になってもらうことは、本来はできない

被後見人に適切な医療・介護を受けさせることは、任意後見人の重要な仕事の一つです。任意後見人は、医療機関で治療内容への同意を求められたり、介護施設では入所時に保証人となるように求められることがあります。

しかし、これらは本来、任意後見人の代理権の範囲には入りません。それでも、現場に直面すると、同意をしたり保証人にならざるを得ないのが現状です。任意後見人の負担が大きくなってしまうため、制度の改正が検討されています。

任意後見制度

任意後見人に依頼すること②

家族の将来を任意後見人に託すことができる

相続を想定すると、確実に後見人が必要

家族（判断能力低下）← 世話可能 ← 判断能力あり
判断能力低下↓
任意後見人 ← 委任 ← 判断能力低下
法定後見の申立て → 家族（判断能力低下）

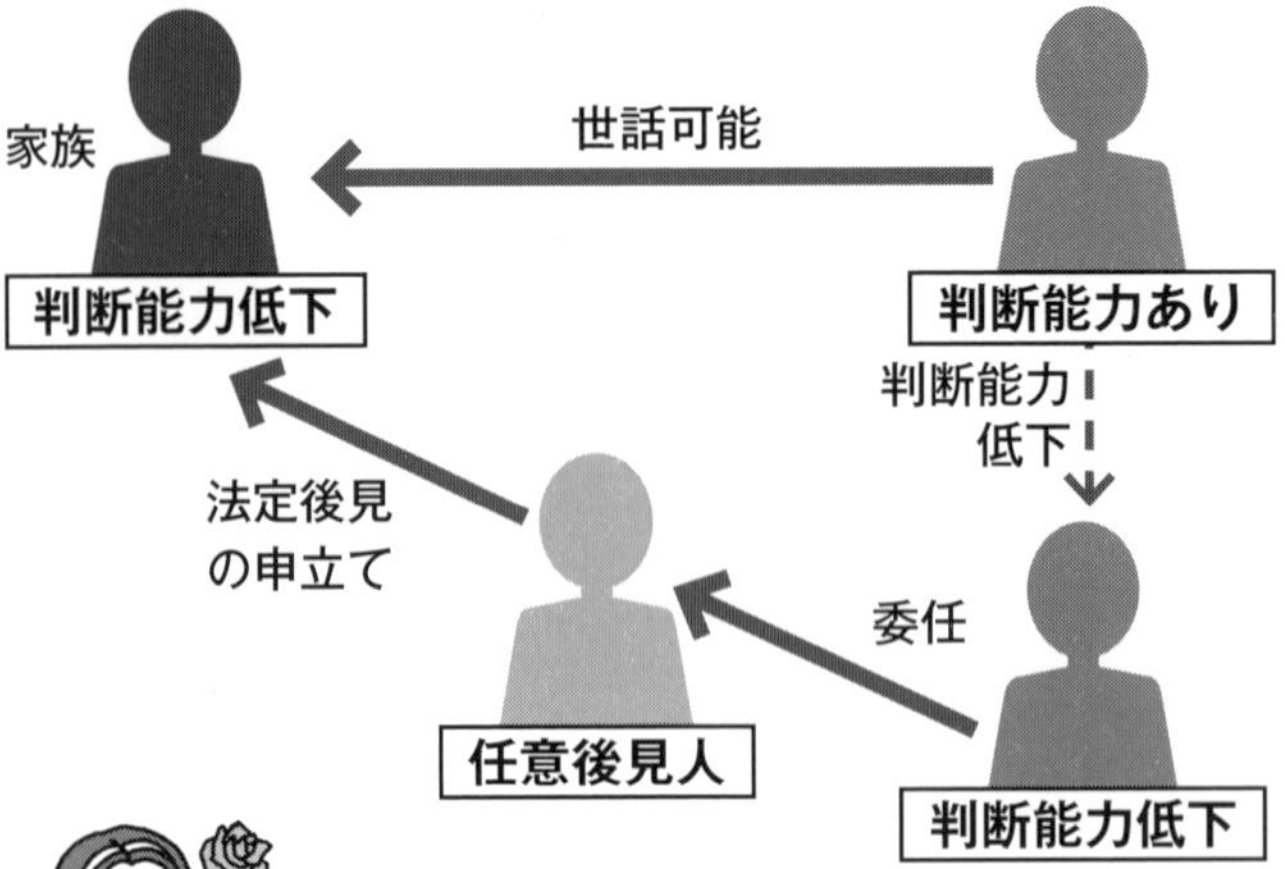

ワンポイント：亡くなってからでは遅い

任意後見制度の被後見人が亡くなった時点で、今まで世話をしていた家族に法定後見開始の申立てがされる場合、その家族がすぐに被後見人となれるかはわかりません。すると、遺産相続の手続きがスムーズにできずに困ることに。相続税の申告期限を過ぎてしまい、納税額がはね上がる可能性もあります。

　任意後見制度は、自分の生活に関することを他者に頼む制度ですが、状況によって、家族のことも頼むことができます。

　たとえば、任意後見制度を利用しようとする人が、認知症の配偶者や精神疾患のある子の面倒を見ている場合です。この先、本人の判断能力が低下すると、家族の面倒を見られなくなるうえに、それを他者に頼む（法定後見制度。P28）こともできなくなります。

　任意後見契約には、家族の法定後見開始の申立てを盛り込むことができます。

5 二次・三次相続
4 相続
3 判断能力低下
2 やや能力低下

ケース 配偶者がすでに認知症

「自分が元気なうちは、妻の面倒を見てあげたい」

（Aさん、72歳）

妻は５年前から認知症を発症しました。今は健康な私が面倒を見ています。法定後見制度を使うことも考えましたが、家庭裁判所に選任された法定後見人に世話をしてもらうよりも、今まで苦労をかけてきた妻には、できる限り自分で何でもしてやりたいのです。

たとえ私が法定後見人になれたとしても、私もいつ認知症になるかわかりません。そのため、任意後見人に、妻の法定後見開始の申立ても一緒にお願いしてあります。

ケース 子どもに援助が必要

「女手一つで育ててきたわが子の援助を任せたい」

（Bさん、75歳）

私には、統合失調症を患う40代の子どもがいます。ずっと面倒を見てきましたが、最近物忘れが多くなったと感じています。そこで、任意後見制度を使うことにしました。そうなると、子どもには法定後見制度の手続きが必要ですが、私には細かい手続きはもう億劫なので、ゆくゆくは任意後見人にやってもらおうと思っています。

お葬式や供養を頼むケースも増えている

COLUMN

任意後見契約で委任できるのは、本来は生前のことだけです。しかし、たとえば一人暮らしの人の場合などは、亡くなったあとの事務も任意後見人が行っているのが現状です。

現在は、死後事務委任契約で別途依頼することになっていますが、この契約には法的な問題点があり、現状に合わせた制度の改正が検討されています。

任意後見人の検討

自分が〝信頼できる人〟に頼む

誰を選ぶかが利用のポイント

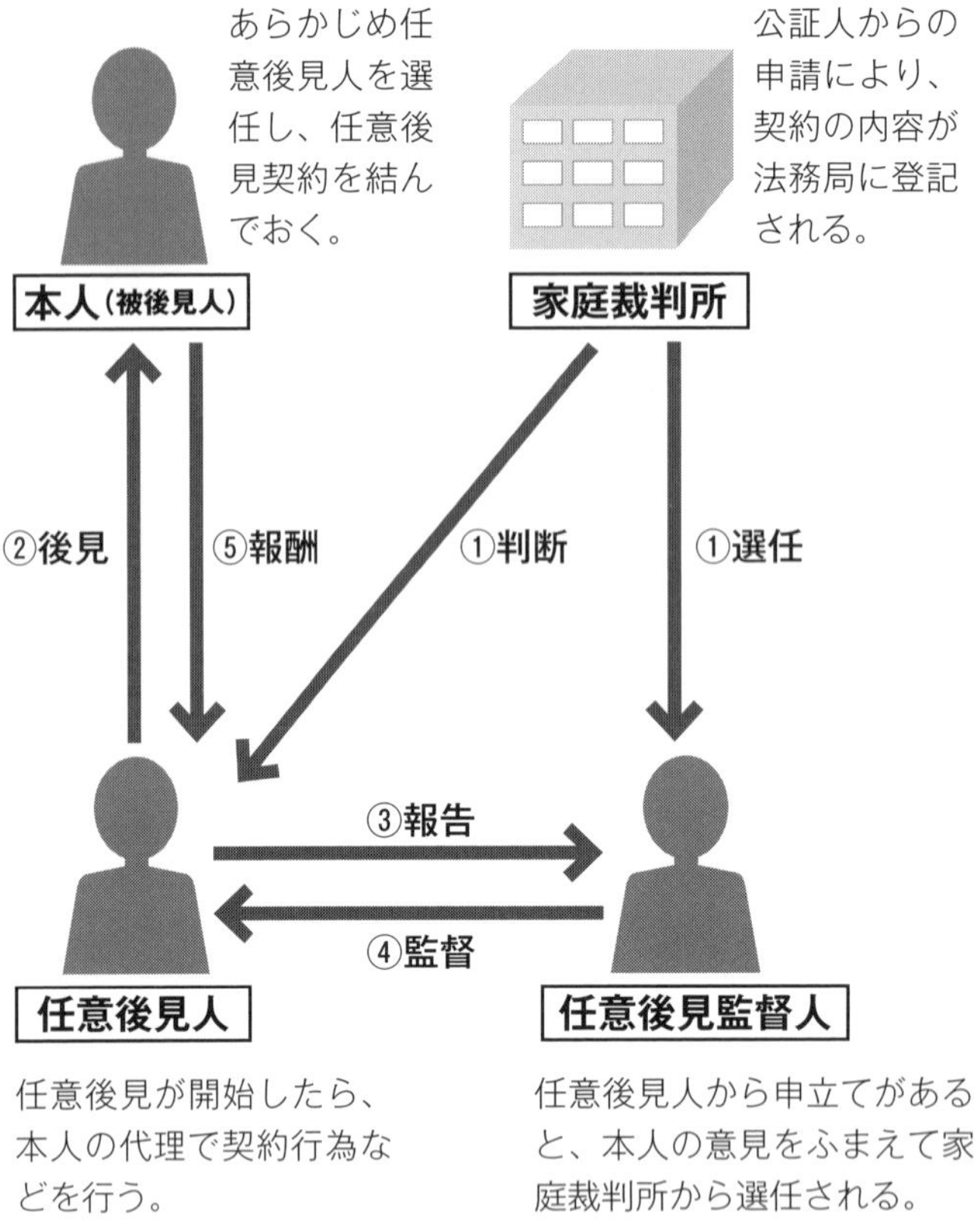

あらかじめ任意後見人を選任し、任意後見契約を結んでおく。
公証人からの申請により、契約の内容が法務局に登記される。
本人（被後見人）
家庭裁判所
②後見
⑤報酬
①判断
①選任
③報告
④監督
任意後見人
任意後見監督人
任意後見が開始したら、本人の代理で契約行為などを行う。
任意後見人から申立てがあると、本人の意見をふまえて家庭裁判所から選任される。

任意後見制度を利用するうえでもっとも重要なことは、誰を任意後見人に選ぶかということです。

資格の制限は特になく、家族、法律や福祉の専門家、そのほか誰でもなることができます。どんな人がふさわしいかは、本人の財産の内容や家族構成、その家族が近くに住んでいるかどうかなどの状況によって異なります。

任意後見人には、通帳や印鑑などを預け、財産状況なども明かすことになります。本当に信頼できる人か、何があっても後悔しない人か、よく考えて選びましょう。

5
二次、三次相続
4
相続
3
判断能力低下
2
やや能力低下
1
健康

依頼する内容、家族構成によってベストな人は違う

何度も会って
話し合って、信頼
できる人を見極め
たいな

信頼できる子などがいるなら

家族

気心の知れた家族が近くにいれば、普段の本人の様子、財産状況も把握できる。財産状況を共有しておけば、相続対策にも役立つ。

依頼できる人が回りにいないなら

福祉の専門家

任意後見人を頼める人が身近にいない場合。自治体の社会福祉課などに紹介してもらう。介護・福祉施設とのネットワークがある。

子が遠方に住んでいる場合などは

親戚

子が海外赴任などで遠方に住んでいて、親戚が近くに住んでいる場合など。近いほうが、後見事務がしやすい。

複雑な財産管理を頼みたいなら

法律の専門家

不動産を所有していて、それらの管理も任意後見人に任せたい場合など。登記などの難しい手続きも一緒に頼める。

COLUMN

任意後見開始の時点で、後見人として認められないことがある

任意後見人は、原則として本人（被後見人）と任意後見契約を結んだ相手になります。ただし、任意後見開始時に、まれに後見人が欠格となる場合があります。

たとえば、未成年であったり、犯罪歴があったり、浪費癖があって本人の財産をおびやかしかねない人などです。このような理由で後見人として認められなくなる危険性がない人を、任意後見人として選びましょう。

予備後見人、複数後見人

複数の人を選んでおけば もしものときに安心

ピンチヒッターをあらかじめ決めておく

任意後見人として認められない場合

- 未成年である
- 家庭裁判所から、法定後見制度の後見人、保佐人、補助人を解任されたことがある
- 自己破産している
- 行方不明になってしまった
- 任意後見を依頼された本人に対して訴訟を提起した（またはその配偶者や直系親族）
- 不正な行為を行ったなどの理由で任意後見人に適していないと判断された

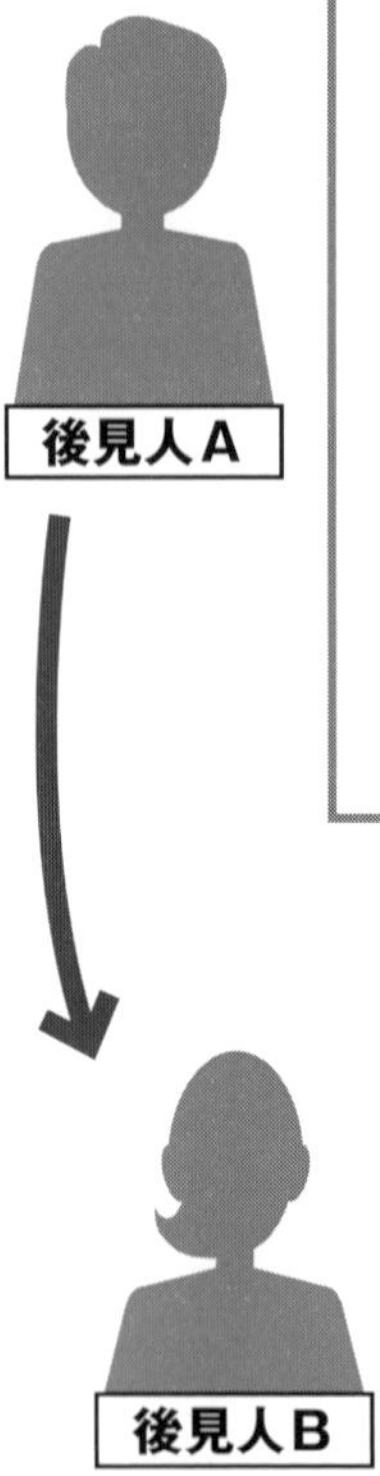

次の後見人に引き継がれる

「後見人Aが解任または職務が果たせなくなったときは後見人Bに引き継ぐ」という旨を任意後見契約書に明記しておけば、スムーズに引き継がれる。

任意後見契約を結んでも、この先その相手に何があるかわかりません。寝たきりになったり、認知症を発症することもあります。また、犯罪者であることが判明したり、自己破産することもあります。

これらの場合、任意後見人として認められず、新たな人を選ばなくてはなりません。事前に任意後見人の候補を複数人選んでおけば、すぐに次の人に引き継がれます。

さらに、歳の近い人よりも、20歳くらい歳の離れた人を選ぶほうが、長く財産管理を依頼できる可能性が高くて安心です。

複数人に任意後見人になってもらう方法もある

同じ権限を複数人がそれぞれ単独行使する型

常に１人で後見事務を行うのが負担になってしまうとき。同じ内容の代理行為を、複数の人が単独で行うことができる。

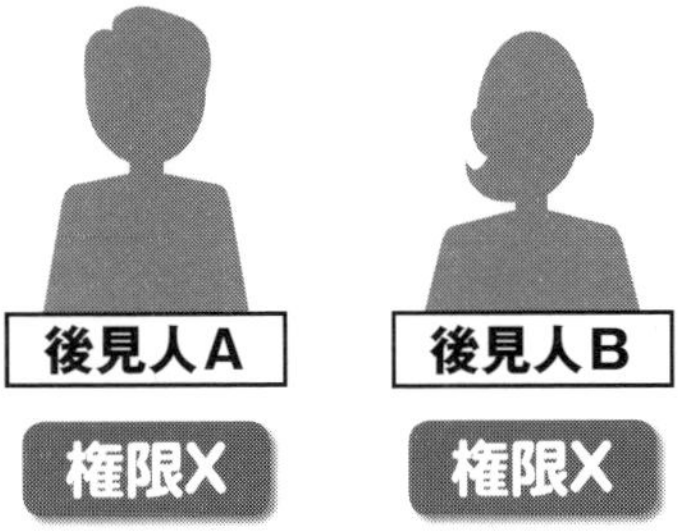

たとえば……

- ●兄弟間で、任せる権限に差をつけたくない
- ●任意後見人が仕事で忙しく、時々誰かに代わってほしい

職務を分けて複数人に代理権を与える型

代理行為の範囲を分けて、別々の人に頼みたいとき。分野の違う職務を、それぞれの任意後見人が行う。

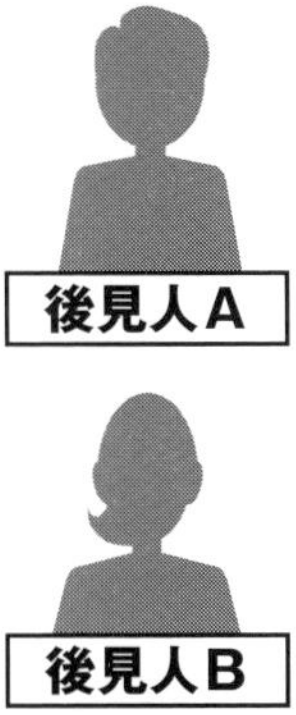

権限A

財産管理

（例）賃貸不動産の管理、年金受給の申請など

権限B

身上監護《しんじょうかんご》

（例）介護施設の入所契約、医療費の支払いなど

たとえば……

- ●不動産管理など煩雑な業務は司法書士に任せ、身の回りのことは子に頼む
- ●通帳の管理などは子に任せ、医療・介護関係の手続きは介護士に頼む

ケース 不動産収入で生計を立てている

「アパート管理と身の回りのことで後見人を分けた」（Cさん、78歳）

　退職金でアパートを建て、その家賃収入と年金で生計を立てています。忘れっぽくなってきたので、任意後見制度を使うことに決めました。

　任意後見人は２人選びました。アパートの管理はいずれ相続人となる息子に任せますが、息子は県外に住んでいて毎日様子を見に来てもらうことができません。そのため、身の回りのことは地域の社会福祉士に頼むことにしました。

　２人の任意後見人に生活をサポートしてもらっています。

任意後見
制度

法人後見人

法人を後見人に選任することもできる

法人後見人なら長い付き合いができる

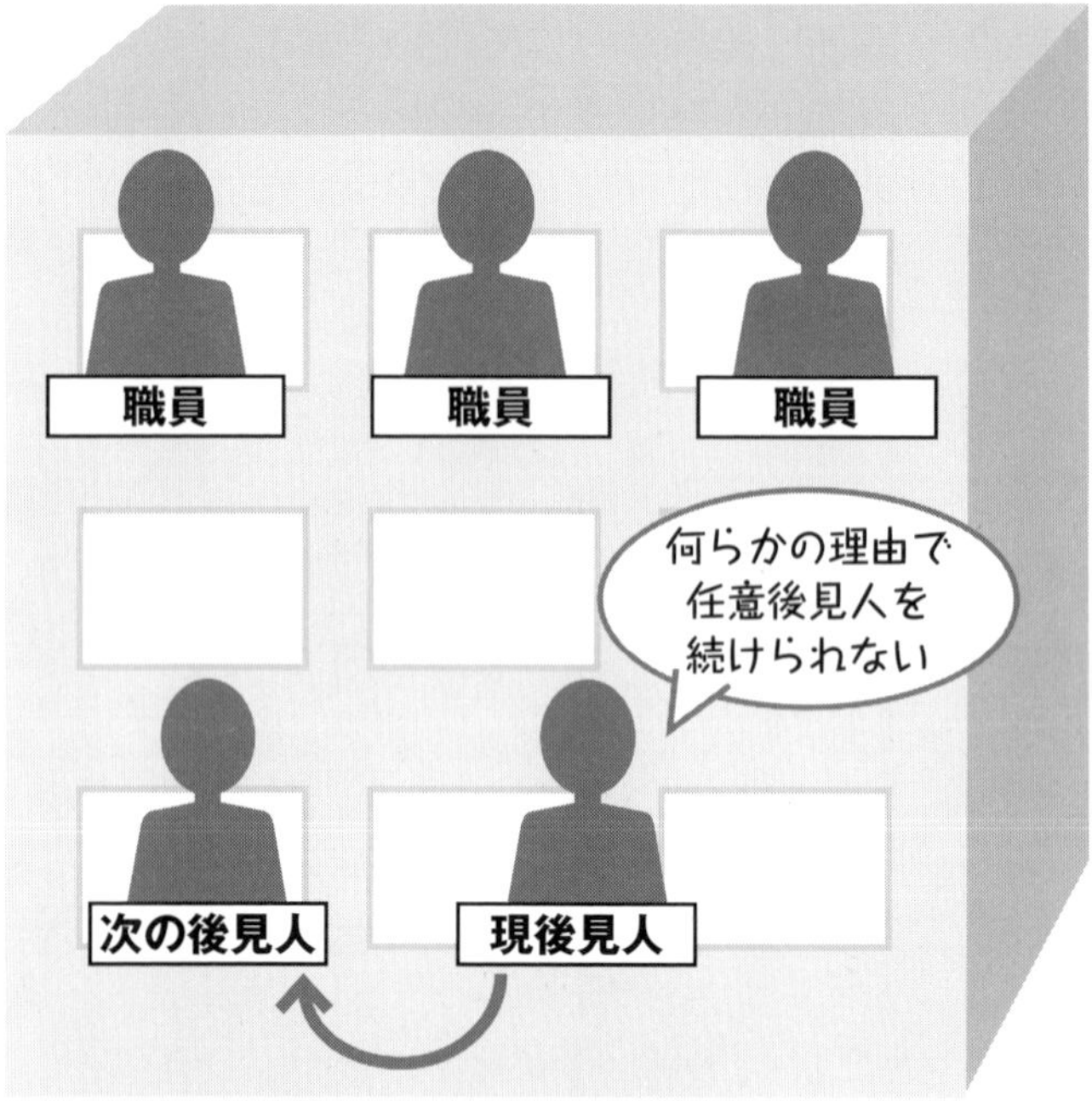

職員
職員
職員
何らかの理由で
任意後見人を
続けられない
次の後見人
現後見人

手続き不要で次の後見人になる

同じ法人の構成員に引き継ぐ際には、新たに任意後見人の手続きをする必要がない。法人が倒産しない限り、ずっと任意後見契約を続けることができる。

任意後見人は、法人に依頼することもできます。個人の場合と違い、法人だとケガや病気などのリスクがないので、長く付き合うことができます。

法人後見人としてふさわしいのは、司法書士法人や介護・福祉関係のNPO法人などです。任意後見契約は生活と密接しているため、担当者があまり代わらないところがおすすめです。

本人と任意後見人との間に相続や仕事上の利害関係があると、任意後見人として認められないこともあります。注意しましょう。

5
二次、三次相続
4
相続
3
判断能力低下
2
やや能力低下
1
健康

代表的なのは福祉系か法律系の法人

福祉系の法人

インターネットで検索したり、自治体の福祉課で紹介を受ける。各地域に、成年後見を支援するNPO法人などがある。介護制度などの周辺事情にも詳しい。

法律系の法人

任意後見業務に積極的な司法書士法人、弁護士法人、行政書士法人などを探す。実際の業務は法人に所属する専門家が行う。

ケース　町に若い専門家がいない

「隣町のNPO法人に依頼した」

（Dさん、76歳）

身寄りがいないため、任意後見制度を利用しようと、町内で候補者を探そうとしました。しかし、候補者が全員、年の近い人ばかりだったため、町役場の福祉課で隣町のNPO法人を紹介してもらい、その法人と任意後見契約を結びました。

COLUMN

利害関係がある法人の場合、認められないことも

法人後見人は、どのような法人に依頼することもできます。ただし、その法人の事業内容が被後見人との間に利害関係があると、任意後見人として家庭裁判所に認められないことがあります。

たとえば、本人が入所する介護施設を運営する法人と任意後見契約を結ぶ場合、施設利用料を支払う立場である本人に対し、受け取る立場である運営法人が後見人になり、双方の利益が相反します。任意後見人が中立の立場で本人のために代理行為をするという原則が崩れる可能性があるため、任意後見人にはふさわしくないと考えられています。

任意後見監督人

家庭裁判所に選任された監督人が権利を守る

任意後見制度

後見開始時に家庭裁判所から選任される

〈任意後見人が専門家の場合〉

被後見人：「あの人がいいな……」

家庭裁判所が本人の意見を聞き、本人の意思が尊重される。

任意後見開始　家庭裁判所

選任 → 任意後見監督人：「りょうかい」

○ 候補者となる人
- 本人の親族、知人、友人
- 司法書士など法律の専門家
- 社会福祉士など福祉の専門家
- 社会福祉協議会などの法人

✕ 認められない人
- 未成年者
- 自己破産したことがある人
- 任意後見人の配偶者、直系血族、兄弟姉妹
- 過去に家庭裁判所から、後見人・保佐人・補助人を解任されたことがある人
- 本人に対して訴訟を提起したことがある人

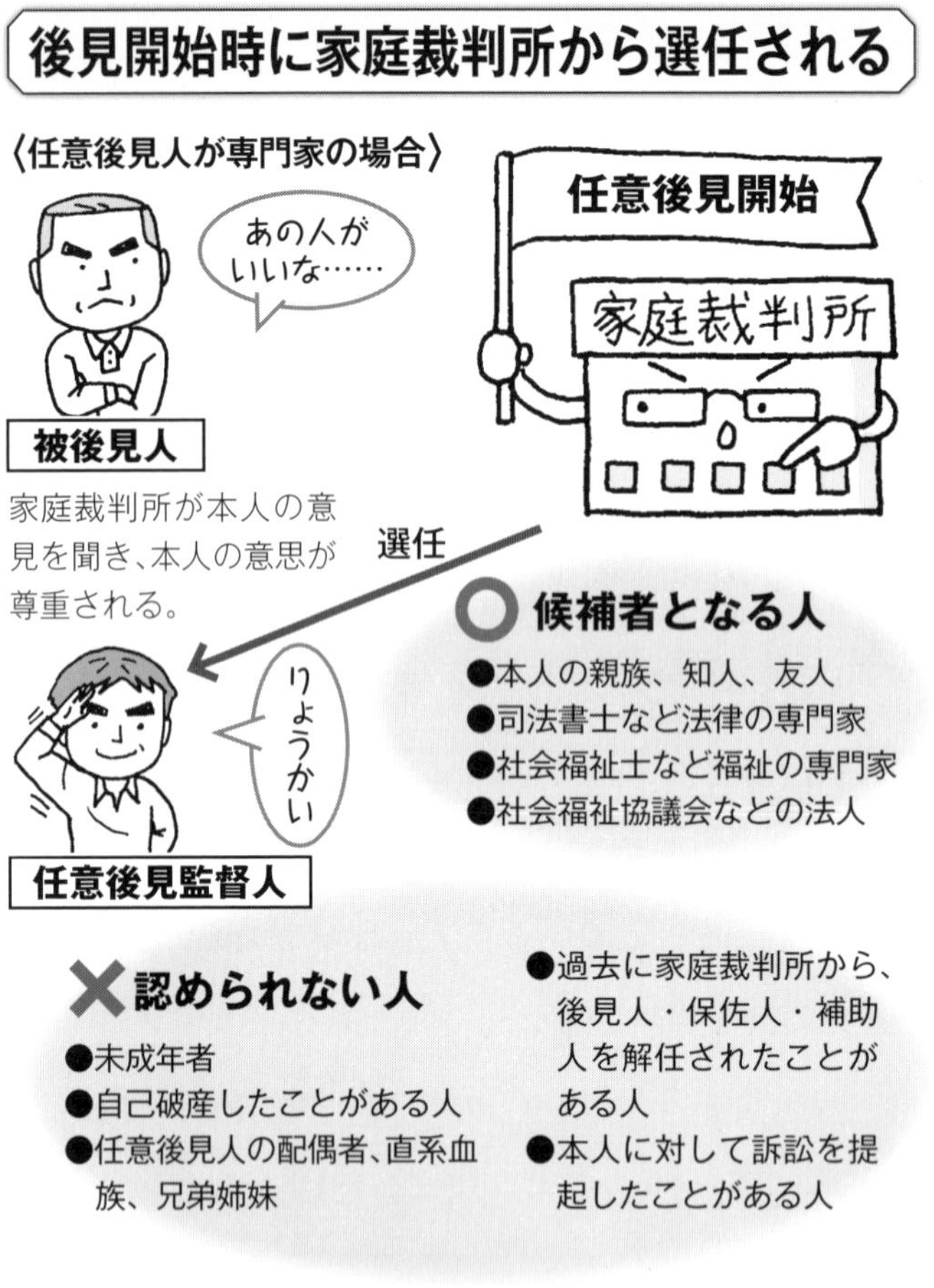

任意後見制度では、任意後見人の代理行為が適切かどうか監督する、任意後見監督人が設けられます。これが、ほかの制度と比べて大きく異なる点です。

後見が必要になった時点で、見守り契約の相手などが、家庭裁判所に任意後見監督人選任の申立てを行います。被後見人となる本人の意見や家族構成、財産状況をふまえて決定されます。

任意後見監督人は定期的に任意後見人から業務の報告を受け、家庭裁判所に伝えます。そうして、被後見人の権利を守るのです。

5 二次・三次相続
4 相続
3 判断能力低下
2 やや能力低下

任意後見監督人を介して家庭裁判所に報告する

〈任意後見人が専門家の場合〉

家庭裁判所

主な仕事①

任意後見人の後見事務の監督

選任時に本人の財産の内容を確認する。その後、後見人の仕事内容と収支の報告を受ける。必要なときにいつでも報告を求められる。

ほかにも……

任意後見人が急病などで動けない場合は、代理行為を代わりに行う。必要があれば、法定後見開始の申立てをする。

任意後見監督人

主な仕事②

家庭裁判所への報告

年に1回程度、任意後見人の仕事内容を報告書にまとめて提出する。問題点などもあれば報告する。

任意後見人

ほかにも……

任意後見人と本人の利益が相反する場合は、被後見人本人の代理人となる（下記コラム）。

COLUMN

利害関係が生まれた場合、任意後見監督人が被後見人の代理をする

たとえば、年配の両親と子の家族で、母の任意後見人が子だとします。父が亡くなったときに、被後見人である母と任意後見人である子は、同じ相続人という立場になります。任意後見人である子は、遺産分割時に母の権利を追求しようとすると自分の相続分が減るため、公正な代理行為ができなくなる可能性があります。

その場合、家庭裁判所からあらかじめ選任されている任意後見監督人が、被後見人の代理で遺産分割に立ち会い、本人の権利を守ります。

任意後見
制度

費用と報酬

任意後見人、任意後見監督人に費用と報酬を支払う

費用は本人の財産から支払われる

任意後見人	任意後見監督人
財産管理や身上監護《しんじょうかんご》（身の回りの契約や手続き）を行う際にかかった費用を、本人の財産から受け取ることができる。	後見事務の報告書作成や、裁判所への報告にかかった費用を、本人の財産から受け取ることができる。
〈例〉 ・預金を下ろす際の手数料 ・登記簿を取り寄せる際の手数料 ・支払いや手続きに出向くときの交通費	〈例〉 ・交通費 ・コピー代 ・郵送代

わかったよ。
まかせて！
無駄遣いは
しないでくれよ

任意後見制度の被後見人は、任意後見人と任意後見監督人に対し、後見事務にかかった費用や、報酬を支払うことがあります。

任意後見人への報酬の有無や金額は、任意後見契約を結ぶ時点で、本人と任意後見人となる人の話し合いで決まります。ただし、報酬を支払うのは任意後見人が法律や福祉の専門家である場合がほとんどで、親族の場合には無償であることが多いといえます。

任意後見監督人の報酬額は、後見事務の内容や本人の財産などをふまえ、家庭裁判所が決定します。

任意後見監督人の報酬は家庭裁判所が決める

基本報酬のめやす

●管理する財産が 5,000 万円以下
1 万円～ 2 万円／月

●管理する財産が 5,000 万円超
2 万 5,000 円～ 3 万円／月

（東京家庭裁判所）

報酬が低額になるケース

財産の内容が簡潔

財産が預金と自宅不動産のみという場合など。収支の確認が簡単に済むため、報酬は低めになる。

報酬が高額になるケース

財産の内容が複雑

財産の内訳が、預金と複数の賃貸用不動産、株式など多岐にわたる場合。確認に手間がかかるため、報酬は上がる。

本人の代理をしたとき

相続時など、被後見人の代わりに権利を行使したとき。被後見人の財産を守ったとみなされると、報酬が上がる。

ワンポイント

報酬はあくまでもおまけ。感謝の気持ちと信頼関係が前提

任意後見人、任意後見監督人への報酬は、あくまでも被後見人からの感謝の気持ちです。任意後見人となる人と報酬額を決める際には、その人と本当に信頼関係が築けているかどうか、よく考えましょう。

被後見人の財産状況によっては、報酬を支払うことができなくなる場合もあります。「それでも任意後見人を受けてくれる」という人と、「何があってもこの人に任意後見人をお願いしたい」という本人の、強い信頼関係があって成り立つのが、任意後見制度の本来の姿なのです。

任意後見契約書

契約内容が決まったら「任意後見契約書」を作成する

任意後見人になってもらう人、その人に依頼する仕事内容、報酬が決まったら、任意後見契約書を作成します。契約書は公正証書と決まっており、任意後見人となる人と本人が公証役場に出向いて公証人に作成してもらいます。

詳しい内容を事前に公証役場に連絡し、公証人とともに内容を決めていきます。

任意後見契約書には、代理権の範囲を示した代理権目録をつけます。代理権の範囲を限定しすぎると、代理行為ができずに困る場合があるので、注意しましょう。

公証人と相談しながら作成する

●移行型任意後見契約書の作成例

○○年第○○○号

任意代理契約及び任意後見契約公正証書

本公証人は、委任者○○○○と受任者○○○○の依頼を受けて、本職役場において、双方の述べる契約内容を聞き、その趣旨を書き取ってこの証書を作成します。

本旨

第一　任意代理契約

～～省略（P61を参照）～～

第二　任意後見契約

第一条（契約の趣旨）
委任者○○○○は、判断能力が不十分な状態になったときに、委任者○○○○の生活、療養看護及び財産の管理に関する事務（以下「後見事務」という）を受任者○○○○に委任し、受任者○○○○はこれを承諾します。

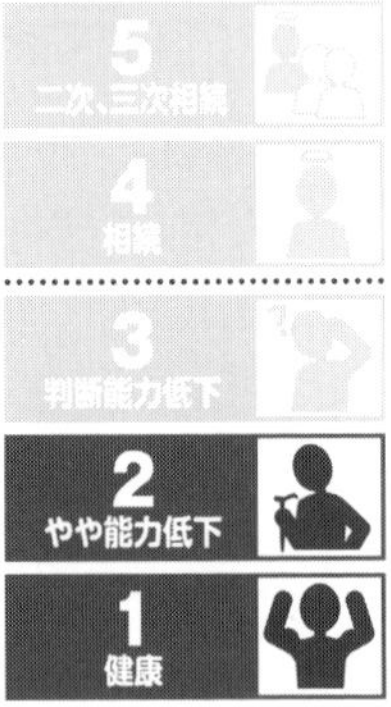

第二条（契約の発効）

〜〜省略〜〜

第三条（委任事務の範囲）

委任者○○○○は、受任者○○○○に対し、別紙代理権目録に記載されている後見事務を委任し、その事務処理のための代理権を付与します。

Point 1

代理権の内容と範囲について、別紙代理権目録に書かれている旨を記載する。

第四条（身上配慮の責務）

受任者○○○○は、本件後見事務を行うにあたって、委任者○○○○の意思を尊重し、かつ身上に配慮するものとし、……

〜〜省略〜〜

第五条（証書等の引き渡し等）

受任者○○○○は、本件後見事務処理のために必要な、委任者○○○○の証書類を保管し、各事務処理に必要な範囲において使用できるものとします。

Point 2

事務処理に必要な書類を受任者が使用できる旨を明記する。

第六条（証書等の保管等）

〜〜省略〜〜

第七条（書類の作成）

受任者○○○○は、本件事務処理をするに際し、以下の書類を作成します。

①任意後見監督人の選任時において、財産目録、預貯金目録及び証書の保管記録

②本件後見事務に関する会計帳簿

Point 3

任意後見監督人への報告のために、財産目録と会計帳簿は最低限作成してもらう。

第八条（費用の負担）

本件後見事務に必要な費用は委任者○○○○の負担とし、受任者○○○○はその管理する財産の中からこれを支出することができます。

第九条（報酬）

受任者○○○○の本件後見事務は、無報酬とします。

〜〜省略（契約内容の変更について）〜〜

Point 4

費用を負担する責任の所在や、報酬の有無、報酬の金額などを明記する。

第十条（報告）

受任者○○○○は、任意後見監督人に対し６カ月ごとに、本件後見事務に関する次の事項について書面で報告します。

①受任者○○○○が管理する委任者○○○○の財産の管理状況

②委任者○○○○の身上監護につき行った措置

③費用の支出状況

Point 5

任意後見監督人への報告の仕方、報告のタイミングなどを決めておく。

代理権目録を作成する

●代理権目録の作成例

代理権目録

1　不動産、動産、預貯金、投資信託、株式その他すべての財産の保存、管理及び処分等に関する一切の事項
2　定期的な収入の受領、定期的な支出を要する費用の支払いに関する事項
3　介護契約、入院契約、その他福祉サービスの利用契約
4　生活費の送金、生活に必要な財産の取得、物品購入その他の日常生活関連取引

～～省略～～

以上の事項に関連する一切の事項

Point 1

認められる行為の中から、必要なものを記入

代理権目録にもひな型があり、代理権の範囲として認められる事項の書き方がわかる。その中から自分に必要なものを記入する。

Point 2

関連事務についても代理できるようにする

代理権を与える行為の関連行為もできるように設定しておく。限定しすぎずに幅をもたせておくことで、あとで困らないようにする。

Point 3

介護などの実務は当てはまらない

任意後見契約は、あくまでも財産管理や手続きを代理するもの。介護実務などを依頼する場合は別途契約をする。

ワンポイント

重要な事項は本人の同意を要することも

自宅不動産の売却など、重要事項については、被後見人の同意を必要とする旨を、特約で定めておくことができます。

●特約目録の作成例

特約目録

次の事項に関しては、後見事務を行う際に本人の同意を必要とする。
　自宅不動産の売却
　被後見人の居住場所の決定
～～省略～～

必ず公証役場で公正証書を作成する

①公証人と相談して契約内容を決める

公証役場にある契約書のひな型をベースに、個別事情については公証人と相談して、契約内容をあらかじめ決めておく。

②必要書類を用意して手続きをする

任意後見契約書の場合は、任意後見人となる人、任意後見を依頼する本人の双方が公証役場に出向く。もし、病気や体力的な問題で出向くことができない場合は、本人の自宅や病院などに公証人が出張してくれることもある。必要書類で本人確認を行い、公証人に契約書を作成してもらう。

〈必要書類〉

●どんな公正証書にも共通

・運転免許証、パスポート、顔写真入りの住民基本台帳カードなどのいずれか
・認印、または印鑑証明書と実印

●任意後見契約書の場合特に必要

・本人の戸籍謄本、住民票
・任意後見人となる人の住民票
・（任意後見人が法人の場合）登記事項証明書
・（本人が外国人である場合）外国人登録証明書

※各証明書は交付から３カ月以内のもの

③文書を認証してもらい、手数料を支払う

公証人が作成した文書の読み合わせを行ったうえで、公証人に認証してもらい、契約書が完成。移行型任意後見契約など、２種類以上の契約が入っている場合は、その契約数分の手数料がかかる。また、任意後見人が複数いる場合も、それぞれの任意後見人との間で契約書を作成するため、人数分の手数料がかかる。契約内容は、公証人から法務局に申請され、登記される。

〈かかる費用〉

●公正証書作成の手数料　1万1,000円
●法務局への登記嘱託手数料　1,400円
●法務局に納付する印紙代　2,600円
●書留郵便の料金　約540円
●用紙代　250円×枚数分

任意後見制度に関する情報収集

専門家団体や自治体で情報を集める

専門家団体の支援センターがある

日本司法書士会連合会

**公益社団法人
成年後見センター　リーガルサポート**

日本司法書士会連合会によって設立され、各都道府県に支部がある。会員である司法書士が成年後見人の育成や監督を行う。法人後見人も請け負う。

〈取り扱う業務〉

- 相談に応じてくれる司法書士を紹介する
- 任意後見契約の内容の提案
- 任意後見契約書の作成支援
- 会員の司法書士が契約を結んだ場合、その後見事務を法人として監督・サポートする

〈料金〉

相談や紹介は無料。公正証書作成などの実費は自己負担。任意後見の報酬は、契約時に話し合って決める。

現在、任意後見制度をはじめ、さまざまな支援を行う団体は、自治体や専門家団体、ＮＰＯ法人など多数あり、それぞれ独立して活動しているのが現状です。

任意後見人を頼める人がいない、任意後見制度について相談したいという場合には、まず自分が住んでいる自治体の福祉課や、専門家団体の無料相談を利用してみるのがよいでしょう。

今後は、ＮＰＯ法人や社会福祉協議会が専門家や自治体との連携を深め、相互で紹介しあうような仕組みが整備される見通しです。

各支援センターの連絡先はP186へ。

日本社会福祉士会

権利擁護センター ぱあとなあ

公益社団法人日本社会福祉士会が運営している。各都道府県の社会福祉士会にもぱあとなあがある。任意後見人の紹介や手続きの援助のほか、ほかの分野の専門家の紹介も行う。

〈取り扱う業務〉

- ●利用する制度の計画設計
- ●家庭裁判所の手続きの援助
- ●後見人の候補者の紹介
- ●適切な専門家の紹介

〈料金〉

相談は無料。電話相談の通話料や、家庭裁判所への申立て費用などの実費は自己負担。

第一東京弁護士会

成年後見センター しんらい

第一東京弁護士会が運営する法律相談センターの一つ。成年後見制度について弁護士のサポートを受けられる。インターネットで面談の予約がとれる。

〈取り扱う業務〉

- ●任意後見契約などに関する相談（電話、面談、出張）
- ●任意後見契約書の作成
- ●会員弁護士の紹介

〈料金（税別。一例）〉

電話相談	無料
面談相談	30 分 5,000 円 延長 15 分につき 2,500 円
出張相談	1 時間 1 万円
契約書作成手数料	20 万円以下

COLUMN

日本と比べて約 30 倍以上の利用率。成年後見制度の先進国ドイツ

日本の成年後見制度は、ドイツの世話法を参考につくられました。任意後見制度は、日本では 2014 年時点で約 2,000 人程度の人にしか利用されていません。一方ドイツでは、2012 年時点で 150 万人以上の人が利用しており、その後も増加傾向です。その背景には、行政が民間団体に補助金を支給したり、裁判所が民間団体を監督する仕組みが法律で定められているということがあります。日本もドイツにならい、制度の整備が進められています。

“心”に関する公正証書

お金のこと以外に、命の尊厳に関わる意思表示もできる

財産に関することだけでなく、自分の命の尊厳に関わる意思表示も、法的に効力をもつ公正証書で行うことができます。辛い病気や延命治療で苦しみながら生きるよりも、安らかな最後を迎えることも選択できます。

アメリカで始まった「Living Will」の考え方

アメリカでは、自己決定権を尊重して死を選ぶ「尊厳死」が、いち早く制度化されました。「Living Will」といいます。

この考え方が日本でも浸透してきて、判断能力があるうちに、自分の意思で尊厳死を選ぶ公正証書を作成できるようになりました。

家族に迷惑をかけずに済む

回復の見込みがない末期状態になると、中止する本人の意思表示や家族の同意がない限り延命治療は続きます。臓器提供の判断も家族に委ねられます。

先に意思表示をしておけば、家族に重い判断をさせて心労をかけたり、治療費がかさむこともなくなります。

尊厳死宣言公正証書

病気やケガの回復の見込みがなく、死期が迫っている場合に、人工呼吸器などの延命措置を取りやめるよう宣言する。公正証書なので法的に効力があり、作成者の意思が実現されやすい。事前に家族と相談しておくと、実際にそのときになって家族と医師が混乱せずに済む。

【契約書に盛り込まれること】

- 延命措置を取りやめてもらう
- 苦痛を和らげるための治療や投薬は最大限に行う
- 家族が同意している
- 作成時に判断能力があった

臓器提供宣言公正証書

脳死判定が下されたときなどに、臓器を提供する旨を宣言する公正証書。提供する臓器、提供したくない臓器を明記しておく。ドナーカードなどでも意思表示ができるが、公正証書なら確実に法的な効力がある。

第三章

財産の配分を決め、次の世代に活きる遺し方をする

――遺言＆贈与――

遺言書を作成して相続に備えたり、子や孫に贈与をするのが当たり前になりつつあります。良いことですが、遺言書や贈与には落とし穴もいっぱい。第三章では、遺言書や贈与の戦略的な使い方を紹介します。

遺言書の書き方と相続の基本

正しい遺言書を作成し、相続トラブルを回避する

遺言書を作成するまでのステップ

START

STEP 1

遺言書の基本を知っていますか？

遺言書と他の制度の違いをおさえます。遺言の形式は３種類。目的に合わせて選択します。

P92

STEP 2

財産の棚卸をしましたか？

遺言書を作成するには、財産の全貌を把握しなければなりません。あらかじめリストアップしておきます。

P94

STEP 3

相続人を把握しましょう

相続人と、その人たちに民法上で与えられている権利の範囲をふまえて、財産の配分を決めます。

P96

STEP 4

相続のルールを知っていますか？

法定相続と大きく異なる分け方を定めた遺言書の内容はその通りに実現されないことも。基本を確認しておきましょう。

P98

遺言書は、亡くなったあとに、誰にどれだけ財産を相続させるかを記した文書です。また、相続時に故人の希望を相続人に伝えるものとしても、必要なものです。

特に、相続人の子が先に亡くなっている場合、認知症の相続人が含まれる場合、内縁関係にあるパートナーがいる場合などは、相続財産の分け方が難しくなることがあります。

こうした各家庭の事情をふまえて、相続争いを回避するために、遺言書で財産の帰属先を指定しておくのです。

相続人となるのは、多くの場合は家族です。財産を遺す人の願いを叶え、遺された家族が幸せに暮らせるように、遺言書を作成しておきましょう。

STEP 5

遺言書で指定できることを知っていますか？

遺言書で指定できることは、民法で決まっています。遺言書の目的と書けることをチェック。

P100 ~

STEP 6

“もしものこと”を想定した文言を盛り込む

相続人や相続財産が変わると、遺言書の内容が一部無効になることも。それに備えた文言を盛り込みます。

P104 ~

STEP 7

遺言書の内容を実現させる人はいますか？

相続人が遺言書通りに財産を受け取れるように、財産の管理や手続きをしてもらう予定の人を事前に決めておきます。

P110

番外編

余裕があるなら、贈与を検討してみても

STEP 8

最終確認。形式にそって作成しましたか？

遺言内容が決まったら、公証役場で作成手続きをします。

P111

GOAL

もめない相続の実現＆自分の思いを遺すことができる家族信託と併用すると、より確実

ワンポイント

遺言書を作成するのは“大人の義務”。作成しないと大変なことに

相続人同士が疎遠である、仲が悪いという場合はもちろん、仲が良い家庭でも遺言書は必須です。あなたが亡くなった途端に、財産をめぐって家族の関係が悪化することがあるからです。遺言書を作成するのは、すべての人にとって、いわば“大人の義務”といえます。

なお、遺言と似た手段に、家族信託（P124）がありますが、その機能やカバーできる範囲は少し異なります。遺言と併用して活用しましょう。

遺言書の基本

遺言書の役割と種類

「遺書」とは違う。財産の配分を決める

形式にそって作成すれば思いが叶う

家族信託
- 信託内容は自由に決められる
- 契約書作成が難しい
- 専門家が少ない

家族信託は契約書の作成が難しい。遺言書は公証役場でサポートを受けながら作成できる。

思いが叶う可能性／自由度 ↑

手軽に使えて効力が大きい

遺言書
- 相続人、相続方法を指定できる
- 公正証書なら確実に効力がある
- 遺留分（P98）など一部制約がある

法定相続
- 準備が不要
- 一律の決まりが、個々の事情に関係なく適用されている

法定相続は民法にしたがうのみ。遺言書なら、ある程度自由に決められる。

← 実行の難易度

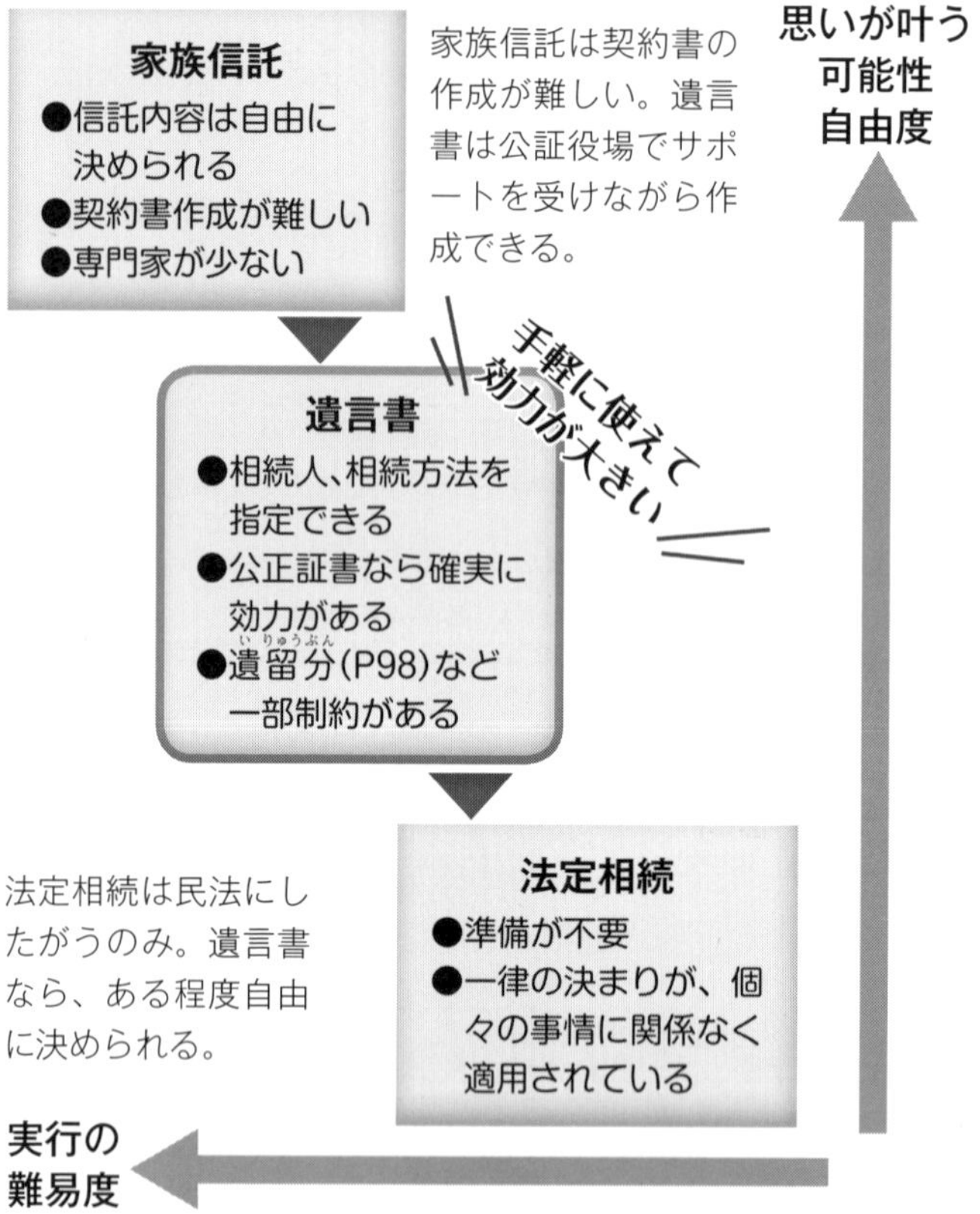

遺言書と遺書は混同されやすいですが、役割や効力が異なります。

一般的に、遺書は亡くなる間際に自分の思いを記す書き置きとされています。一方、遺言書は、法的な効力をもって財産の配分を指定する積極的な文書です。

遺言書には形式があり、法律にしたがって作成すれば、効力を発揮し、遺言書作成者の意図通りに遺産が配分されていきます。

ルールを守れば私文書でもかまいませんが、できれば法律上で確実に有効な、公正証書の作成をすすめます。

5	二次、三次相続
4	相続
3	判断能力低下
2	やや能力低下
1	健康

人のマークは、その制度を設定する時期、効力を発揮する時期（P26〜27）と対応しています。

遺言書の形式は３種類ある

遺言書の存在も中身も公証人が保証

確実に効力があるものを作成したいときは

公正証書遺言

（費用:1万1,000円～）

公証役場で、証人２人の立ち会いのもと作成する。公証役場で保管される。

●メリット

- 内容や形式に不備がない。
- 紛失しても再発行可能。
- 改ざんされることがない。

●デメリット

- 作成に費用がかかる。
- 書き直すとそのつど手数料がかかる。

公証役場の関与なし。すべて自分で

手間や費用をかけずに作成したいときは

自筆証書遺言

（費用:なし）

すべて手書きで、日付と氏名を明記し捺印をする。自分で保管する。

●メリット

- 費用がかからない。
- 自由に書き直せる。

●デメリット

- 形式の不備で無効になる可能性がある。
- 相続開始後、家庭裁判所の検認を受ける必要がある。
- 紛失のおそれがある。

中身は自由。存在だけ公証役場で認証

誰にも内緒で作成

秘密証書遺言

（費用:一律1万1,000円）

作成済みの遺言書を密封したうえで公証役場に持ち込み、公証人に中身を公開することなく、その存在だけ認証してもらう。自由に書ける一方、不備があることも。公正証書遺言と自筆証書遺言の中間的な性質をもつ。便利だが、意外と使われることは少ない。

秘密証書遺言の意外な使い方

自筆の必要がないため、ワープロ文書や代筆でもOK。自分の思いや意図を配慮してもらえて、かつ法的効力のある遺言書を安い価格で作成してもらえる。

財産の棚卸

遺言書で指定する財産をリストアップする

相続開始時の財産をもれなく把握する

●相続財産一覧表

現金 	自宅にある現金と、口座の残高。多くの口座に少額ずつ預けている場合は、口座をまとめる。口座が多いと、把握するのが煩雑になるうえに、相続時に預金を下ろすとき、解約する手間がかかる。
不動産 	●土地……宅地や農地、森林など。 ●家屋……自宅や、事業をやっている場合は社屋や店舗。 共有名義になっていることを知らなかったり、どの土地を所有しているのか把握しきれていない場合がある。土地も家屋も、必ず法務局に行って登記を確認する。
有価証券 	上場株式、公社債、非上場株式など。上場株式は価格が変動するため、相続財産に入っていると遺産分割がしにくくなる。できるだけ整理整頓しておくのが望ましい。

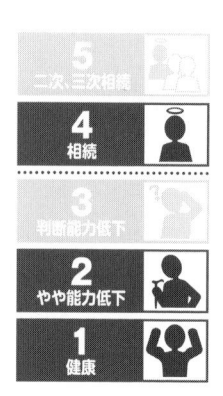

遺言書を作成するには、財産の全貌を把握することが必要です。今ある財産のほかにも、亡くなった時点で財産が増加している可能性があります。生命保険金や個人年金の受給額などは見落とされがち。注意しましょう。

遺言書で指定されていない財産は法定相続になります。せっかく遺言書を作成したのに、相続トラブルの発端になりかねません。

相続人となりうる人や財産の内容が変わった場合には、すぐに遺言書を作成し直しましょう。

★……今後、相続財産に加わる可能性があるもの

動産	不動産以外で、特に金銭的価値が高いもの。宝石、貴金属、美術品、骨董品、家具・調度品、ペットなど。目録と保管場所を示したリストをつくる。
債権	貸付金や保証金など、請求して返還してもらうことができる権利。必ず「誰に、いつ、いくら」渡しているかを記録しておく。個人事業主の場合は、売掛金も含まれる。
特定の権利	特許権、著作権など。その権利が相続対象になるかどうかは個別に確認する必要がある。
★ 将来の相続権	遺言書作成時には発生していないが、相続時に発生している可能性がある財産。子のいない兄弟姉妹が存命ならば、その人から相続した財産も、相続時の財産に含まれる。親族の動向に注視する。
★ 生命保険金	本人が今後受け取る可能性がある生命保険金。また、本人の死後に相続人が受け取る予定の保険金も把握しておく。
★ 年金の受給額	公的年金、個人年金の受給額も、将来相続財産の一部に加わる。将来もらえる金額を概算すると同時に、加入もれがないかなどを確認しておく。
★ 祭祀財産	墓や仏壇など、先祖の供養のためのもの。相続税対策で高価な墓や仏壇を購入している場合は、誰が受け継ぐかで争う可能性もある。帰属先を決めて遺言書で指定する。

ワンポイント

死を前提にした遺言はもう古い。欧米の「WILL」という考え方

欧米の多くの国には、日本の慣習である家制度や法定相続はありません。家族関係などにとらわれず、財産の帰属先を自分で決めるのは当たり前になっています。そのため欧米では、遺言書（WILL）が浸透しています。

この考え方は、死後の財産に関することに限りません。たとえば、尊厳死宣言（P88）など、存命中の意思表示にも通じます。長寿社会の日本においても、あらかじめ自分で意思決定をすることが重要なのです。

相続の基本

予備知識①相続人

遺言書がないと、相続人は民法上の優先順位で決まる

配偶者・親・子・兄弟姉妹の順に決まる

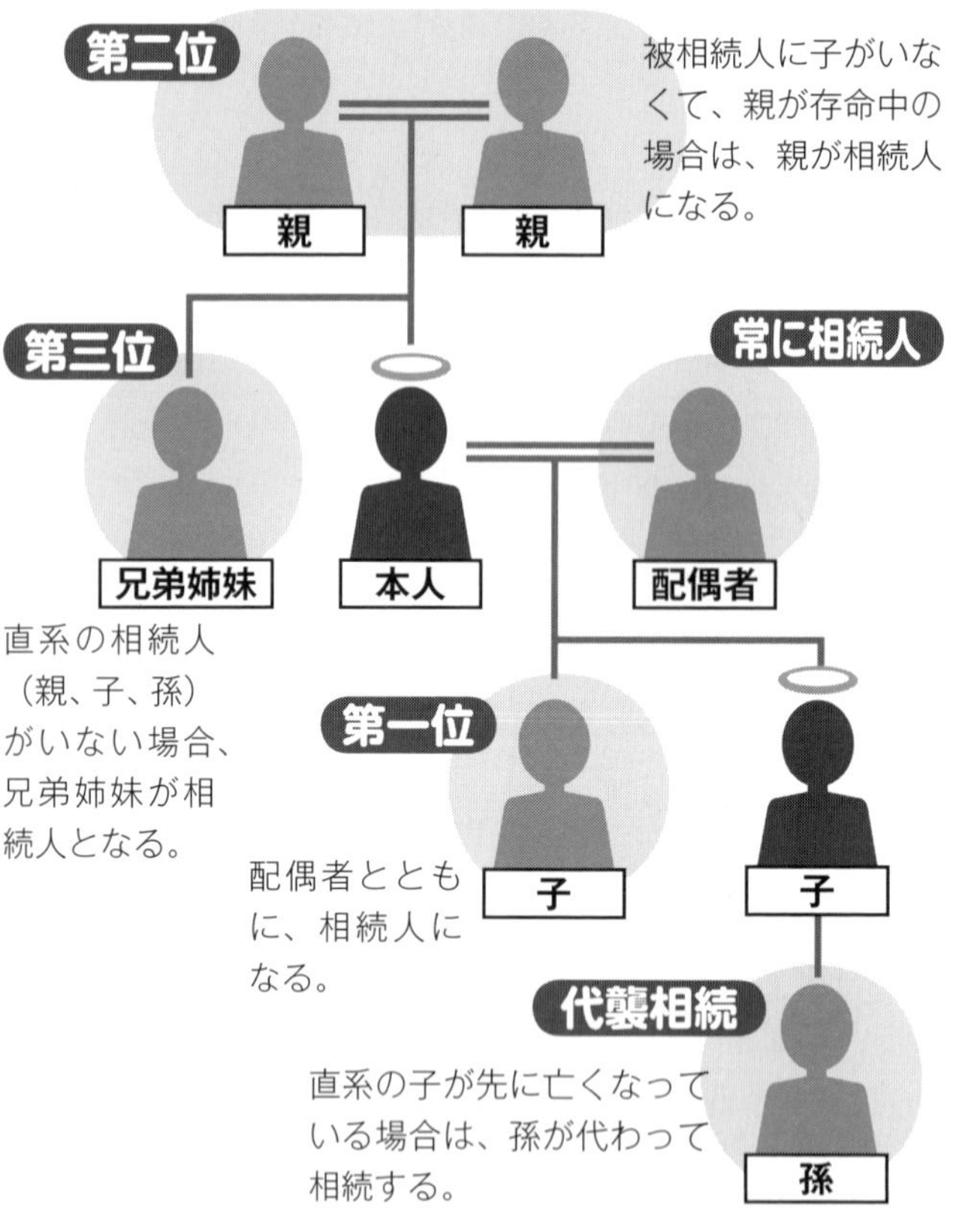
第二位
親
親
被相続人に子がいなくて、親が存命中の場合は、親が相続人になる。
第三位
兄弟姉妹
本人
常に相続人
配偶者
直系の相続人（親、子、孫）がいない場合、兄弟姉妹が相続人となる。
第一位
子
子
配偶者とともに、相続人になる。
代襲相続
孫
直系の子が先に亡くなっている場合は、孫が代わって相続する。

民法には遺言書がない場合の法定相続の規定があり、法定相続人と優先順位が決まっています。

原則、法定相続人には相続の権利があります。有効な遺言書がないと、各相続人が各自の権利を当然に主張することができます。法定相続人を把握したうえで、遺言書を作成する必要があります。

子がいない夫婦や、相続人となるはずの人が先に亡くなっている場合、法定相続が本人の意思と合わないことがあります。自分の希望を叶えるためにも、必ず遺言書を作成しましょう。

5
二次、三次相続
4
相続
3
判断能力低下
2
やや能力低下
1
健康

遺言書を作成しないともめる3つのケース

ケース1 相続人が兄弟姉妹

被相続人には子がおらず、配偶者がすでに亡くなっている。この場合、兄弟姉妹が法定相続人となる。兄弟姉妹がもめそうな場合や、兄弟姉妹以外の人に財産を渡したい場合は、遺言書が必要。

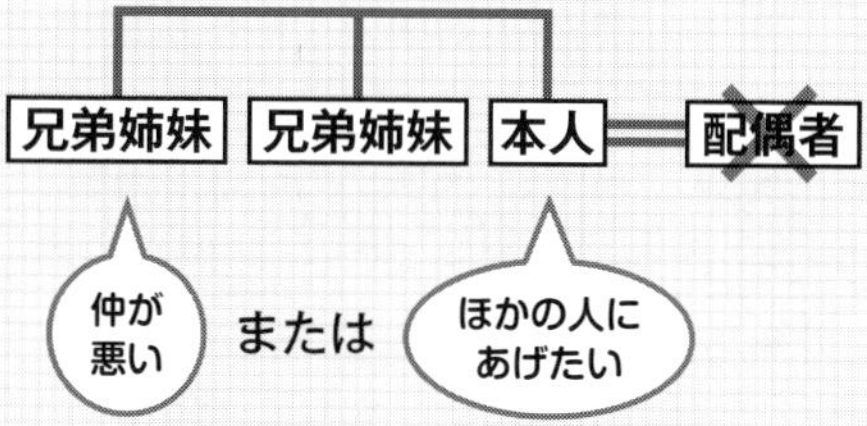

ケース2 子に先立たれた親

被相続人の配偶者も子も亡くなっていて、子の配偶者が唯一の身寄りである。本来、子の配偶者には相続権がなく、遺言書がなければ遺産は国庫に帰属することになる。子の配偶者に遺産を遺したい場合は、その旨を遺言書に記す。

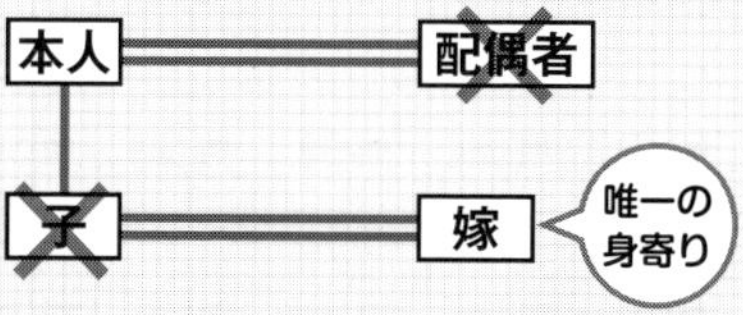

ケース3 甥、姪が相続人

被相続人は独身で子がいない。末っ子だったため兄弟姉妹はすでに亡くなっている。兄弟姉妹の子、つまり甥や姪が法定相続人となるが、疎遠な彼らよりも、お世話になった介護施設に寄付したい場合は遺言書に明記しておく。

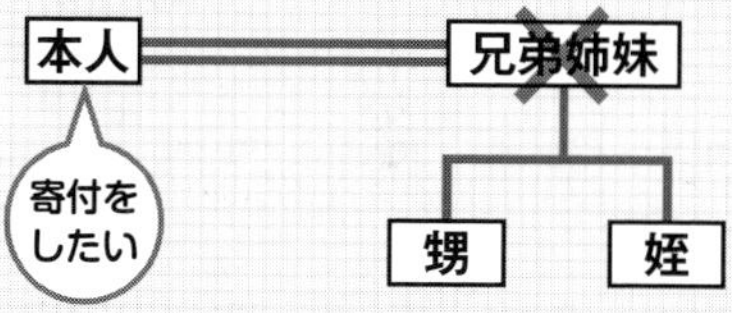

遺言で財産を与えることを「遺贈」という COLUMN

遺言書には、「相続させる」と書く場合と「遺贈する」と書く場合があります。前者は法定相続人に対して遺産の分け方を指定すること、後者は法定相続人に限らず特定の人(受遺者《じゅいしゃ》)や法人に財産を与えるという意思表示です。財産全体の割合を決める「包括遺贈」と、どの財産かを特定する「特定遺贈」があります。遺言書で指定された財産は遺産分割の対象外ですが、遺留分減《いりゅうぶんげん》殺請求《さいせいきゅう》(P98)があれば、渡さなければならなくなることもあります。

予備知識②遺留分《いりゅうぶん》

遺言書通りにいかないことがある

一部の法定相続人には遺留分がある

法定相続人		法定相続分	遺留分
配偶者 常に相続人	配偶者のみ	全部	なし（すべて相続できる）
	配偶者＋子	２分の１	法定相続分の２分の１
	配偶者＋親	３分の２	
	配偶者＋兄弟姉妹	４分の３	なし（法定相続分をすべて相続できる）
子 第一位	配偶者＋子の場合	２分の１	法定相続分の２分の１
	子のみ	全部	
親 第二位	配偶者＋親の場合	３分の１	法定相続分の２分の１
	親のみ	全部	法定相続分の２分の１
兄弟姉妹 第三位	配偶者＋兄弟姉妹	４分の１	なし
	兄弟姉妹のみ	全部	なし

※子、親、兄弟姉妹は、複数いる場合には上記の数字を頭数で割る。

遺言書の役割は、誰にどれだけ遺産を相続させるかを指定することです。仮に相続人が納得できない場合でも、一度は遺言書通りに配分されます。

しかし、ある相続人の相続分が極端に少ない場合、その相続人は「遺留分《いりゅうぶん》」という民法で決められた一定の割合を請求できます。

これを「遺留分減殺請求《いりゅうぶんげんさいせいきゅう》」といい、遺留分減殺請求がなされたときには、遺言書に書かれた通りにはいかなくなります。

遺留分の存在もふまえて、実現性の高い遺言書にしましょう。

遺留分に配慮しない遺言書はトラブルのもと

ケース 遺留分を下回る相続分を指定した

「きょうだいの1人が遺留分の請求をしてきた」

（58歳、Aさん）

【家族構成】

被相続人……Xさん

相続人……配偶者、長男のAさん、長女、次男

Xさんは機械製造を営む実業家。自宅と預金の半分は配偶者へ、家業の工場と会社の株式、預金の6分の1は後継ぎのAさんへ、投資目的で購入したマンションと預金の6分の1はシングルマザーの長女へ、預金の6分の1は海外在住で裕福な次男へ、それぞれ相続させる旨が遺言書に記されていました。

その結果、次男だけ極端に相続分が少なくなりました。不服に思った次男は、遺留分減殺請求をし、ほかの相続人に不動産を売却して現金で分けるよう主張しています。折り合いがつかず、とうとう家庭裁判所の調停で争われることになってしまいました。

〈遺言書に書かれた相続分〉

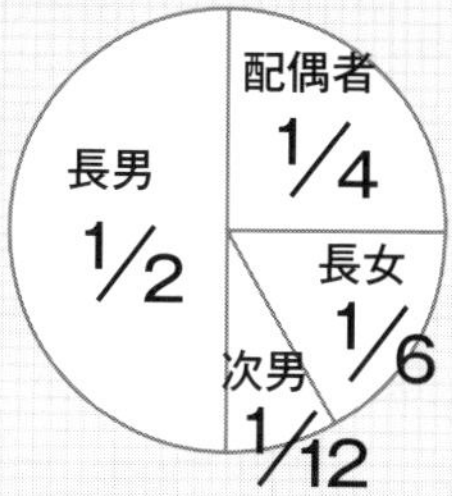

〈法定相続分と遺留分〉

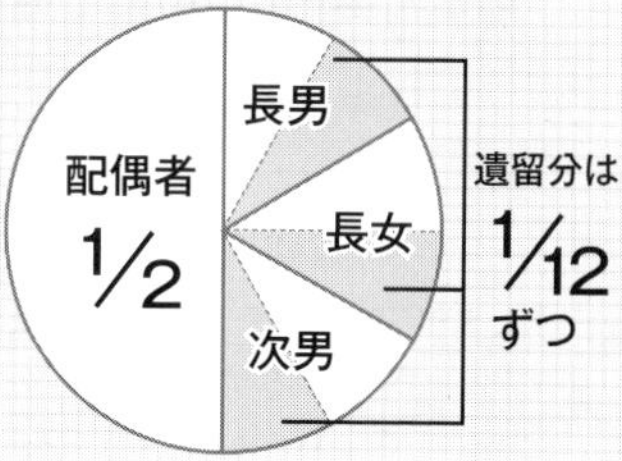

COLUMN

法定相続分の計算に影響する「寄与分《きよぶん》」や「特別受益《とくべつじゅえき》」

遺留分とは別に、法定相続分の計算に影響を及ぼす決まりがあります。

たとえば、相続人が被相続人の事業を手伝って、被相続人の資産形成に貢献していると、ほかの相続人よりも相続分を多くすることが認められます。これを寄与分《きよぶん》といいます。

また、被相続人から生前に住宅の頭金や結婚準備金の贈与を受けた場合などには、特別受益《とくべつじゅえき》といってその分の金額を加算して相続財産が決まります。

遺言書で指定できること

遺言書で指定できることは民法で決められている

遺言書に書いたときに法的な効力を発揮することは、民法で定められています。たとえば、相続人や相続分、遺産分割方法などです。

さらに、特別受益《とくべつじゅえき》（P99）の持ち戻し（遺産分割時に相続財産に加えること）の禁止、信託の設定、非嫡出子の死後認知など、相続人や相続分を左右する事柄についても指定できます。

法的な効力は特定のことにしか及びませんが、遺言書には何でも自由に書けます。「付言事項」などを戦略的に活用することもできます（左ページコラム）。

法的に効力をもつ代表的な遺言事項

①相続人と相続分

「誰に」「何を」「どれだけ」相続させるかを指定する。相続分を割合で指定するほか、特定の財産を特定の人に遺贈することも含まれる。
また、相続人や相続分を直接指定せず、第三者に判断を任せることを、遺言書で定めることができる。

②遺産分割方法

遺産分割の方法は４つあり、指定することができる。これも、①と同様に第三者に判断を任せることも可能。

現物分割	現物のまま、相続する。
換価分割	すべて現金化し、相続人で分ける。
代償分割	相続人のうち一人が現物を相続し、ほかの相続人には金銭を支払う。
共有分割	現物のまま全体を相続人の共有にする。

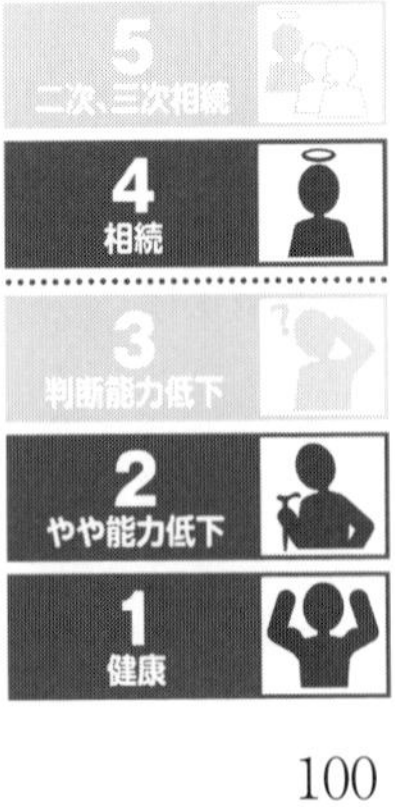

こんなことも指定できる

●生命保険金の受取人

契約で設定されている生命保険金の受取人を、変更することができる。

※実際に受取人が変更できるかどうかは、保険会社や契約している保険商品による。

●未成年の相続人の後見人

相続人に被相続人が親権をもつ未成年が含まれる場合には、後見人を指定できる。

●死後認知

非嫡出子を遺言によって認知することができる。

●推定相続人の廃除

相続人となる予定の人物の中で、相続させたくない人がいる場合、相続人から除くことができる。

※遺言書の通りに廃除が認められるかどうかは、ケースによる。

③遺贈（P97）

法定相続人とそれ以外の人も含む特定の人物に財産を取得させることを指定できる。また、「○○することを条件に△△を遺贈する」という負担付遺贈もよく用いられる。

④信託（P124）

遺言書によって信託を設定する。「遺言信託」という（P157）。遺言によって相続財産を信託し、信託した相手に財産を管理してもらう。

⑤特別《とくべつ》受益《じゅえき》の持ち戻しの禁止

一部の相続人に生前贈与をしていた場合に、その特別受益分（P99）を相続財産に加えることを禁止する意思表示ができる。単純に相続時点での遺産分割が可能になる。

ワンポイント

「付言事項」として書かれた“愛のメッセージ”が争いの抑止力に

法的に効力を発揮すること以外のことでも、遺言書に記すことができます。通常は、最後に本文とは別に付け加えられ、「付言事項」といいます。

付言事項には、遺言事項以外の被相続人の希望や、相続人への感謝の気持ち、その相続分に決めた理由やその背景となる思いなどを盛り込みます。

法的な効力はありませんが、確実に相続人の目に触れることになるため、遺言内容に納得感が生まれ、争いを抑止する力があるのです。

内容の特定の仕方

「財産&数量の特定」が遺言書の鉄則

遺産の相続分の指定の方法は、主に2種類あります。

一つは、相続分（割合）だけを決める方法です。もう一つは、相続財産の種類とその相続人を指定し、それぞれの財産に対して相続分を指定する方法です。多くの場合、後者の方法で指定します。

財産とその相続人、数量は、厳密に特定する必要があります。特定できないと、遺言書が無効になることもあります。

不明確な遺言書は余計な争いを招きます。誰が見てもわかるように作成しましょう。

6つのポイントを明確に特定して書く

Point 1 財産は書きもらしなく。所在地や名称まで特定する

不動産の場合など、たとえば「自宅」と書いただけでは、どこの土地・家屋を指すのか特定できないこともある。そのため、所在地まで特定する。引越したり、売却した場合は遺言書を作成し直す。

悪い例（×）
私の自宅を……

良い例（○）
自宅（○○県○○市○○ △-△-△）

Point 2 数量は割合で指定すると柔軟に対応できる

一つの財産を複数人で分ける場合は、必ず数量を明記する。数が増減する可能性がある場合、個数や金額で指定せずに、割合で指定するのがベスト。数で指定してしまうと、相続時にそれよりも減っていることがある。

悪い例（×）
預金残高は、AとBに……
預金のうち300万円を……

良い例（○）
預金残高はAに4割、Bに6割……

Point 3 本名、フルネーム 居住地まで記す

姓だけ、名だけだと、遺言者には誰だか特定できても、第三者が見たときに特定できない。遺言者本人の氏名や住所が書かれていなくて無効となるケースもある。また、ペンネームなどは避ける。

悪い例 私は、○太郎に……

良い例 遺言者○田○男(住所)は、長男○田○太郎(住所)に……

Point 4 日付を必ず 明記する

複数の遺言書があった場合、日付の新しいものが優先される。年月日すべてを書く。「○月吉日」などは無効。また、万が一、遺言当時の判断能力の検証が必要になった場合にも、日付が判断材料として必要となる。

Point 5 特定の条件があった場合のことを決めておく

相続人として指定していた人が相続時にすでに亡くなっていた場合の財産の帰属先を決めておく。これを補充遺言という(P108)。

例 もし相続人Aが亡くなっていた場合は、Aの子 A'に相続させる。

Point 6 訂正の方法は「間接法」で行う

訂正した場合は、欄外に印鑑を押して、「○字削除」「○字加入」などと記載する。訂正方法を間違えると、それだけで遺言内容が無効になることもある。自筆証書遺言の場合は特に注意する。

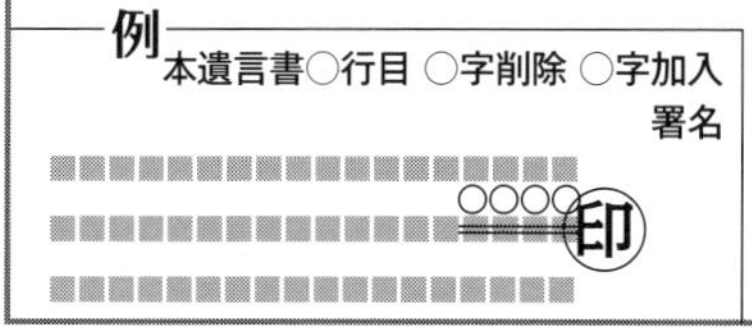

COLUMN 不動産の相続人はよく考えて決める

自宅など一戸建ての建物は分けることができません。共有にすることはできますが、改修や売却の際には全員の合意が必要になります。不動産を活用しやすくするためには、特定の一人に相続させるのがベストです。

不動産を相続した人が認知症の場合、何をするにも法定後見人の判断が必要になります。相続後の不動産の管理や運用をスムーズにするために、不動産の相続人は慎重に検討しましょう。

遺言書に潜むリスク

遺言制度は穴だらけ。リスクを想定して備える

遺言書通りにならない６大パターン

1 状況が変わり、遺言書が無効になる

遺言書作成時とは財産の内容が変わったのに、「そのうち書き直そう」と思っているうちに認知症になったり、亡くなってしまうケースがある。遺言書の内容と財産が違う場合は、その部分の遺言内容は無効になり、法定相続になる。

⇒補充遺言で補完する（P108）

2 相続人になる人が先に亡くなっている

相続の順番を「自分から配偶者、そのあとに子」と想定して遺言書が作成されることが多い。節税のために、いったんすべての財産を配偶者に相続させたいと考えて遺言書を作成する場合があるが、配偶者が先に亡くなるとその遺言書がすべて無効になる。

⇒多重遺言で補完する（P106）

遺言書は、作成したからといって安心してはいけません。遺言書作成時から相続までの間に、状況が変わることがあるからです。

相続人として指定していた人が先に亡くなったり、作成時にあった財産がなくなったりすることは十分にあります。

変化に対応するには、遺言書を作成し直すのが確実です。しかし、何度も作成すると手間や費用がかかります。

予測できる変化には、遺言書の内容を戦略的に考えることで、前もって備えておくことです。

3 変動する財産のことを考えていなかった

価値が変動する財産の代表が、上場株式である。上場株式を相続人に割り当て、実質的に相続分がゼロになってしまうこともある。上場株式だけを相続した相続人は不利になるため、遺《い》留《りゅう》分《ぶん》を主張してトラブルになる可能性がある。

⇒新しい遺言書を作成する
財産の価値の上下や数の増減を考慮した内容にする

4 二次相続のことを考えていなかった

配偶者の相続税は、大幅に軽減される規定がある。そのため、とりあえずすべての財産を配偶者に相続させるという節税方法がある。しかし、もし遺言者が亡くなった時点で配偶者が認知症などになっていると、財産の権利が凍結し、配偶者が亡くなったときに結局、法定相続を行うことになる。

⇒安易な節税対策のための遺言書にしない

5 財産の余剰分が発生した

遺言書作成時に入念な確認をして、財産の書きもらしがなかった場合でも、新たに運用して財産が増えることがある。増えた財産をめぐって争うことにもなりかねない。遺言書で指定されていない財産を誰に相続させるか事前に決めておけば、増減に対応できる。

⇒「その残余の財産はすべて○○に相続させる」と書く

6 実は多額の借金があった

遺言書で指定できるのは、プラスの財産に限られる。借金は遺言書で指定しても、対外的には法定相続になる。つまり、借金も相続されるのだ。相続放棄をする場合は、相続人が忘れずに手続きをしなければならない。

⇒借金を完済する。もしくは遺言書に借金の存在と内容を明確に書いておく

多重遺言 — 戦略的遺言書

あらゆる相続パターンに備え柔軟な遺言書を作成する

相続人が先に亡くなった場合を考える

〈例〉Xには、配偶者と子A、Bがいる。孫C、Dは子Aの妻の連れ子である。法定相続の場合、配偶者が2分の1、子が4分の1ずつ相続することになる。しかし、子Aが先に亡くなっている場合、配偶者と子Bで相続することになり、子Aの家族には相続権がない。

法定相続だと……

被相続人X ― Xの配偶者

孫C、Dがかわいそうだ

相続できる

Aの妻 ― 子A（×）　子B ― Bの妻

孫C　孫D　　　孫E

相続できない

Xは、孫C、D、Eを平等に可愛がっているため、Aの家族にも相続させたい。

遺言書通りに相続できないケースがあります。たとえば、相続人がすでに亡くなっているときです。相続人がいない場合、遺言書の中でその人について指定した部分は無効になり、その財産は、法定相続となります。

法定相続分は、相続人全員で協議して決めなければなりません。遺言書があるにもかかわらず、遺産分割が滞ってしまうのです。

こうしたケースを避けるためにも、推定相続人が亡くなった場合に備えて、次の相続人を指定しておくとよいでしょう。

5 二次、三次相続
4 相続
3 判断能力低下

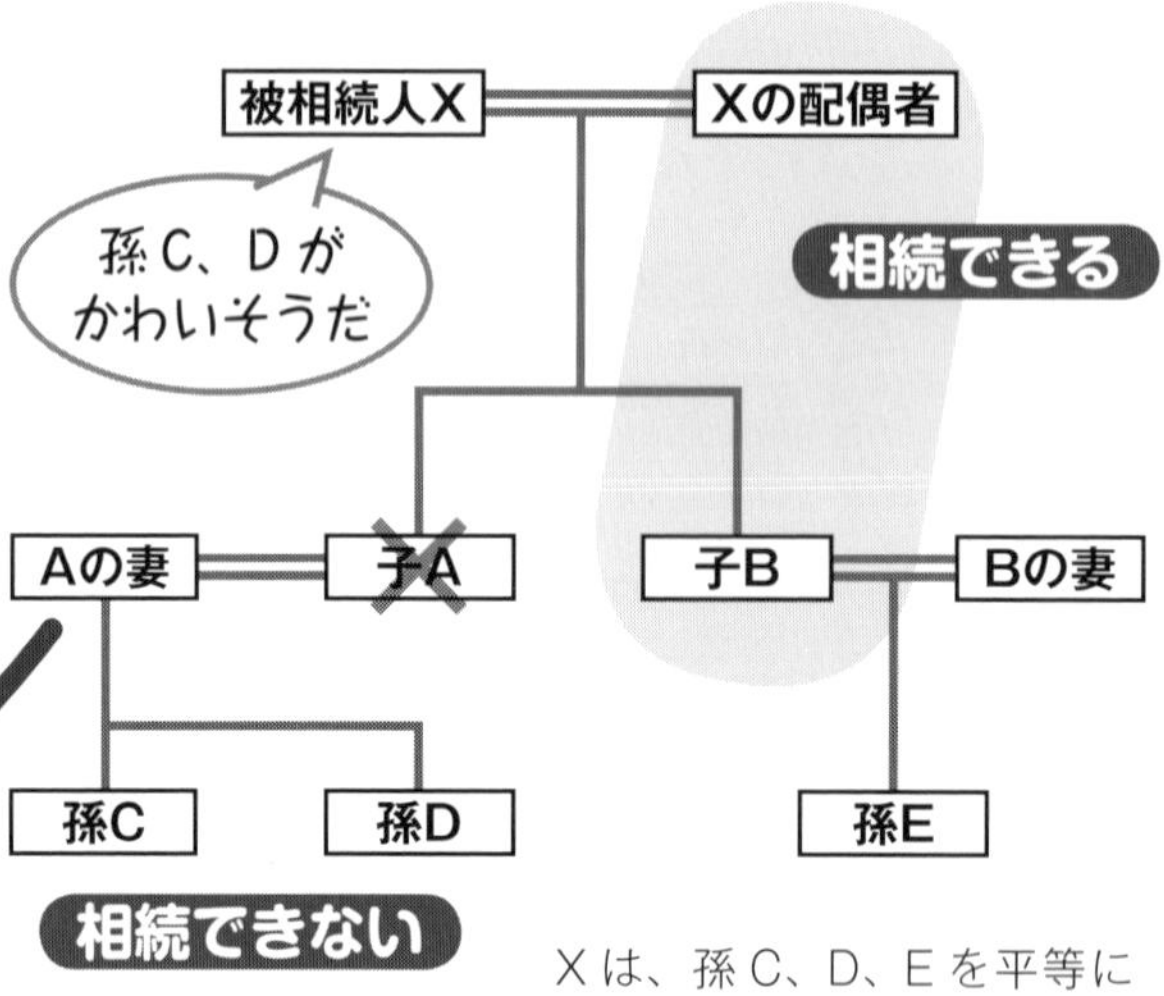

●多重遺言

第○条

遺言者Xは、○○銀行の預金残高を、長男A（○○年○○月○○日生）に相続させる。

ただし、遺言者Xより長男Aが先に亡くなっている場合には、長男Aの配偶者△△（○○年○○月○○日生）に、△△が亡くなっている場合には、△△の子C（○○年○○月○○日生）とD（○○年○○月○○日生）に、Aおよび△△の相続分の2分の1ずつ相続させる。

亡くなる順番が逆だった場合のことを決めておく

通常は、年長者から先に亡くなると想定された内容で遺言書が作成されることが多い。しかし、この例のように、子などの年少者が先に亡くなることもある。亡くなる順番によって財産の行き先が全く異なるのだ。推定相続人が亡くなっている場合の、次の相続人も、遺言書で指定しておく。

多重遺言をしておけば……

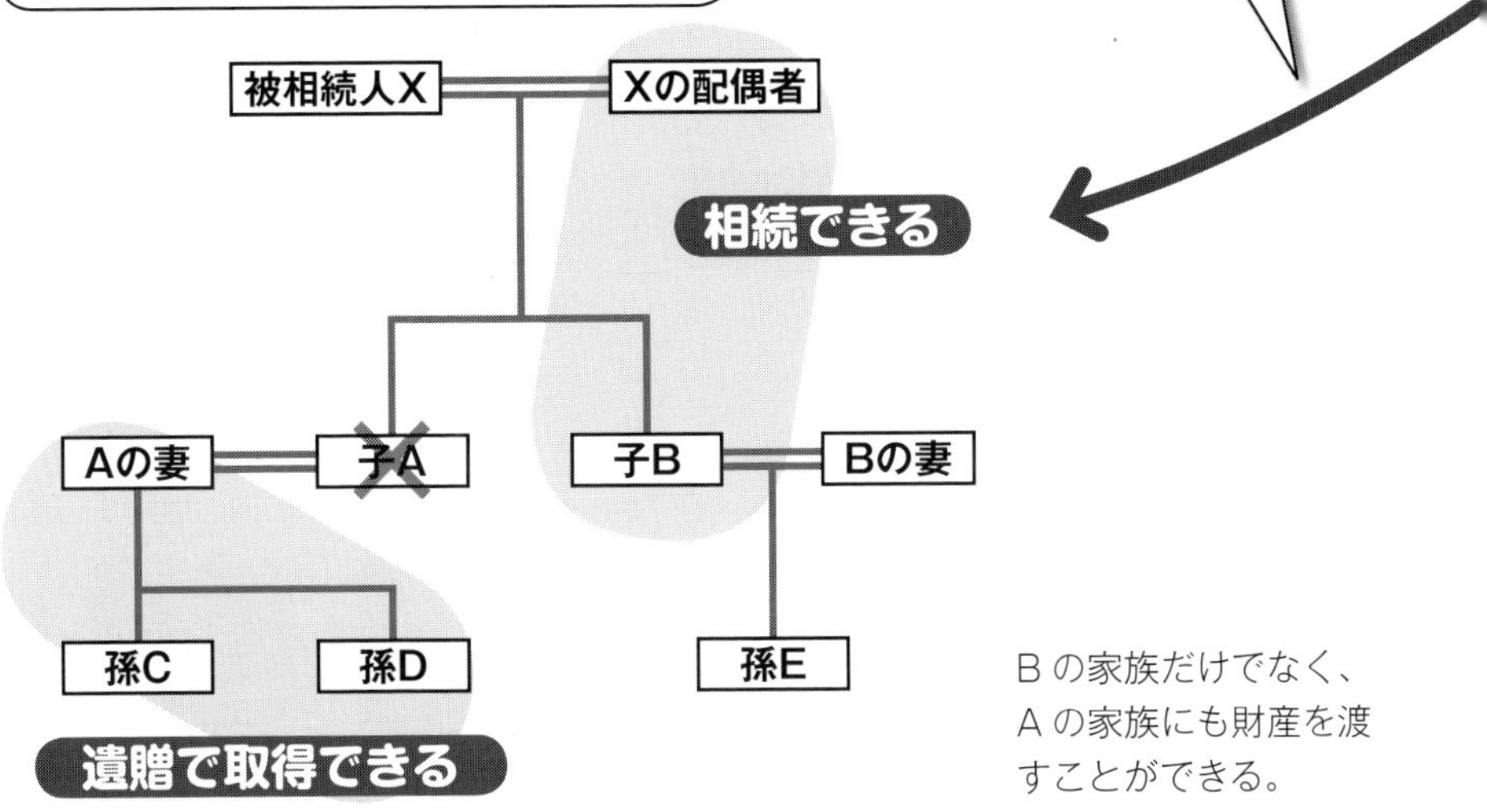

Bの家族だけでなく、Aの家族にも財産を渡すことができる。

補充遺言 — 戦略的遺言書

先立たれても困らないように夫婦で遺言書を作成する

特定の財産を段階的に相続させたい場合

〈例〉夫と妻は、それぞれ財産を持っている。子には安定した収入がある。夫婦は、片方が亡くなったらもう一方に財産を相続させ、二人とも亡くなったあとに、子に相続させたいと考えている。

法定相続だと……

夫 — 妻

妻に楽をさせてあげたい

相続できる

子

暮らしぶりは比較的裕福。すぐに財産を相続しなくても困らない

配偶者	子
1/2	1/2

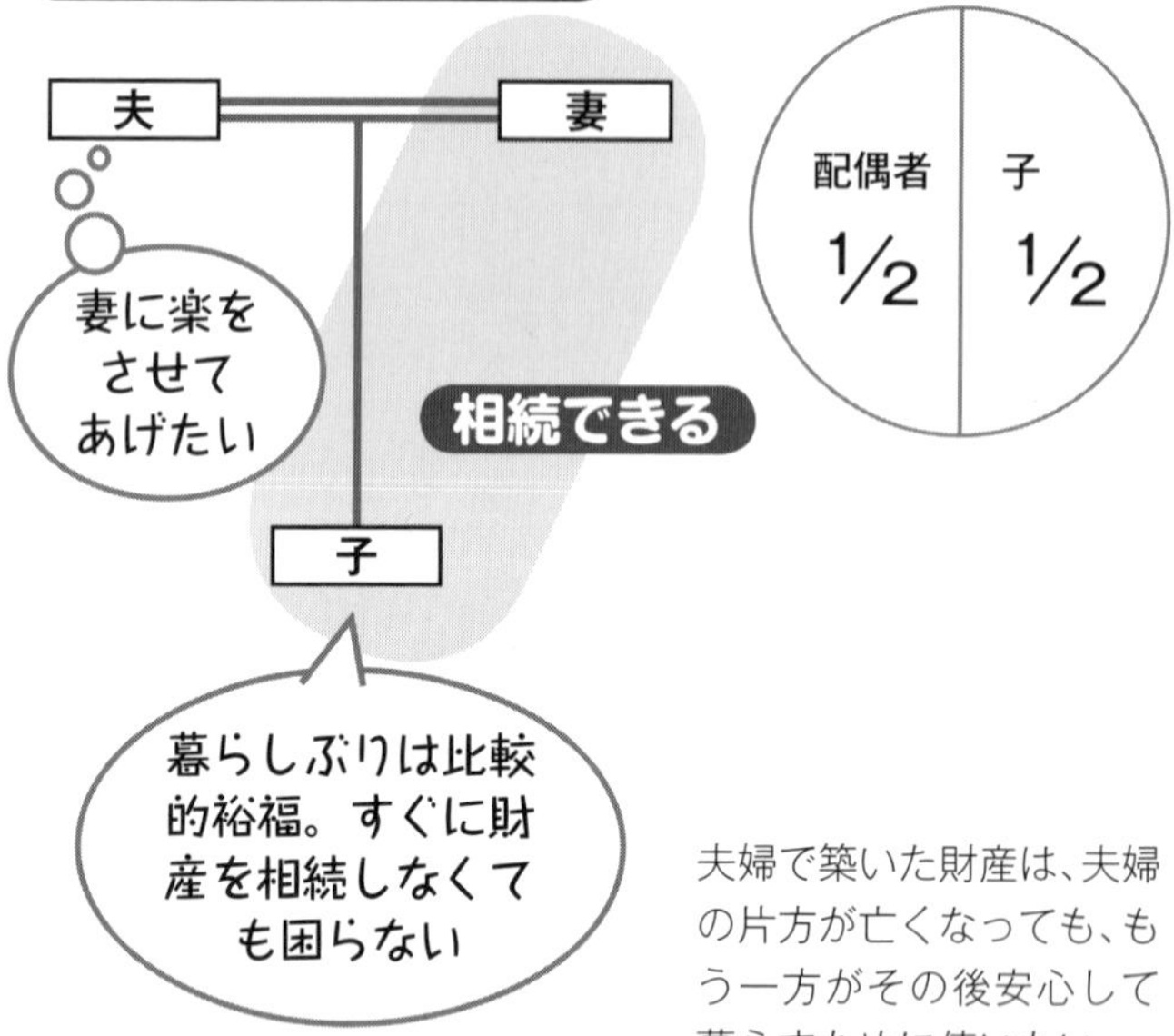

夫婦で築いた財産は、夫婦の片方が亡くなっても、もう一方がその後安心して暮らすために使いたい。

夫婦と子という家族構成の場合、夫婦のどちらかが亡くなると、通常は配偶者と子で財産を分けることになります。

しかし中には、長年連れ添った配偶者に安心して余生を過ごしてほしいと思い、子よりも配偶者に多くの財産を相続させたいと考える人もいるでしょう。

遺言書を工夫して作成すれば、自宅不動産や預金といった、多くの特定の財産を配偶者に相続させ、配偶者が亡くなってから子に相続させるというように、段階的な相続が可能になります。

5 二次、三次相続
4 相続
3 判断能力低下
2 やや能力低下

●補充遺言

〈夫の遺言〉

第○条
遺言者○○○○は、自宅不動産と○○銀行の預金、その余の財産はすべて、配偶者●●●●に相続させる。
ただし、遺言者○○○○よりも先に配偶者●●●●が亡くなっている場合には、その段階で私が所有している全財産を子△△△△に相続させるものとする。

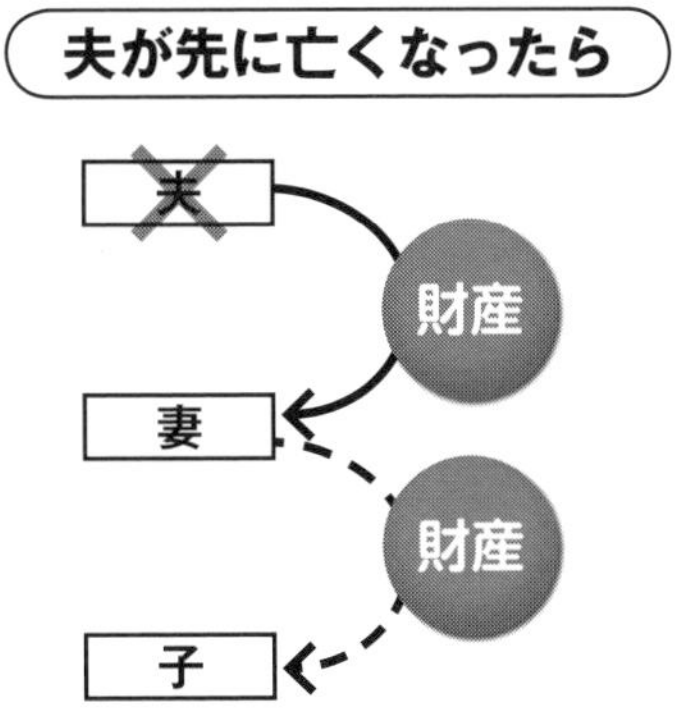

〈妻の遺言〉

第○条
遺言者●●●●は、所有する株式のすべて、○○銀行の預金、その余の財産はすべて、配偶者○○○○に相続させる。
ただし、遺言者●●●●よりも先に配偶者○○○○が亡くなっている場合には、その段階で私が所有している全財産を子△△△△に相続させるものとする。

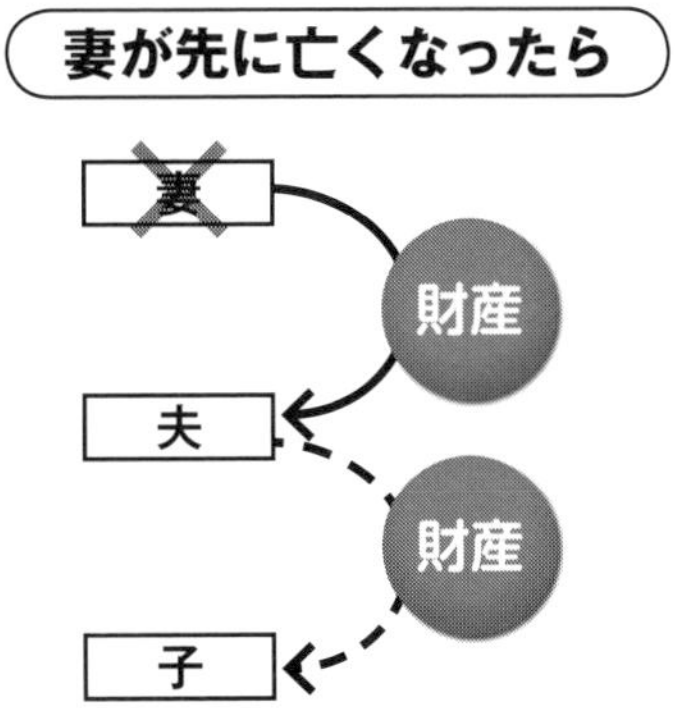

補充遺言は戦略的な文章。複雑なケースは専門家に相談する

上記では、夫婦と子が一人という単純な家族構成で、補充遺言の概念を紹介しました。実際は、これよりも相続人が多いケースや、財産をもっと細かく指定するケースにも対応できます。

複雑なケースに対応するには、相続人が欠けた時点での財産の帰属先を、あらゆるパターンにおいて想定する必要があります。文章作成に技術が必要なので、複雑なケースの場合は専門家に相談しながら作成しましょう。

公正証書の作成手続き

遺言執行者を決め、公証役場で作成する

遺言内容を実現させる人を決めておく

遺言執行者の仕事

相続財産を管理し、遺言書の通りに財産を分けられるように手続きを行う。

- □金融機関などに、遺言執行者に就任したことを通知する
- □遺言書に記載されている財産が実際にあるかどうか調べる
- □預金通帳や印鑑などを預かる
- □預金の払い戻し
- □不動産の所有権移転登記の申請
- □相続人への財産の交付

遺言執行者になる人

相続人
相続人の一人が代表して遺言を執行する。

専門家
スムーズに手続きを進めたい場合は、弁護士や司法書士に依頼する。

家庭裁判所が選任する人
遺言書で指定されていた相続人が遺言執行者を辞退したときなどは、相続人の申立てにより、家庭裁判所が選任する。

財産の配分が決まったら、最後に遺言執行者を検討します。

遺言執行者とは、遺言内容通りの相続を実行するために手続きを行う人です。相続人の一人を選任することもできますが、将来、相続人同士が対立することが予想されるときには、遺言書で第三者を選任しておきます。

遺言書の作成は、公証役場に出向き、公証人の立ち会いのもとで行います。不足している書類などがあると、再び公証役場に行くことになります。必要なものを確認してから行きましょう。

公正証書の作成に必要なもの

証明書類

□本人確認書類　※いずれか
- ●印鑑証明書と実印
- ●運転免許証、パスポートなど顔写真が載っているもの

□本人と相続人との関係を示す戸籍謄本、除籍謄本

□相続人または受遺者の住民票

□財産の証明書
- ●不動産の登記簿謄本、固定資産税の評価証明書
- ●借地権の場合、地主との賃貸借契約書
- ●預金通帳などの金融資産の証明書

□遺言内容をまとめたメモ

手数料

□基本手数料

遺言書で取り扱う財産の総額によって、下記の表の金額に遺言加算（1 万 1,000 円）を加えた手数料がかかる。複数の遺言書を作成する場合は 1 通ごとに手数料がかかる。

財産額	手数料
100 万円以下	5,000 円
100 万円超 200 万円以下	7,000 円
200 万円超 500 万円以下	1 万 1,000 円
500 万円超 1,000 万円以下	1 万 7,000 円
1,000 万円超 3,000 万円以下	2 万 3,000 円

財産額	手数料
3,000 万円超 5,000 万円以下	2 万 9,000 円
5,000 万円超 1 億円以下	4 万 3,000 円
1 億円超 3 億円以下	4 万 3,000 円＋超過財産額 5,000 万円までごとに 1 万 3,000 円を加えた金額
3 億円超 10 億円以下	9 万 5,000 円＋超過財産額 5,000 万円までごとに 1 万 1,000 円を加えた金額
10 億円超	24 万 9,000 円＋超過財産額 5,000 万円までごとに 8,000 円を加えた金額

□原本の枚数による加算（4 枚目まではなし。超える部分について 1 枚 250 円）

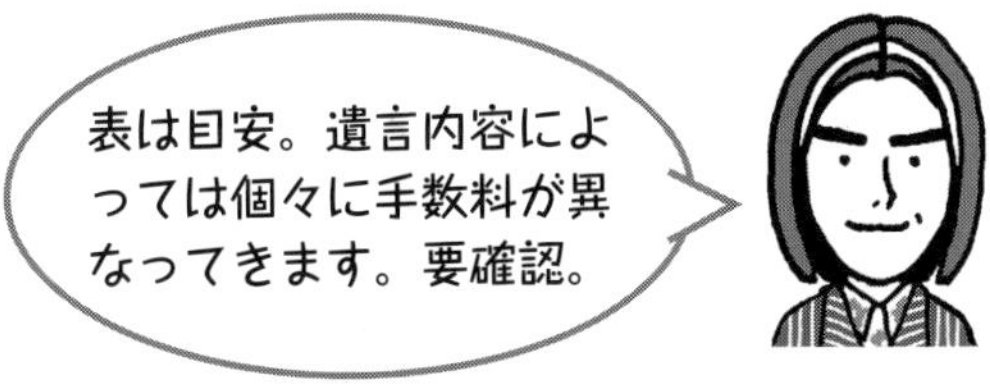
表は目安。遺言内容によっては個々に手数料が異なってきます。要確認。

計画的な贈与と特例の利用

“資金不足”に陥らないように計画的に贈与する

税額・特例・他の制度との違いを意識する

贈与のポイント1

本当に贈与が必要かよく考える

贈与の基本、ほかの制度との違いを知り、贈与の方針を決める。

贈与の検討➡ P114

贈与のポイント2

生前贈与には特例がいっぱい。賢く使う

贈与しやすくするための税制上の特例が多くある。適用条件等をよく確認して使う。

特例➡ P116

近年、贈与に関する特例が増え、贈与しやすくなりました。

相続よりも早い時期に財産を子や孫に贈与することには、メリットがたくさんあります。

贈与する親世代は、財産を自分の思い通りに子や孫に渡すことができます。

贈与を受けた子・孫世代は、住宅取得や子どもの教育、結婚・出産など必要な資金にあてることができます。

さらに、将来の相続財産が減るため、相続税の節税効果も期待できます。

しかし、贈与の結果、今後の生活費が不足し、子や孫を頼るようでは本末転倒です。今後の生活設計をしっかり立てて、余剰分を計画的に贈与しましょう。

贈与のポイント５

贈与したお金の
活用法も考える

贈与したお金は、生命保険や不動産に変えるとさらに増やせることも。

生命保険金を活用する
➡ P122 コラム

贈与のポイント３

課税方式は２種類。
贈与税の基本を知る

贈与税は暦年課税《れきねんかぜい》と相続時精《そうぞくじせい》算課税《さんかぜい》の２つの課税方式があり、贈与する期間や金額に適した方法を使う。

課税方式➡ P118

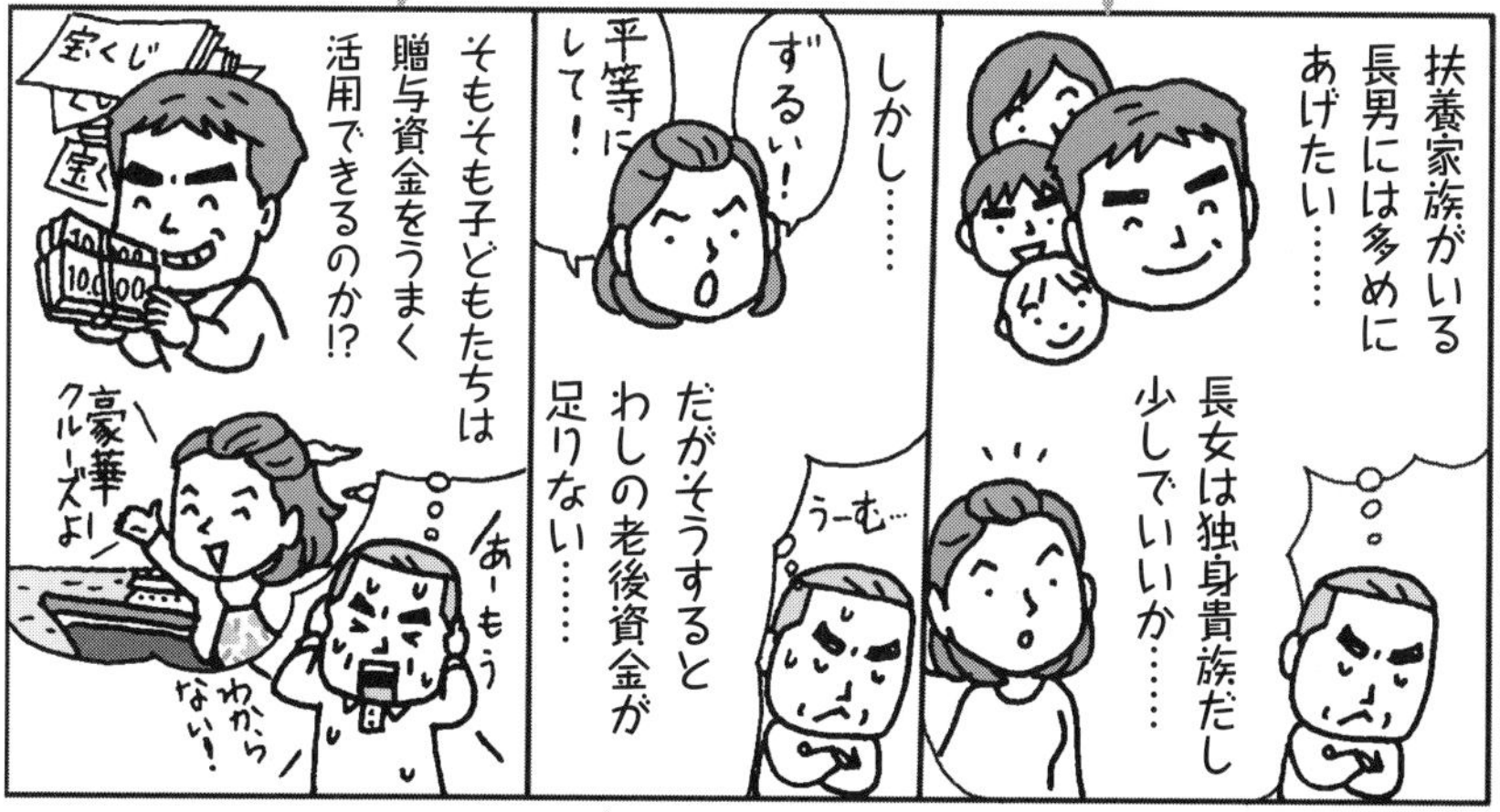

贈与のポイント４

あげすぎも遺しすぎもNG。
贈与額を考える

贈与金額はライフプランと税額の負担を考えて。節税対策なら「負担率」を見て決める。

負担率➡ P120

贈与とは早めに財産を
渡すこと。次世代に活用
してもらうという視点も
大切です

本当に贈与が必要ですか？ 基本をおさえて方針を決める

贈与の方針はよく考えて決める

全財産を概算する

すぐに使える現金などの財産と、不動産などの財産に分けて把握する。 P174

↓

計画を立てる

今後のライフプランと資金計画を立てる。 P176

← 財産にあまり余裕がない場合は、贈与を見合わせましょう。今後、突然大きな出費が発生しないとは限りません。

余裕があれば……

特例の条件にあてはまる／一括贈与をしたい

特例を使って まとまった額を贈与

特例の条件にあてはまる場合は活用する。控除額につられて贈与しすぎないように注意する。 P116

特例の条件にあてはまらない／柔軟な贈与をしたい

贈与額を考えて こまめに贈与

特例を使わずに贈与する。贈与後に残る財産と、税負担を考慮して適切な贈与額を決める。 P120

相続のほかに、財産を次世代に渡す方法には、贈与があります。それぞれのメリットをおさえて活用しましょう。

あなた自身の財産状況や今後のライフプランを見通して、綿密な計画を立てたうえで贈与を行うのが鉄則です。

贈与には、生前贈与と死因贈与があります。死因贈与は遺言書と同様に扱われます。

あげる側（贈与者）ともらう側（受贈者）が合意して贈与が成立します。その証明として、贈与契約書を作成しておきましょう。

財産を渡す制度の違いをおさえる

制度名	生前贈与	死因贈与	遺言	
			「財産」で指定相続か遺贈	「割合」で指定相続か遺贈
財産が移転する時期	生前	亡くなったあと		
財産をあげる対象	誰でもOK		法定相続人を含め、誰でもOK	
相手方との合意	必要		不要	
根拠となる文書	贈与契約書		遺言書	
どんな時に適している？注意点は？	生前に確実に財産を移転したいとき。なお、相続開始前3年以内の贈与財産は相続税の課税対象になるので注意。	贈与契約だが民法の規定により遺言書と同様の扱いになる。死因贈与と遺言書では日付の新しいほうが優先されるので注意。なお不動産の場合は仮登記ができる。	死亡をもって、特定の財産を、法定相続人や特定の人に、相続させたいとき。	死亡をもって、財産の割合を決めて、法定相続人や特定の人に相続させたいとき。

COLUMN

不動産を死因贈与する場合、前もって仮登記ができる

死因贈与契約書と遺言書の両方で同じ財産に対する指定があった場合、日付が新しいものが優先されます。そのため、死因贈与の効力は弱いと思われがちですが、不動産を贈与するときには、大きな効果を発揮します。

不動産の死因贈与契約を結ぶと、所有権が移転する前でも、契約時点で法務局に「仮登記」ができます。不動産の場合は、登記事項が優先されるため、亡くなったときに確実に所有権を移転することができるのです。

教育資金贈与ほか

特例を使った一括贈与で家族に還元&相続税対策

特例や控除の条件を確認する

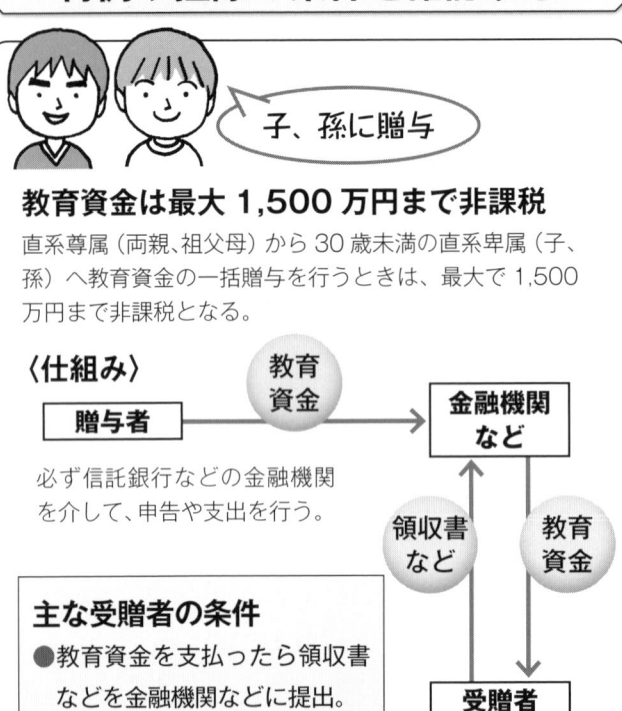

教育資金は最大 1,500 万円まで非課税

直系尊属（両親、祖父母）から 30 歳未満の直系卑属（子、孫）へ教育資金の一括贈与を行うときは、最大で 1,500 万円まで非課税となる。

〈仕組み〉

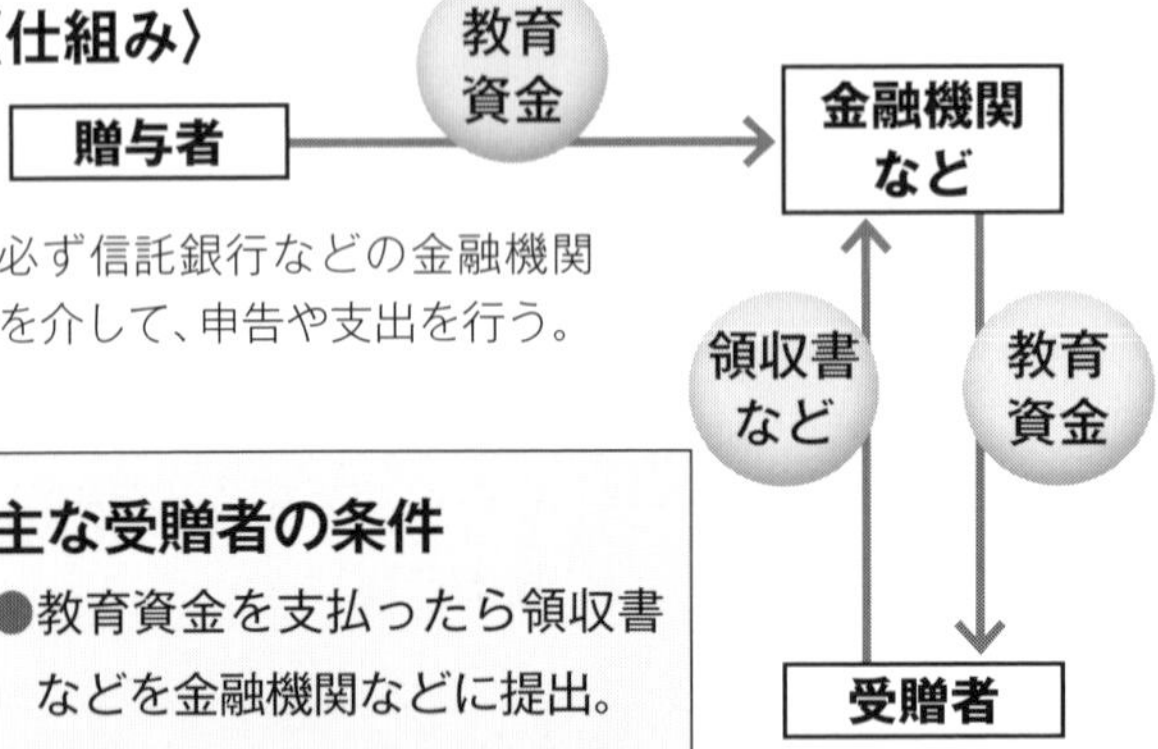

必ず信託銀行などの金融機関を介して、申告や支出を行う。

主な受贈者の条件

- 教育資金を支払ったら領収書などを金融機関などに提出。
- 学校以外（塾や習い事）の資金に使えるのは 500 万円まで。

平成31年3月31日まで

贈与にはメリットがたくさんありますが、贈与額が一定額を超えると、贈与税がかかります。贈与税を支払うために、財産が減ってしまうのは避けたいものです。

近年では、贈与による現役世代への財産の移転を促すために、贈与税の負担を軽減するさまざまな特例ができました。

子や孫に対して、条件を満たせば一定額まで非課税で一括贈与することができます。

特例の内容は変わることがあります。最新情報を国税庁のホームページなどで確認してください。

住宅取得資金は最大3,000万円まで非課税

直系尊属（両親、祖父母）から20歳以上の直系卑属（子、孫）へ住宅取得資金の一括贈与を行うときは、最大で3,000万円まで非課税となる。特例を受けるには必ず税務署に申告をする。契約締結日や住宅家屋の種類によって、非課税限度額が異なる。

主な受贈者の条件

- 日本国内に住所がある。
- 贈与を受けた年の所得金額が2,000万円以下である。
- 贈与を受けた翌年の3月15日までに住宅の取得・増改築などを行う。

平成31年6月30日まで

結婚・子育て資金は最大1,000万円まで非課税

直系尊属（両親、祖父母）から20歳以上50歳未満の直系卑属（子、孫）へ結婚・子育て資金の贈与を行うときは、最大で1,000万円まで非課税。教育資金贈与（右ページ）と同様、金融機関などを介して申告・支出を行う。

主な受贈者の条件

- 結婚・子育て資金を支払ったら、領収書などを金融機関などに提出する。
- 結婚に関して使える資金は300万円まで。

平成31年3月31日まで

住宅か、住宅取得資金は最大2,000万円まで控除

配偶者へ住宅もしくは住宅取得資金の贈与を行うときは、贈与税の課税価格2,000万円まで控除される。特例を受けるためには必ず税務署に申告をする。暦年《れきねん》課税《かぜい》（P118）の基礎控除110万円と併用できる。

主な受贈者の条件

- 婚姻期間が20年以上の夫婦である。
- 今までに同じ控除を適用していない。
- 贈与を受けた翌年3月15日までに取得した住宅に住む。

制度の詳細は国税庁ホームページを参照。https://www.nta.go.jp

暦年課税《れきねんかぜい》、相続時精算課税《そうぞくじせいさんかぜい》

課税方式は2種類。あげる相手に合わせて選ぶ

特例（P116）の条件に合致しない場合でも、原則的な課税方式をうまく使えば、贈与税の負担を減らすことができます。

課税方式には、暦年課税《れきねんかぜい》と相続《そうぞく》時精算課税《じせいさんかぜい》の2種類があります。

暦年課税は、110万円の基礎控除額が毎年使えるため、長期間で少額ずつ贈与するのに向いています。

相続時精算課税は、一人につき累計2500万円までの特別控除があり、短期間でまとまった金額を贈与するのに向いています。

贈与の期間、金額などをふまえて、課税方式を選択しましょう。

毎年110万円まで非課税になる、暦年課税

1月1日から12月31日までに贈与を受けた財産に対して課税される。贈与者と受贈者の資格制限がないので、誰でも好きな人に贈与できる。1回につき110万円の基礎控除額が毎年適用されるため、長年にわたって贈与をすれば、無制限に基礎控除額を使える。

〈例〉300万円贈与された場合

贈与時

基礎控除額 110万円	190万円
非課税	贈与税がかかる 190万円×10%＝19万円 ※手取り額190万円の場合は贈与税率は10%

暦年課税の特徴

贈与者	誰でもOK
受贈者	誰でもOK
基礎控除額	1年ごとに110万円
税率	10%～55%
申告、手続き	基礎控除額を超えると必要
利用の制限	なし。毎年、何人にでも使える

贈与税の算出方法、税率などは国税庁のホームページを参照。https://www.nta.go.jp

累計で2,500万円まで非課税。相続時精算課税

一人の受贈者に対して累計2,500万円まで非課税で贈与できる。一括でまとまった財産を、いったん非課税で渡すことができる。ただし、その財産は相続税の算出時に課税価格に加算される。節税にはならないが、先に贈与された財産を運用することで、早いうちから資金形成ができる。

〈例〉3,000万円贈与された場合

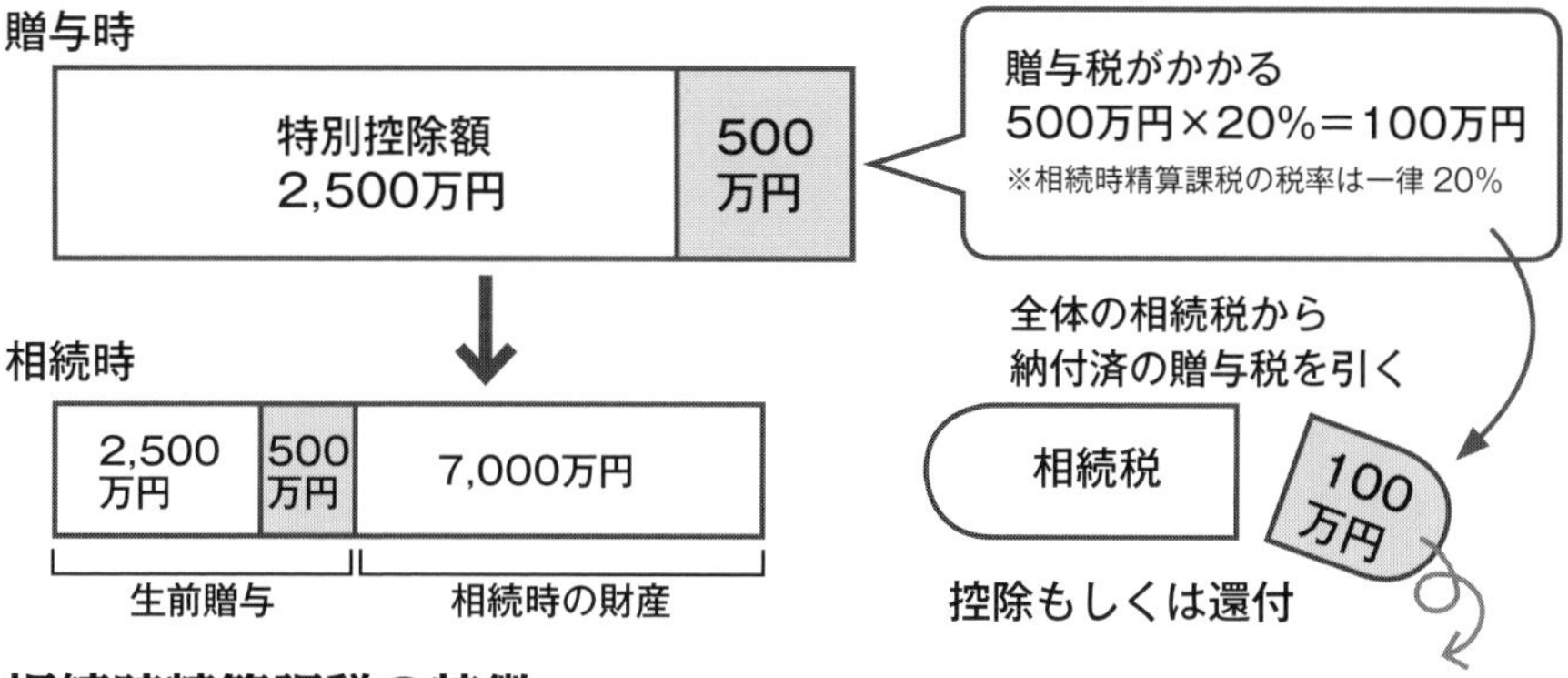

相続時精算課税の特徴

贈与者	60歳以上の直系尊属(父母、祖父母)
受贈者	20歳以上の直系卑属(子、孫)
特別控除額	累計2,500万円
税率	超過額に対して一律20%
申告、手続き	贈与額に関係なく必要
利用の制限	一組の贈与者-受贈者に対して1回のみ。選択すると暦年課税には戻せない。

相続時精算課税

一度にまとまった贈与をし、資産運用をすると効果的

相続税の納税額が生じる家庭向き。贈与時点では税負担が少ないため、まとまった金額を贈与して、受贈者が賃貸マンション経営などで資産運用すれば、相続時に必要な納税資金を確保することができる。

暦年課税

少しずつ長期的な贈与が効果的

どんな家庭でも有効。毎年、一人当たり少額(110万円)ずつなら無条件で非課税になる。今後の支出の様子を見ながら、状況に応じて贈与額や贈与の相手、贈与のタイミングを調節することができる。

相続税対策で贈与を考えている人は必見
「あげすぎ」「遺しすぎ」を避ける贈与額の考え方

今後のライフプランと資金計画を立ててみて、生活費を差し引いてもお金が潤沢にある場合、相続税対策で贈与をする人は多いでしょう。「あげすぎ」が問題なのはもちろん、「遺しすぎ」で税負担が重くなる可能性もあります。贈与額は慎重に考える必要があります。

特例に飛びつく前に戦略を立てる

相続税対策で贈与をする場合、より大きな金額を非課税で贈与しようと、特例の非課税限度額をめいっぱい使おうとしがちです。

贈与したお金は返ってきません。見落としやすいのが、子・孫への教育資金贈与の特例です。この特例を使えば、将来かかる教育資金分も非課税になりますが、贈与したお金は、それ以外の用途に使えません。

しかし、子・孫への教育資金贈与は扶養義務者として当然とみなされ、本来は特例を使わなくても非課税です。

入学金や授業料などを、その都度贈与してもよいのです。

「いくら遺すか」を意識して贈与額を決める

一方、目先の贈与税を減らそうとして、基礎控除額以下の金額や、若干超える金額を贈与する場合にも注意が必要です。あまり財産が減らず、結局は高額の相続税がかかるおそれがあるのです。

相続税対策で贈与を行う目的は、相続時の財産を減らして相続税額を少なくすることです。多少は贈与税がかかっても、ある程度の額を先に贈与したほうが有利になるケースもあります。

そこで、贈与税と相続税の「負担率」をもとに贈与額を決める方法があります。財産に占める税金の割合を比べて検討します。

複数の相手に長い期間で贈与するほど、税負担も軽くなります。計画を立てて実行しましょう。

贈与額を決める「負担率」という考え方

資産が豊富な家庭の場合、贈与税の基礎控除額を意識した少額の贈与で目先の贈与税が軽減されても、財産がそれほど減らずに、結局は相続時に多額の相続税がかかることがあります。そのため、贈与税と相続税の負担率を一つの指針にして、贈与額を検討する方法があります。

負担率の出し方

$$\text{相続税の負担率} = \frac{\text{相続税額}}{\text{相続財産の額}} \times 100 \qquad \text{贈与税の負担率} = \frac{\text{贈与税額}}{\text{贈与財産の額}} \times 100$$

●相続税の負担率早見表［配偶者と子2人の場合］

相続財産（基礎控除前）	相続税額	相続税負担率
5,000万円	10万円	0.2%
1億円	315万円	3.2%
2億円	1,350万円	6.8%
3億円	2,860万円	9.5%
4億円	4,610万円	11.5%
5億円	6,555万円	13.1%

※法定相続分で相続した場合の相続税額。税額は万未満を四捨五入、負担率は小数点第二位以下を四捨五入している。

●贈与税の負担率早見表［1人1回あたり］

贈与財産（基礎控除前）	贈与税額	贈与税負担率
110万円	0円	0%
200万円	9万円	4.5%
300万円	19万円	6.3%
400万円	33.5万円	8.4%
500万円	48.5万円	9.7%
600万円	68万円	11.3%
700万円	88万円	12.6%
800万円	117万円	14.6%

※直系尊属から20歳以上の子、孫への贈与とする。負担率は小数点第二位以下を四捨五入している。

この負担率以下の金額で贈与する。

【例】

配偶者と子が2人いて資産が3億円の場合

相続財産が3億円の場合、相続税の負担率は9.5%。これより低い負担率の贈与額は400万円である。つまり400万円以下の贈与をすれば、相続税に比べて税額負担率が低くなる。この場合、400万円だとそれほど負担率が変わらないため、300万円以下くらいで贈与するのが安心。

ポイント

- ●贈与を行うと手元の財産は減る。一度贈与額を決めたら毎回その金額で続けるのではなく、ときどき相続税の負担率を計算し、贈与額を決めることも大切。
- ●左の表は、1人1回あたりの贈与の場合。複数回・複数人に分けて贈与をすれば、より低い税額負担率で財産を移転させることができる。

贈与したお金の活用例

贈与と生命保険を組み合わせ、相続争いを防ぐ

第三章では、効果的な贈与の方法について紹介しました。贈与の仕方に加えて、贈与した金銭の使い道を工夫すると、より活用の幅は広がります。相続対策や運用に効果的な、生命保険金と組み合わせるのも一つの方法です。

受取人が確実に決まり、受取額が増える

金銭を贈与し、贈与の相手が保険料を支払い、同時に保険金の受取人になることで、確実に受け取ることができます。さらに、保障によって受取額が増えるという利点もあります。

保険金は、保険料負担者と受取人によって課税される税金の種類が変わります。契約形態によって扱い方が異なるため注意が必要です。

贈与の証拠を残しておくことが大切

□金銭の贈与や保険料の支払いは銀行口座を通す

□基礎控除額以上の贈与を行い、贈与税を納付する

□贈与契約書を作成する

●生命保険金の扱われ方

保険料負担者	父	子	子
被保険者	父	父	父
保険金受取人	子	子	母
受取人に課税される税金	相続税	所得税	贈与税
財産の扱われ方	指定された受取人が取得できるが、父の相続財産とみなされ、相続税の課税対象となる。	保険料負担者が保険金を受け取った場合は、一時所得として所得税が課税される。	保険料負担者と保険金の受取人が違う場合、贈与とみなされて贈与税が課税される。

第四章

自分から
子・孫の代までカバー。
あらゆる相続問題を
生前にクリア

——家族信託——

今、注目を集めている家族信託。家族に財産を託することで、遺言書や贈与では不可能なことも可能になり、さまざまな悩みを解決できる万能ツールです。第四章では、家族信託をわかりやすく紹介します。

信じた人に財産を託す

財産管理、相続、家族の扶養……お金の悩みを解決する

どんなステージ・ケースの悩みも解決できる

ステージ１
健康

悩「スムーズな財産管理がしたい」

共有状態になっている財産（不動産など）は、全員の合意がないと処分できない。信託をすれば、複数の名義を一つにまとめられ、容易に財産の管理・処分ができるようになる。

P127 信託の特長④で解決

こんなケースにも
「共有状態の不動産をどうにかしたい」
P127信託の特長④

こんなケースにも
「賃貸マンションを早いうちに引き継ぎたい」
P145コラム

ステージ２
やや能力低下

悩「財産管理をほかの人に任せたい」

財産の管理が難しくなり、管理をほかの人に任せたい場合、信託で名義を変更することにより、財産を完全に手放すことなく、ほかの人に管理・処分させることが可能になる。

P127 信託の特長①で解決

こんなケースにも
「認知症になっても贈与を続けたい」
P148

こんなケースにも
「浪費癖のある子に財産を一括で渡したくない」
P160

自分で財産管理をするのが難しくなってきたら、財産管理をほかの人に依頼すると安心です。

財産管理に関する制度には、任意代理契約、任意後見制度などがありますが、これらに加えて、近年注目されている制度が、家族信託（民事信託）です。

家族信託は、信頼する人（主に家族）に自分の財産を託し、適切に管理してもらうものです。

信託契約の内容は当事者同士で自由に決めることができます。また信託は、信託法にしたがって行われるため、民法で定められている遺言や相続では解決できない問題も解決できます。

家族信託の基本の仕組みを理解して応用すれば、さまざまな願いを叶えることができます。

ステージ3
判断能力低下

悩「財産の権利の凍結を避けたい」

成年後見人がつくと、財産の有効活用や処分が難しくなる。信託でほかの財産と区別すれば、受託者の権限で財産を自由に処分できるようになる。

P127 信託の特長①②で解決

こんなケースにも
「事業用資産を相続争いから守りたい」
P127特長⑤

こんなケースにも
「実家が売却できなくなるのを避けたい」
P145コラム

ステージ4
相続

悩「もめない相続にしたい」

民法の規定を気にせず、自由に財産を受け継ぐ人を指定できる。不動産などの分けにくい財産は、家賃を受け取る権利を財産として複数人で分けることもできる。

P127 信託の特長③⑤で解決

こんなケースにも
「遺された家族・ペットの面倒を見てもらいたい」
P160

こんなケースにも
「婚姻届を出していないが、法的な配偶者と同じ扱いをしてほしい」
P160

こんなケースにも
「亡くなったあとの葬儀や埋葬を頼みたい」
P160

ステージ5
二次、三次相続

悩「直系の親族に財産を代々引き継ぎたい」

遺言書の場合、財産の相続に関する意思表示は一代限りしかできない。信託なら、何代も先に財産を受け継ぐ人まで指定しておくことができる。

P127 信託の特長②で解決

こんなケースにも
「代々伝わる土地、伝統文化財を継承させたい」
P160

家族信託の基本 — 信託の特長

遺言書でできないことも家族信託なら可能

贈与税などの課税を先送りできる

〈贈与や譲渡〉……即時で課税される

贈与や譲渡をして財産の所有権が移転すると、贈与税や譲渡所得税がかかる。

```
贈与者 ──財産移転──→ 受贈者
       贈与税がかかる
```

〈信託〉……将来、権利（受益権）が移動したときに課税される

信託開始時に自分を受益者（利益を受ける権利をもつ人）とする信託契約では、財産の名義が変更されるだけなので、課税されない。財産の権利が二次受益者に移動した段階（たとえば相続開始時など）で、課税されることになる。

```
委託者A ──財産を託す──→ 受託者B
         贈与税がかからない
同一人物                  利益を渡す   同一人物
                ↓
当初受益者A ─ ─ ─ ─ ─ ─ →  二次受益者B
         亡くなると
         受益権が移る
         相続税がかかる
```

相続の争いの多くは、民法の規定が、その家庭の家族構成や財産状況に合わないために起こります。家族信託なら、各家庭に合った信託契約を設定できます。

さらに、信託契約全般に関わるメリットは、財産の名義のみを先に変更し管理を任せても、即時には課税されないことです。贈与税の課税を気にせず、財産管理をほかの人に託することができます。

このほか、信託特有の仕組みや規定があり、自分の願いにそって財産を管理したり、相続争いを回避することに効果を発揮します。

5 二次、三次相続
4 相続
3 判断能力低下
2 やや能力低下
1 健康

人のマークは、その制度を設定する時期、効力を発揮する時期（P26〜27）と対応しています。

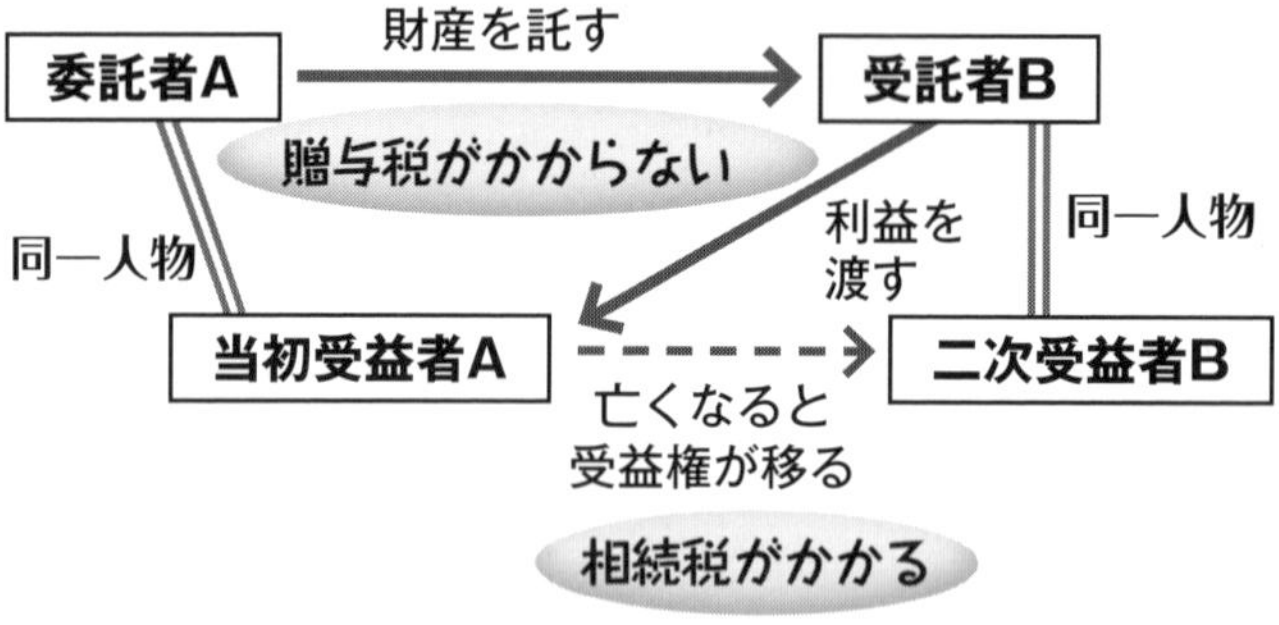

家族信託には５つの便利な特長がある

特長①
「条件付き贈与」ができる

贈与や譲渡は所有権を完全に移転させるので、容易には元に戻せない。信託契約は解除をすれば財産を元に戻すことができる。

〈例〉
- 一次的に資産運用や経営の改善をする。
- 目標が達成された時点で解除することもできる。

特長②
亡くなったあとも希望を叶えられる

通常、契約は当事者が亡くなると終了するが、信託契約は契約当事者が亡くなっても、契約を継続することができる。

〈例〉
- 直系の子や孫だけに財産を相続させる。
- 葬儀や埋葬をとり行ってもらう。

特長③
権利を分けられる

信託財産を運用して得られる利益を受ける権利は、複数人で分けることができる。

〈例〉
- 死亡時に、権利を分けることで、財産の共有化を回避できる。

特長④
名義を一本化できる

共有になっている財産も、まとめて一人が名義人となり、管理·処分をすることができる。

〈例〉
- 多数の親族で共有している土地を、全員の合意がなくても管理·処分できる。

特長⑤
相続財産から分離できる

個人の財産の中から一部の財産を隔離して、相続時の遺産分割の対象からはずすことができる。

〈例〉
- 自宅を確実に長男に相続させることができる。
- 会社の後継者に自社株式を確実に承継できる。

事業承継への利用でも注目されている　COLUMN

中小企業の経営者は、個人の財産と会社の財産すべてを所有していることがほとんどです。会社の財産を後継者に信託し、経営者の財産と切り離すことで、相続の影響を受けず確実に事業を後継者へ承継することができます。

また、信託法の改正により、無形財産である事業を信託財産とすることも認められました。そのため、柔軟な事業承継が可能になりました。

このように信託は、事業承継問題の解決方法としても注目されています。

ほかの制度との比較

信託対象の財産はほかの制度の影響を受けない

今後の財産管理をするうえで家族信託が良いといわれる理由の一つは、信託財産が独立して管理されるため、ほかの制度の影響を受けないということです。

家族信託は、ほかの制度と併用するのが一般的です。たとえば、特定の財産の管理は家族信託、今後の生活費などの管理は任意後見制度、それ以外の財産の承継や思いを伝えるには遺言書というふうに使い分けます。

家族信託は、始期も終期も自由です。委託者の判断能力や生死にかかわらず信託契約は続きます。

一部の財産が独立して管理される

ステージ1　健康
ステージ2　やや能力低下

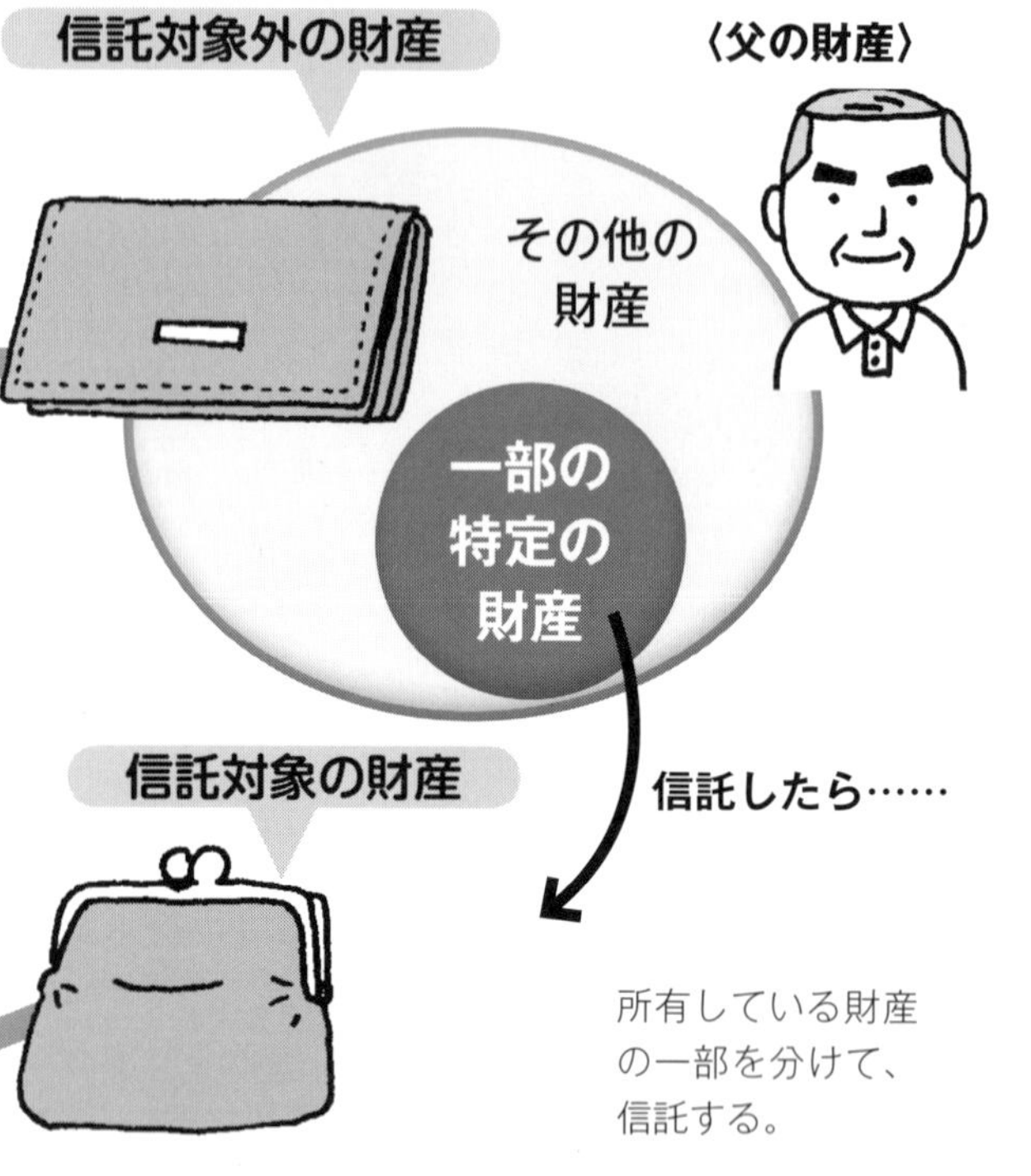

所有している財産の一部を分けて、信託する。

ステージ5 二次、三次相続	ステージ4 相続	ステージ3 判断能力低下

ステージ5　二次、三次相続

当初の所有者の意思は反映されない

ステージ4　相続

遺言書、民法にしたがう

遺言書の指定や、民法の相続の決まりにしたがって財産が分配される。

ステージ3　判断能力低下

生活に必要な財産を守るのみ

任意後見人に財産を管理してもらう。生活に必要な財産を守るのが目的。財産の売却・運用はできない。

- 生活費
- 医療費
- 財産の保持

など

	遺言書	任意後見制度

家族信託

当初の所有者の意思が反映される

何世代も先までずっと、当初の信託契約通りに財産が移動する。

確実に承継できる

信託契約にしたがって指定された受益者に財産が引き継がれる。

後見人の権限が及ばない

自由に運用できる

財産を管理・処分したり、自由に運用することも可能。

- 増改築
- 賃貸
- 売却、贈与

など

信託法改正の歴史

平成19年度に改正法施行。一般家庭でも使いやすくなった

5
二次、三次相続
4
相続
3
判断能力低下
2
やや能力低下
1
健康

家族信託が注目されている理由の一つは、平成19年度に改正信託法が施行され、一般家庭でも信託が利用しやすくなったことです。

日本における信託は、信託銀行などが業務として行う信託が主流でした。近年ようやく改正信託法が定着してきて、家族信託のニーズが高まってきています。

もともと信託は、信頼関係を前提とする、中世ヨーロッパの十字軍の信託が起源です。家族信託は、その精神を引き継いだ、家族や自分の財産を守るための仕組みなのです。

信託の起源は中世ヨーロッパの十字軍

時は中世……

聖地奪還のため、国家から命じられた兵士は十字軍として異国の戦地に向かうことに。

行ってこい
ははあっ

友よあとは任せた
任せろ。しっかり戦ってこい

兵士は、信頼できる友に自分の領地や財産を託し、妻子の面倒を見てくれるように頼んだ。

地代と売上
領地でとれた作物
これで安心です

友人は適切に財産を管理・運用し、その収益を生活費として妻子に渡した。

なじみのなかった信託が身近なものに

明治時代

旧民法から信託の規定があった

フランス人のボアソナードが起草し1890年に公布された日本で最初の民法である旧民法に、信託に関する規定が盛り込まれていた。

大正時代初期

悪徳業者が横行する

一般市民や投資家から財産を「信託」と称して横領・着服する業者が現れ、その被害を受ける人が続出した。

信託の暗い歴史の幕開け

大正 11 年

悪徳業者の取り締まりのために、信託法、信託業法が制定される

信託を請け負うことができる業者に条件を設け、それ以外の業者は信託を受けることができないこととした。

〈法で定められた信託業者〉
●大資本をもつ信託銀行　●特別に許可を得た信託会社

「信託は法の規制が厳しい」「信託銀行や信託会社がやるもの」 ⇒ 一般の人にはなじみがないイメージに

平成 19 年

改正信託法が施行される

投資のためではなく、高齢者や障害者の福祉のために信託を活用したいという需要が増加。改正信託法施行後は、信託銀行等を介さず、お互いの信頼を前提に行う「家族信託（民事信託）」がしやすくなる規定が多数加わった。

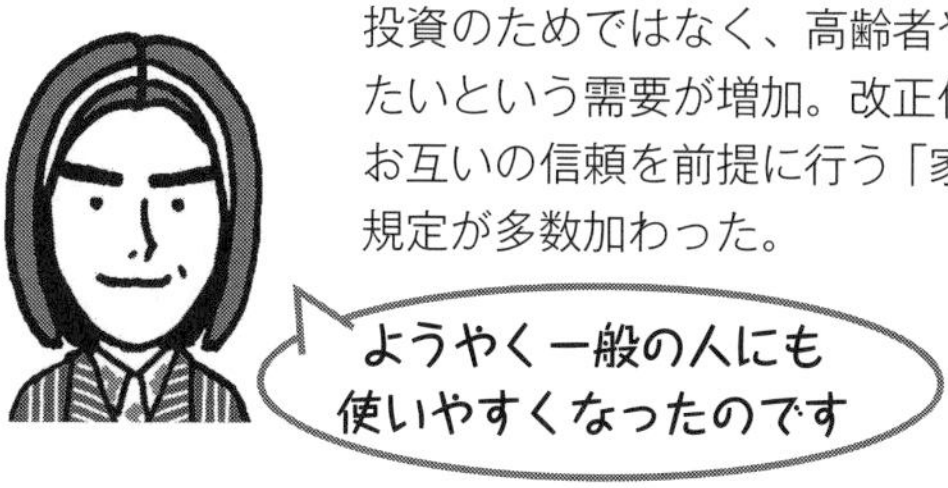
ようやく一般の人にも使いやすくなったのです

Point1

受託者の義務の合理化

かつて受託者の義務は厳格に定められていたが、当事者間で任意で決められる部分が多くなった。

Point2

受益者の権利の強化

受益者代理人など、受益者の判断能力が低下したあとも権利を守る役割が新設された。

Point3

新たな信託の形が認められる

高齢者の福祉や家族の扶養を目的とした信託の類型が、信託法で明文化されて認められた。

家族信託の基本

家族信託は信頼の上に成り立つ

家族信託の前提

商事信託と家族信託は目的が違う

商事信託
金融機関や信託会社に財産を託し、運用して増やしてもらう。その見返りとして手数料を支払う。

金融庁の監督のもと、財産の厳正な管理や運用が行われ、投資家から報酬が支払われる。

市場 ← 運用 ← 金融機関、信託会社
金融庁 ← 届出 / 許可・監督 → 金融機関、信託会社
投資家 → 財産（元手）＋手数料 → 金融機関、信託会社
金融機関、信託会社 → 運用益 → 投資家

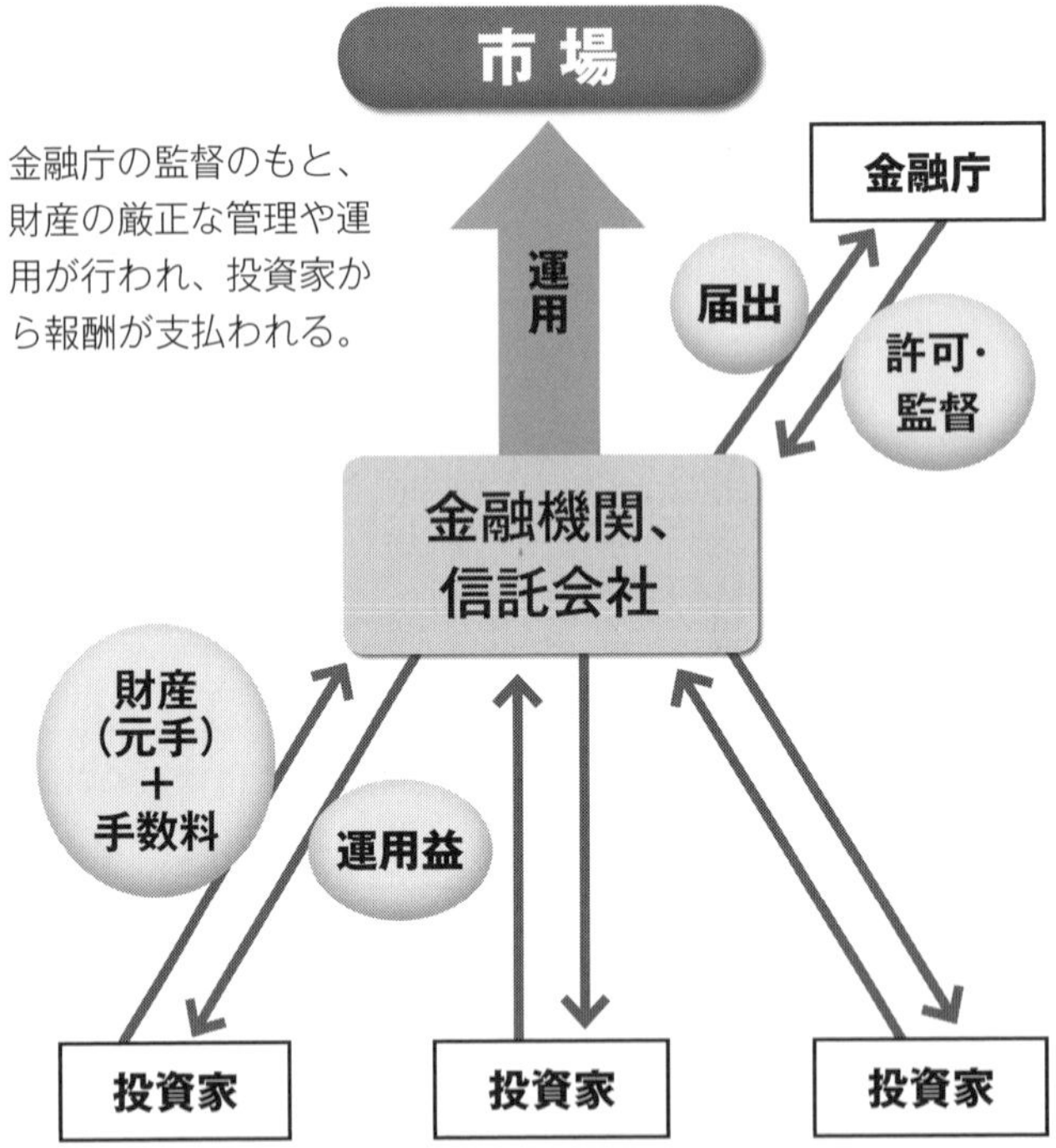

日本で主流なのは、信託銀行などに財産を託する、管理・運用が目的の信託です。許可を受けた信託会社が、財産を託した人から手数料を受け取り、金融庁の監督のもとで財産の管理を行います。これを、商事信託といいます。

一方、信託銀行などを介さずに行う信託が、家族信託です。監督機関も報酬もなく、当事者間の善意と信頼関係を前提に成立します。

信託契約の相手は、通常は家族またはその信託のために設立された法人です。いずれにしても信頼関係があることが大切です。

---

5 二次、三次相続
4 相続
3 判断能力低下
2 やや能力低下

家族信託 信頼できる人に財産を託し、自分の財産、家族、生活を守る目的で管理してもらう。信託契約の当事者同士の信頼関係を前提として成り立つ。

第四章　自分から子・孫の代までカバー。あらゆる相続問題を生前にクリア――家族信託

```
            一部の
            財産
財産を　──────────→　財産を
託する人　　　　　　　　託される人

                            誰からも監督されるこ
                            とはない。報酬は基本
                            的に発生しないか、あ
                            っても少額である。

                            財産の
                            利益
                              ↓
                            利益を
                            受ける人
```

自分でも他者でもよい
利益を受ける人は、自分にも他者にも設定できる。自分から他者へ段階的に設定されることもある。

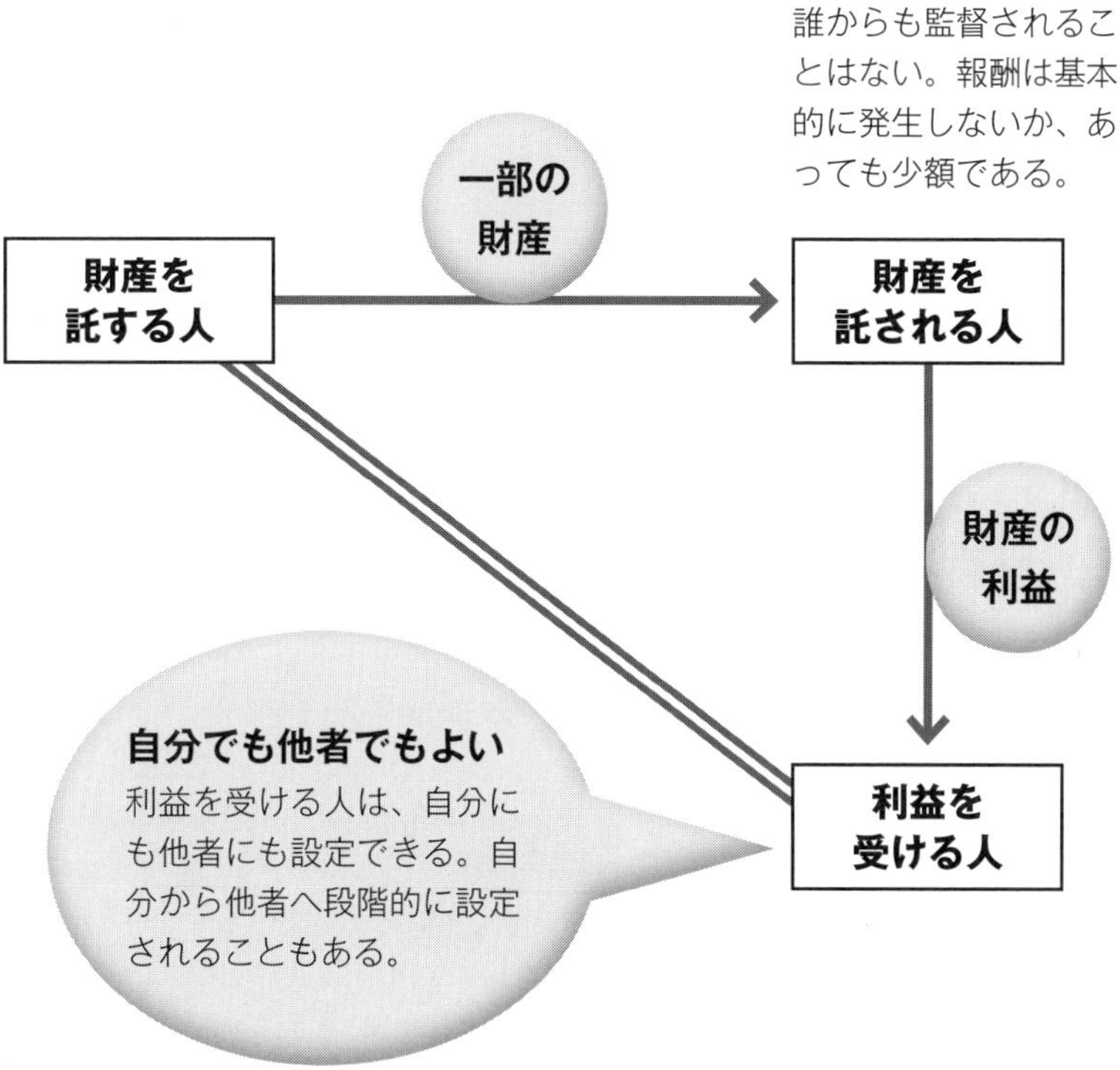

ワンポイント
「家族信託」を広く普及させる動きがある

　家族信託の専門家はまだ少なく、制度が浸透していないのが現状です。現在、一般社団法人家族信託普及協会などで専門家の育成が行われており、家族信託を取り扱うことができる専門家が次第に増えてきています。

　「家族信託」は、法律用語ではなく専門家の間で呼ばれている名称です。家族の信頼関係を前提として成り立つ信託を指します。

　なお、本書では「家族信託」と呼んでいますが、一般には「民事信託」「個人信託」などとも呼ばれます。

※「家族信託」は、一般社団法人家族信託普及協会が商標登録しています。

家族信託の仕組み

信託の登場人物

主な登場人物は委託者・受託者・受益者

基本の３人の登場人物の役割をおさえる

家族信託には、委託者・受託者・受益者という３つの役割が登場します。一部の決まりを除き（P139）、基本的にはどの役割を誰に設定してもかまいません。

財産の名義

委託者

信託を設定し、財産を託す人

信託の目的と内容を設定し、財産を受託者に託す。受託者の選任・解任権をもつほか、信託の目的が反映されているかどうかを確認するために、受託者に信託状況の報告を求めることができる。

〈どんな人がなるか〉

財産をもつ人ならば誰でもなることができる。

信託には、３つの役割が登場します。財産を託する委託者、財産を託されて管理・運用する受託者、財産を利用したりその収益を得る権利をもつ受益者です。

信託の方針を決めるのは、財産の所有者であり、守りたい人（受益者）や目的がある委託者です。

委託者が信頼できる人に、受託者を頼みます。その人が承諾すると、信託が成立します。

基本的には、受託者や受益者は自由に決めることができます。信託のルールや家族構成などを考慮して、最適な人物を選びます。

財産を託されて管理し、利益を受益者に渡す人

委託者の決めた目的にそって、財産を管理する。必要なときに、受益者に信託財産の利益を提供する。信託契約の確実性を保つために、受託者には、信託法によってさまざまな義務が定められている。

〈どんな人がなるか〉

委託者が信頼して選任した人。相続人である子のうちの一人や、子の配偶者などの親族がなることが多い。自分よりも年齢が低い人を選んでおくほうが安心。その信託のために設立した法人や、すでにある会社にすることもできる。

財産から生じる利益を受ける権利がある人

受託者に託された信託財産の利益を受ける。委託者同様、受託者に対して、信託状況の報告を求めることができる。信託法で定められた規定によって、受益者の権利は守られる。

〈どんな人がなるか〉

委託者が財産の利益を受けさせたい人。当初は自分にする場合が多く、次の受益者として、扶養したい家族、財産を引き継がせたい子、配偶者、内縁関係にあるパートナーなど。会社経営者の場合は後継者にすることもある。

信託の確実性を守る３つの機能ができた

COLUMN

商事信託とは違って、信頼関係を前提とした家族信託には、監督機関がありません。柔軟な財産管理ができるのが大きなメリットですが、万が一、適切な財産管理が行われていないとしても、なかなか気づくことができません。

改正信託法では、受託者の行為を監督する「信託監督人」、判断能力が低下している受益者の代理で権利を守る「受益者代理人」、次の受益者が決まっていない場合に受益者を指定する「受益者指定権者」の３つの役割が新設され、家族信託が自由かつ安全に使えるようになりました。

信託の概念

基本の考え方は、所有権を権利と名義に分けること

所有権には権利と名義が含まれている

信託開始前

所有権＝権利（ケーキ）＋名義（箱）

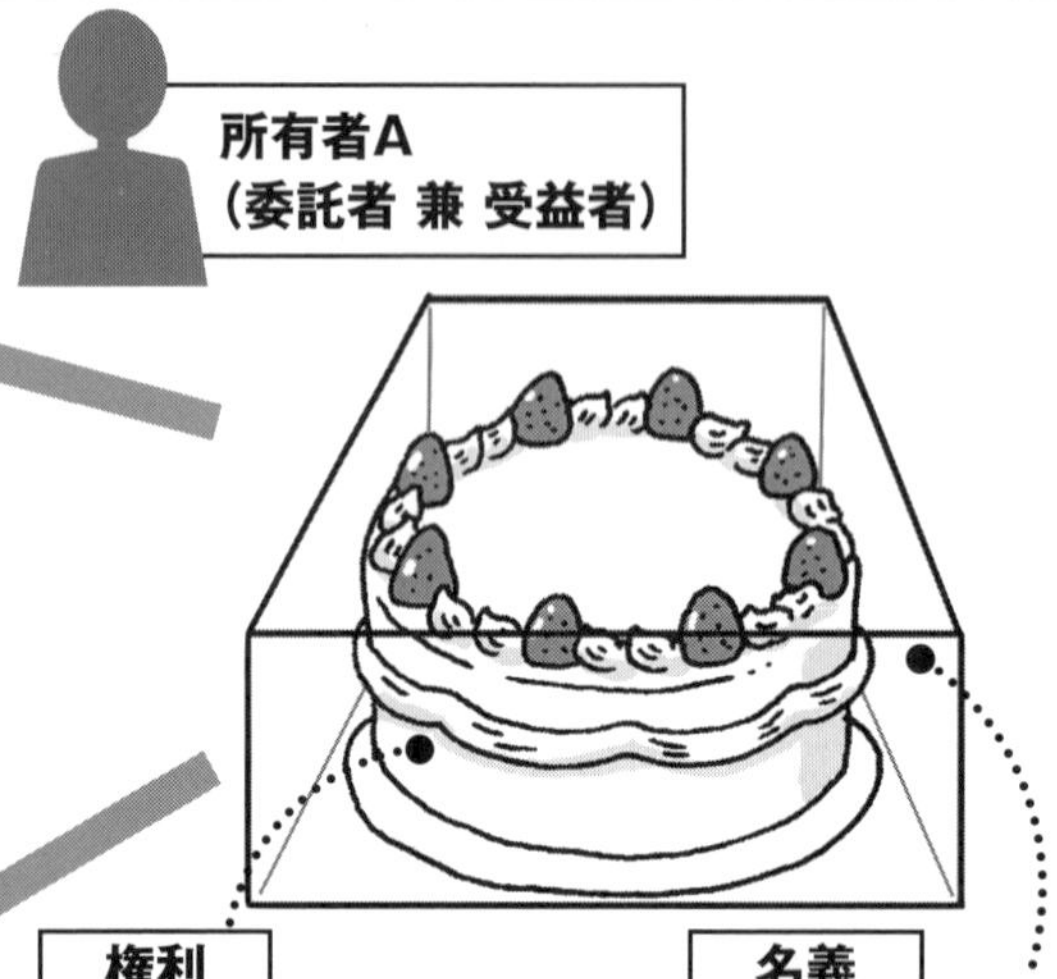

権利

財産を使用する権利や、運用して得られた利益を得る権利。受益権。

名義

財産を管理・運用・処分するときに必要な肩書。

信託でさまざまな悩みを解決できるのは、財産の扱い方に、ほかにはない特徴があるからです。

財産の所有権は権利と名義からなります。財産を管理・処分する義務を果たすために必要なのが名義で、利益を得る資格が権利です。

相続や贈与の場合、所有権全体が一度に移転します。信託なら、財産の所有権を権利と名義に分けて、別の人に持たせたり、段階的に移動させることができます。

これにより、判断能力の低下に備えたり、相続対策としての財産管理が可能になります。

信託開始後

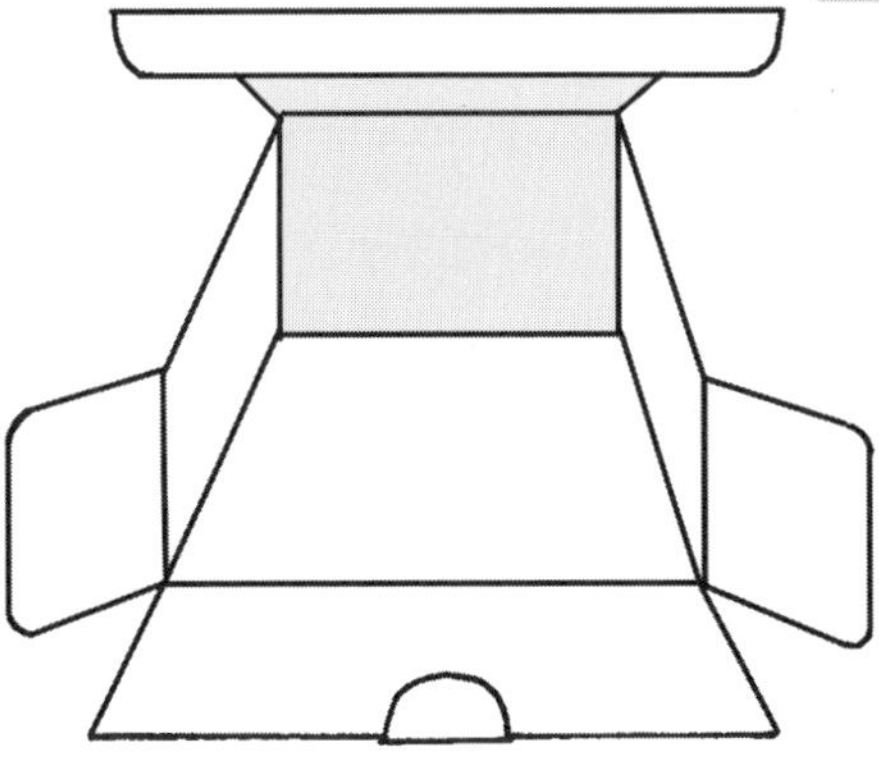

箱＝名義

名義とは外に見えるように表示された名前。たとえるなら、箱のようなもの。売買や修繕工事をする際、名義人が契約する。

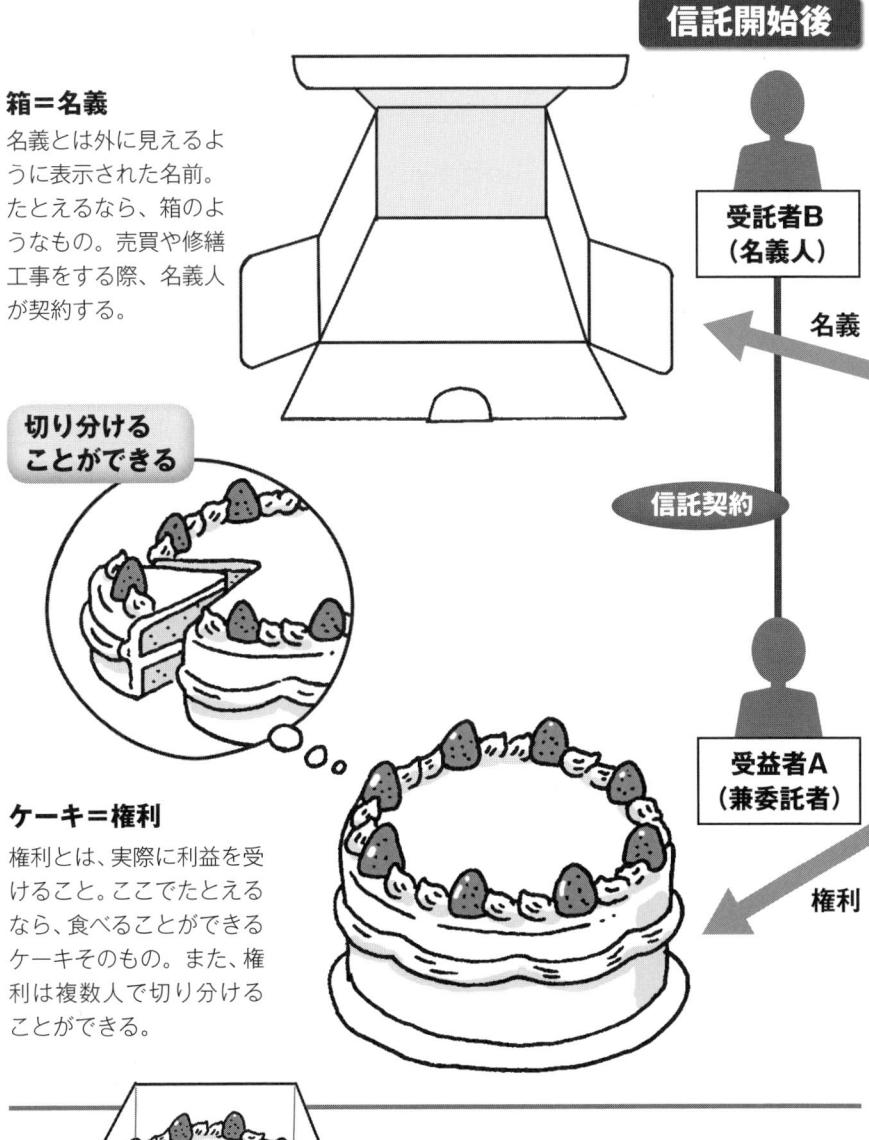

ケーキ＝権利

権利とは、実際に利益を受けること。ここでたとえるなら、食べることができるケーキそのもの。また、権利は複数人で切り分けることができる。

信託終了後

信託開始時に分かれた権利と名義が一体になり、元の所有権に戻る。箱の中にケーキがしまわれた状態。

受託者

受益者と関係が良好な人を受託者に選ぶ

受託者は、委託者が財産を託し、委託者の目的や願いにそって、財産を管理・運用する役割です。

委託者が信頼する人を選ぶのはもちろん、受託者には信託法で定められた義務があり、忠実な財産管理が行われる仕組みになっています。

さらに、信託の目的は受益者に利益を与えることであるため、受益者と良好な関係の人を選ぶのがベストです。

基本的に、家族または信託のために設立した法人が受託者となります。

財産を適正に管理するためのルールがある

ルール1

受益者の利益に反することをしてはいけない

信託財産を受託者自身の財産としたり、第三者に有利な条件で売却したりすることは禁止されている。

ルール2

自分の財産と分けて管理する

受託者個人の財産と、委託者から託されている信託財産を明確に分けて管理しなければならない。預金の場合は信託専用の口座をつくる。

ルール3

複数の受益者がいる場合は全員を公平に扱う

原則は、財産を運用して得られた利益は受益者全員に等しく分配します。信託契約の中に特別な定めをしている場合は、それにしたがって分けます。

故意に財産を減らしたり、勝手に譲渡した場合は、受託者は元に戻す責任があります

5
二次、三次相続
4
相続
3
判断能力低下
2
やや能力低下
1
健康

原則として、受託者は受益者と兼務できない

○ 他益信託（基本の形）

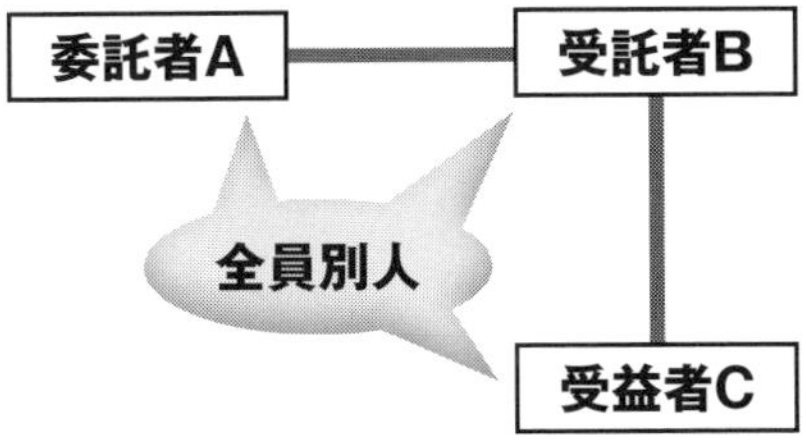

信託の基本の形。受益権が他者に移動するため、信託設定時点で贈与税が課税される。

○ 自益信託

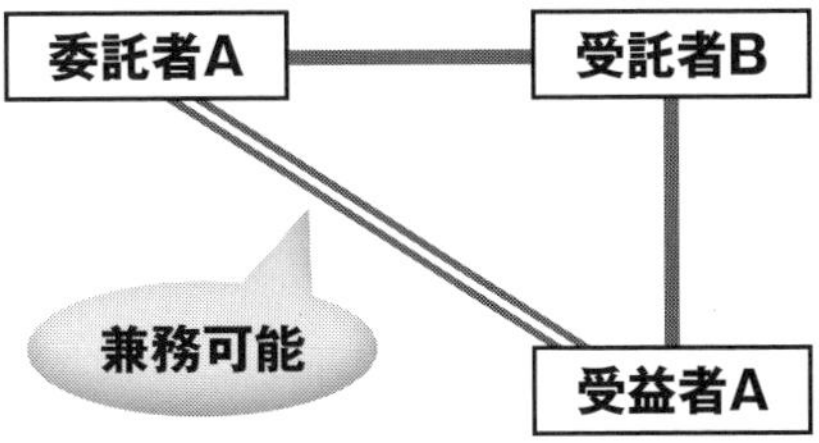

家族信託の場合、設定時点はほとんどこの形にする。受託者は、委託者兼受益者のために財産管理を行う。

○ 自己信託

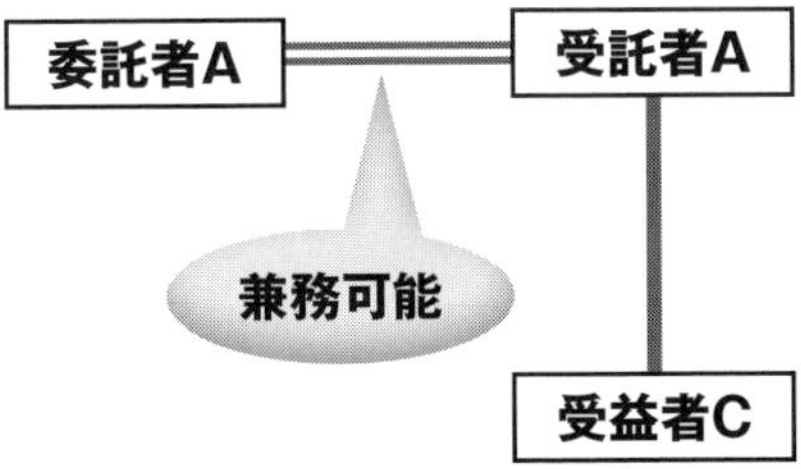

自分の財産の一部を、信託財産として区別して管理する。平成 19 年の改正法で認められるようになった方法。

△ 受託者＝受益者は成り立たない

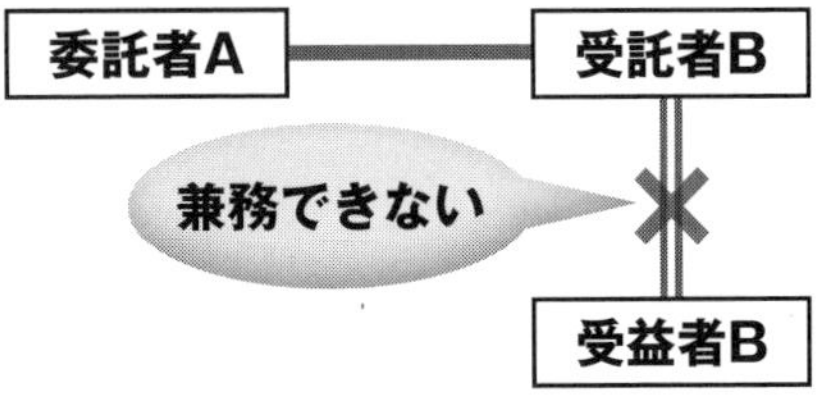

受託者と受益者が同一人物になると、１年間しか信託が認められない。１年以内に交代する必要がある。

COLUMN

手数料はかかるが管理が確実。信託銀行の金融商品を利用しても

絶対的な信頼のおける家族と信託契約を結ぶのが家族信託です。

しかし、信託行為には手続きなどの手間がかかるので、家族の中に受託者を請け負う人がいないことも。また、家族の多くは、財産管理の専門家ではありません。

その点、信託銀行なら、手数料を支払う必要がありますが、金融庁の監督のもとで信託行為を行う専門機関なので、信託財産が適切に管理されます。

受益者

相続を想定して受益者を決定する

守りたい人を受益者にする

高齢になった自分や配偶者

病気やケガ、認知症などによって財産管理ができなくなった自分や家族の今後の生活を守る。

生活に援助が必要な子

未成年者や、障害のある家族をこの先もずっと扶養できるようにする。

法律婚ではないパートナー

LGBT（同性愛者等）のカップルなどを含む、法的な婚姻関係にないパートナーにも、確実に財産を渡せるようにする。

会社の後継者

会社の経営者の場合、後継者に確実に会社の財産を継がせ、自分の相続人から後継者の権利を守る。

浪費癖のある子

相続や贈与で一度に多額の財産を渡すと生活が破綻しそうな子などには、受託者を通して少しずつ財産を渡す。

受益者は、財産から生じた利益を得る権利がある人です。

その権利を受益権といいます。たとえば、信託財産が不動産の場合は、そこに住む権利、家賃収入を得る権利、売却したときの収益を得る権利などのことです。

信託契約では、当初の受益者だけでなく、そのあとに受益権が移動する二次以降の受益者を指定することができます。

信託財産を確実に承継させたい人を二次以降の受益者とすることで、相続とは別の形での資産承継が可能になります。

「受益権」は財産として譲渡や相続、分割もできる

信託設定時

財産の名義 →
委託者・当初受益者A（被相続人） ← 受託者
財産の利益

受益権が、財産として承継される

受益権　Aの死亡後

相続時

財産の利益　Aの死亡後

二次受益者B（相続人）

遺言代用信託という
財産管理を目的とする家族信託でよく使われる形。遺言書のように、亡くなった時点で指定した人に受益権が移動するので、遺言代用信託と呼ばれます。

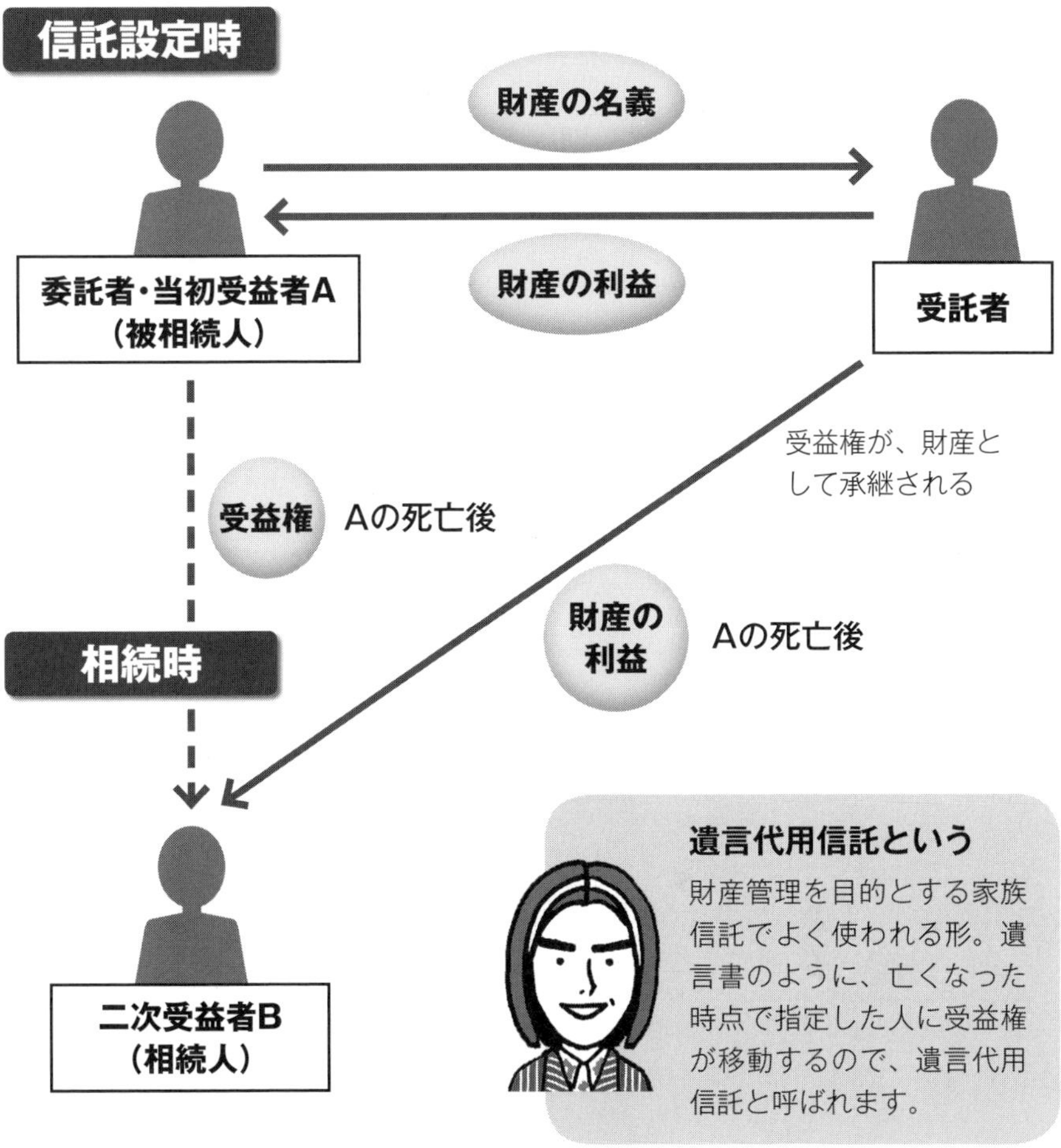

> ⚠️ **まれにあるケース**
>
> ### 万が一のときの紛争解決に役立つ
>
> 　家族信託は、相続とは異なる財産の承継方法です。そのため、相続のルールは適用されません。
> 　万が一、相続で争いになり、一部の財産を渡す必要が生じた場合でも、受益権の一部を与えることで、財産が共有になるのを避けることができます。

第四章　自分から子・孫の代までカバー。あらゆる相続問題を生前にクリア――家族信託――

信託内容の検討

“願い”と信託財産を整理し、信託内容を決める

信託は、叶えたい願い、家族構成、財産状況を把握し、問題点を洗い出しながら組み立てます。

信託財産には制限がありません。金銭や不動産など、負債以外何でも信託できます。受託者や受益者も、自由に決められます。

信託を設計するうえでは、決める事項がたくさんあります。実際は、専門家に相談しながら進めるケースがほとんどです。

専門家と信託内容の相談をするためには、委託者となるあなたが、事前にこれらの事項について整理しておく必要があります。

“願い”・家族構成・財産で方針が決まる

願い

信託で何を達成したいのかを明確にする

□特定の人に財産を渡したい
□特定の人から財産を守りたい
□将来、認知症で財産管理ができなくなるときに備えたい
□民法では相続の権利が認められていない人に財産を渡したい　など

家族構成

相続人になりうる人や、支援が必要な家族を把握する

□法定相続人、先妻の子などを把握する
□婚姻関係にはないパートナーがいる
など

財産

財産の種類と金額の内訳を把握する

□財産のリストをつくる
□複数名義になっている財産はあるか
□不動産や株式などは権利と評価額を明らかにする　など

"願い" に応じて、信託内容や設計が決まる

願い	名称、ページ	信託の設計
「特定の財産を特定の人に継がせたい」	遺言代用信託 P144	信託設定時は自分を委託者兼受益者にし、継がせたい人を二次受益者にする。
「一部の相続人に、多くの財産を承継させたい」	遺言・後見併用型信託 P146	信託は遺言代用信託と同様に設定する。任意後見制度と効果的に組み合わせる。
「認知症になってからも、効果的な贈与を続けたい」	金銭贈与信託 P148	信頼できる家族や友人を受託者にし、贈与したい相手に、一定の条件のもとで贈与ができるようにする。
「直系の親族に代々相続させたい」	家督相続信託 P150	直系の子や孫を、二次以降の受益者にする。
「再婚を希望。お互いの子に相続財産が分散してしまうのは避けたい」	再婚支援信託 P152	本人を当初受益者、子を受託者兼三次受益者、配偶者を二次受益者にする。再婚夫婦がお互いにこの信託契約をする。
「自分が亡くなってからも子を一生養いたい」	障害者福祉信託 P154	障害のある家族を二次受益者に、その家族の兄弟姉妹などを受託者にする。

そのほかの活用例……P160

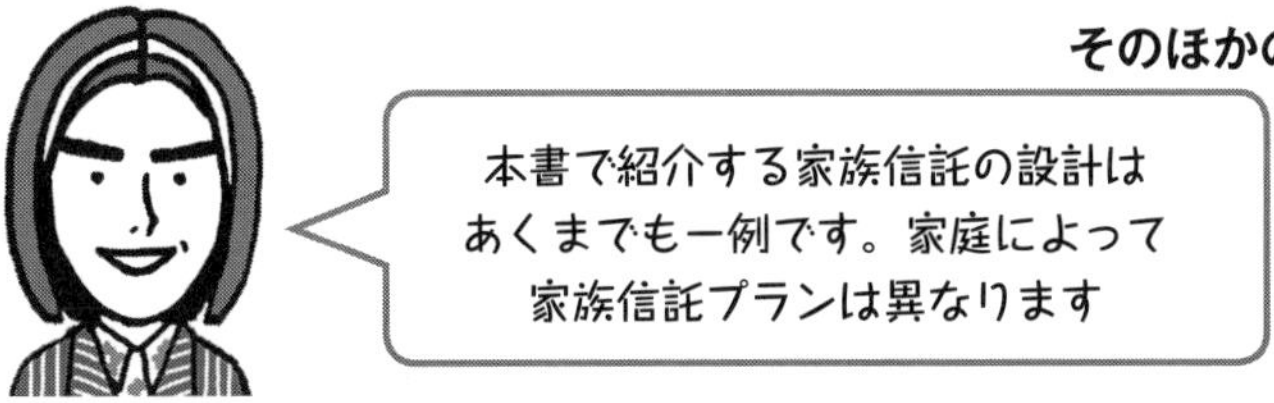
本書で紹介する家族信託の設計は
あくまでも一例です。家庭によって
家族信託プランは異なります

COLUMN

借金返済を逃れる目的の「詐害《さがい》信託」は訴訟によって取り消される

多額の借金がある人が財産を信託して受託者の名義にすると、その財産への強制執行が難しくなります。このように、債権者（お金を取り戻す権利をもつ人。推定相続人は債権者ではない）の権利を侵害する信託を「詐害《さがい》信託」といいます。債権者が訴訟を提起すれば、取り消すことが可能です。

家族信託は、決して不純な目的で使おうとせず、正しい目的で活用しましょう。

家族信託の活用例

①遺言代用信託

自宅の不動産を継がせたい人に確実に渡す

財産の相続人や相続分を決めるには、遺言書を作成するのが一般的です。家族信託よりも、作成や手続きに手間がかかりません。

ただし、遺言書には、遺言書の内容に納得しない相続人がいる場合など、遺言者の願いが実現しないリスクがあります。

特定の人に確実に承継させたい財産がある場合、その財産については、遺言書の代わりに家族信託で指定することをすすめます。

遺言書通りに相続した場合と同じ結果を、受益権の移動という形で、確実に実現できます。

遺言と同じ結果を確実に実現できる

〈もし佐藤家だったら……〉 家系図の全体像はP12

賃貸マンションを確実に長女に継がせたい

信夫が賃貸マンションを経営しているとします。長女の法子は在宅でできる仕事なので比較的時間を自由に使えるため、マンション経営に適していると思い、ゆくゆくは経営を受け継がせたいと考えています。

遺言書で指定する場合と家族信託の比較

遺言書のリスク	家族信託なら……
●遺言書そのものの紛失	◎信託契約書を公正証書で作成するため公証役場に残る
●遺言内容の不備で無効に	◎契約内容は柔軟に決められる
●（自筆証書遺言の場合）検認に手間がかかる	◎契約内容にしたがって、即時に効力が発揮される
●相続人が納得しない	◎信託財産は相続とは無関係
●遺《い》留《りゅう》分《ぶん》減《げん》殺《さい》請《せい》求《きゅう》があれば返還する義務がある	◎遺留分減殺請求に対抗可能

【信託設定時】

信夫を委託者兼当初受益者、長女の法子を受託者とする信託契約を設定する。なお、二次受益者を法子と決めておく。遺言書には、賃貸マンション以外の財産の帰属先の指定と、マンションを信託するに至った思いなどを付言事項に記す。

委託者兼当初受益者、遺言者 →信託→ 受託者
受託者 →管理・利益→ 委託者兼当初受益者、遺言者

信託契約内容に「当初受益者・信夫の死亡をもって、受益権が二次受益者・法子に移動する」と明記する

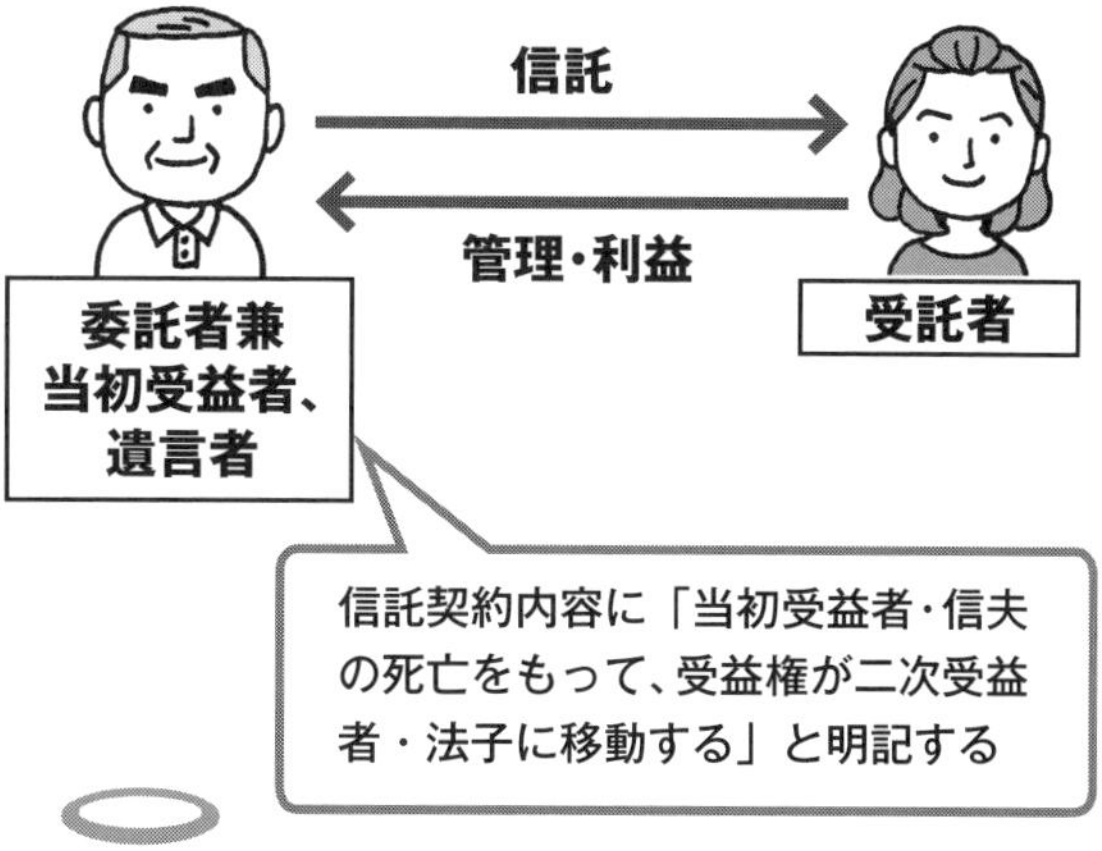

【信夫の死亡時】

信夫が亡くなると、受益権が法子に移動する。ここで信託を終了させても、継続させてもよい。実質的には相続と同じ状況になり、相続税が課税される。

当初受益者 →信託→ 受託者
当初受益者 →受益権→ 二次受益者、相続人
受託者 →管理・利益→ 二次受益者、相続人

Point 同一人物になる＝確実に取得できる

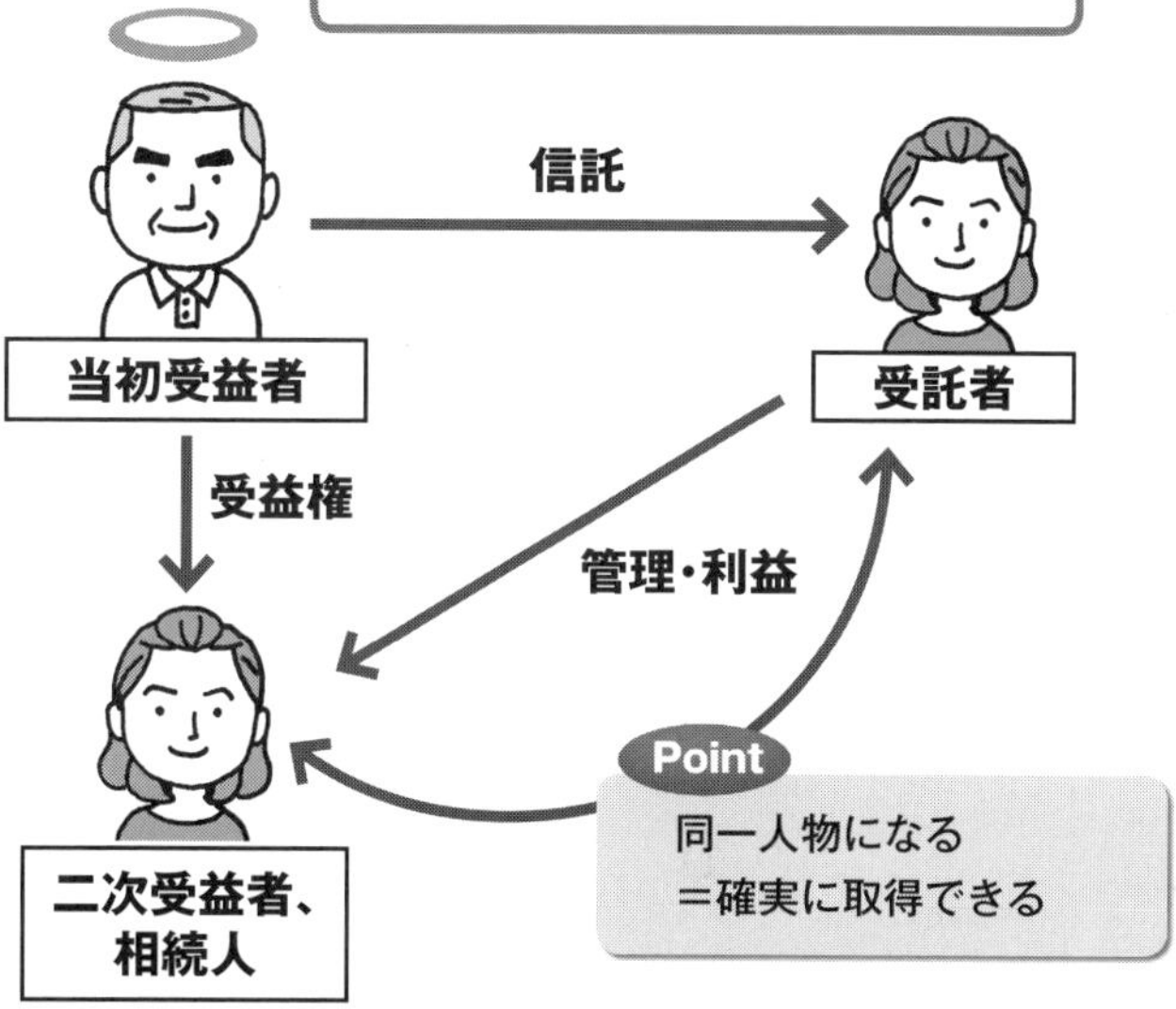

COLUMN
不動産は早めのバトンタッチが有効。
土地・建物の活用＆空き家対策

　相続財産の中に賃貸不動産が含まれる場合、相続開始時に賃貸不動産を相続しても、相続人は運営の仕方がわからずに戸惑うばかりです。賃貸不動産は、管理・運営の仕方を教えながら早めに引き継ぐのが有効です。
　一戸建ての住宅の場合、所有者の判断能力の低下などによって管理できなくなると、売却することも貸すこともできない空き家になる可能性があります。家族信託をすれば、これらの事態を防ぐことができます。

家族信託の活用例

②遺言・後見併用型信託

遺言と後見制度を組み合わせ、家族の思いを実現させる

特定の財産を、委託者の願いや目的にそって、管理・運用・処分させるためには、家族信託は絶大な効力があります。ただし、財産に関することに限定されます。

今後の生活の身の回りのことは、任意後見制度で他者に任せます。

そして、信託財産以外の財産の帰属先を指定したり、信託契約書に書ききれない心情を家族に伝えるためには、遺言書が不可欠です。

今後の生活、財産に関する自分の願い、家族の気持ちのすべてをカバーするには、3つの制度を効果的に併用しましょう。

3つの制度を併用して相続先を指定する

〈もし佐藤家だったら……〉 家系図の全体像はP12

長男に多く相続させたい

信夫は、自宅の財産や身の回りの世話を、すべて長男夫婦に任せたいと考えています。家屋と土地、それから先祖代々の墓や仏壇も長男の民夫に相続させるつもりです。長女の法子には、その意図を理解してもらい、預金を相続させるつもりです。

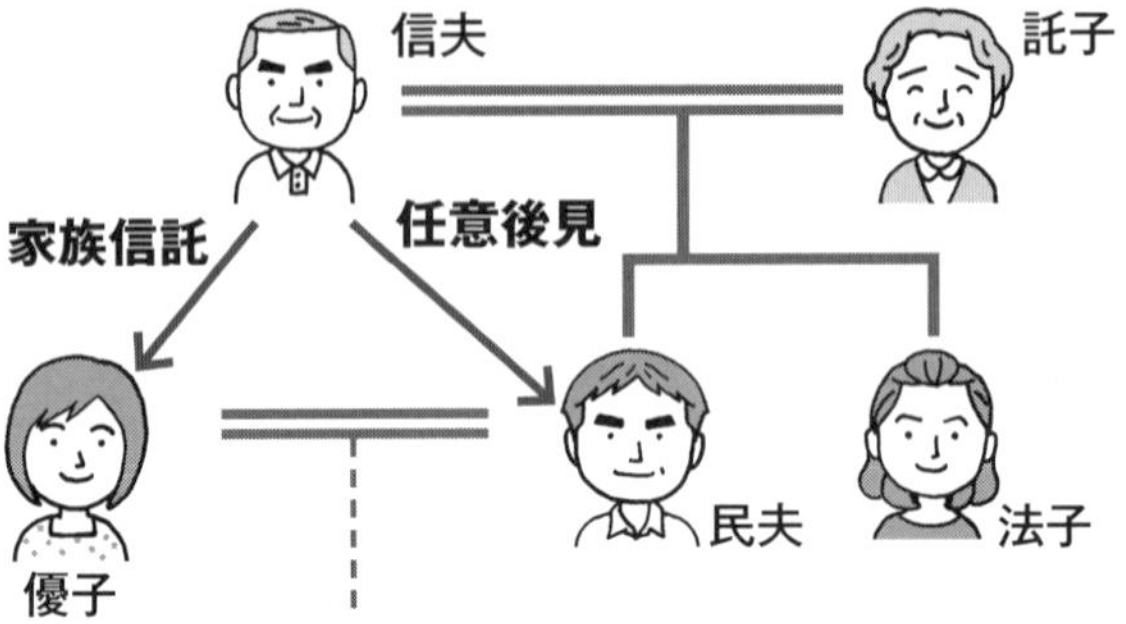

●信夫の財産

信託する財産		それ以外の財産	
自宅不動産	5,000 万円	預金	1,000 万円
預金	1,000 万円		
墓、仏壇	推定 500 万円		

【信託設定時】

長男夫婦に継がせたい自宅不動産と墓、仏壇を長男の妻・優子を受託者とする信託契約を結ぶ。民夫とは任意後見契約を結び、判断能力が低下したら、身の回りのことはすべて民夫に任せることにした。
法子には預金を相続させる旨を伝えておく。

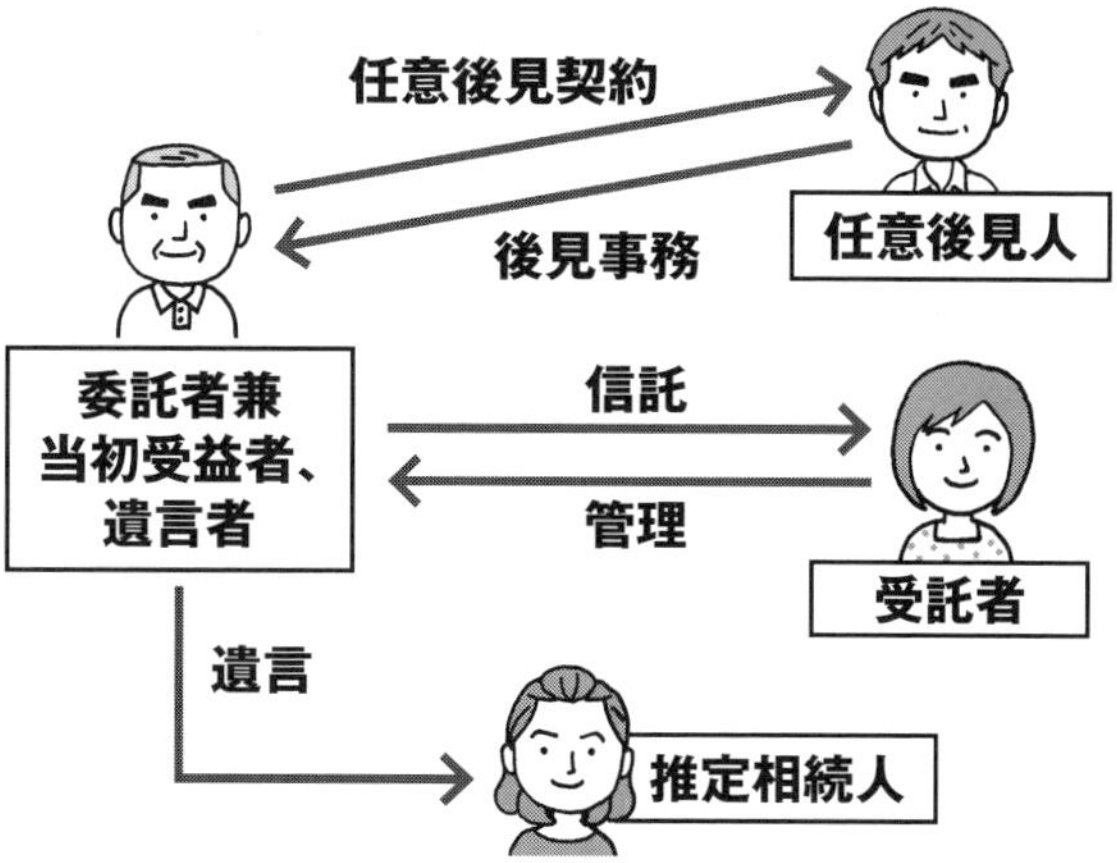

【信夫の死亡時】

信夫が亡くなると、受益権が二次受益者である民夫に移動する。自宅不動産と墓、仏壇は、長男夫婦が管理・運営することになる。法子は遺言書の通りに預金を相続した。

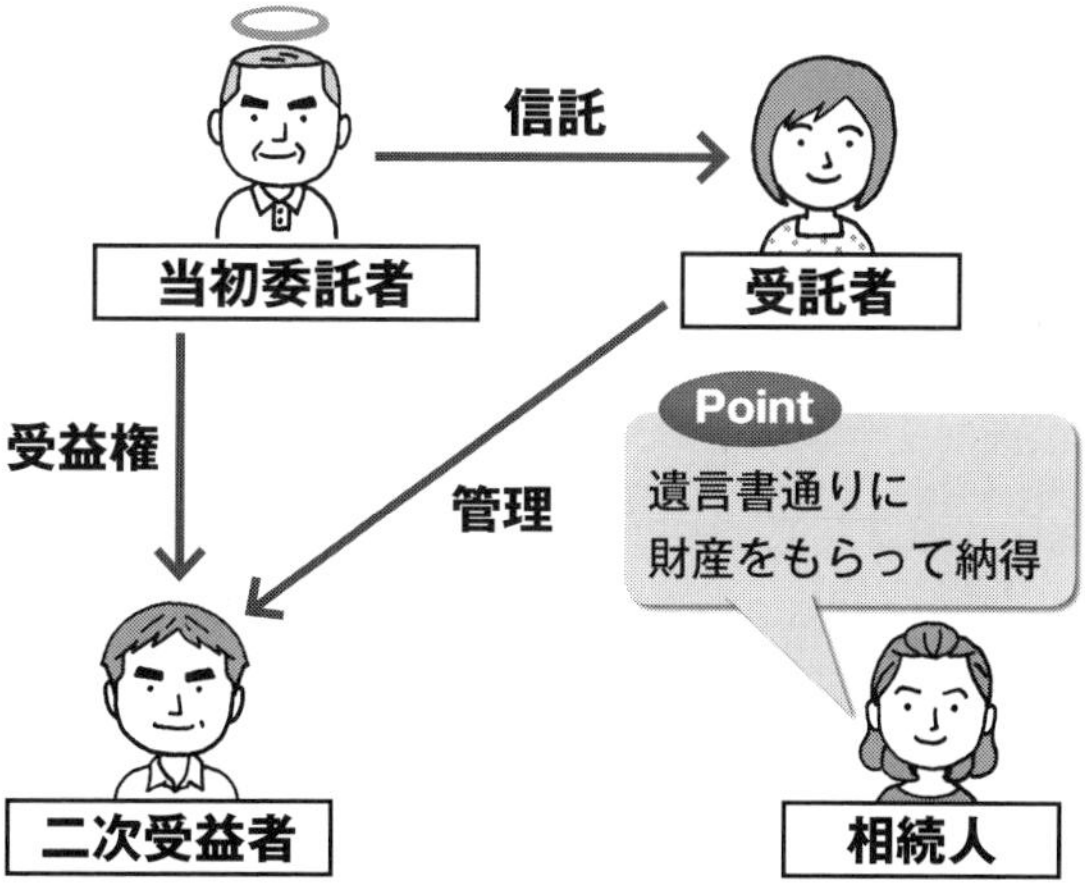

COLUMN

遺言書で、遺《い》留分《りゅうぶん》減殺《げんさい》請求《せいきゅう》の順番を決めておくことができる

遺言書によって自宅不動産を特定の人に相続させたくても、ほかの相続人から遺《い》留分《りゅうぶん》減殺《げんさい》請求《せいきゅう》（P98）を受ける場合があります。遺留分を支払うために、不動産を売却したり、共有にせざるを得なくなることもあるのです。

それを回避する一つの方法として、遺言書では遺留分減殺請求の対象となる財産の順番を指定することができます。不動産よりも先に金銭などが支払われる旨を決めておけば、不動産の売却や共有を防ぐことができます。

家族信託の活用例

③金銭贈与信託

判断能力が低下しても家族への贈与を続けられる

子や孫への贈与額を公平にできる

〈もし佐藤家だったら……〉 家系図の全体像はP12

亡くなるまで贈与を続けたい

信夫が資産家だとします。子や孫への教育資金援助や相続税対策のために、贈与を検討しています。二人の子、二人の孫にはそれぞれ贈与額を平等にしたいと考えていますが、認知症で判断能力が低下すると、途中で贈与ができなくなってしまうのを案じています。

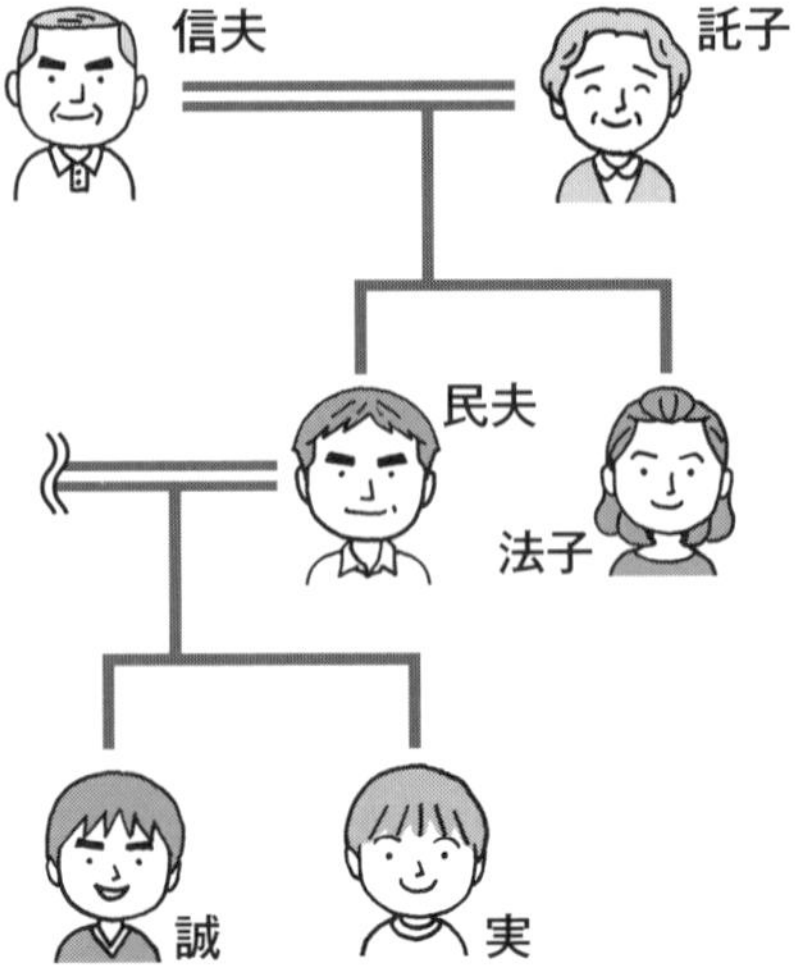

●信夫の財産

信託対象の財産	遺言書で指定する財産
預金　1億円	自宅不動産　5,000万円 預金　1億円 株式　500万円

子や孫に資金援助をしたり、相続税対策のために贈与をする場合、今後の生活や税金の試算をして、計画的に行う必要があります。

しかし、判断能力が低下すると、贈与の意思表示ができなくなってしまい、途中で計画通りに贈与できなくなってしまうことがあるのです。

贈与する予定の財産を信託しておけば、判断能力が低下したあとも、受託者に贈与を続けてもらうことができます。このような信託を設定することで、計画通りに、財産の贈与が完了します。

【信託設定時】

信夫は、信頼できる後輩に、贈与する予定の金銭を信託した。受益者を自分にし、判断能力があるうちは自分の裁量で子や孫に贈与をする。判断能力が低下したときに備えて、受益者代理人を決めておく。なお、自分の相続開始とともに信託契約は終了するようにした。

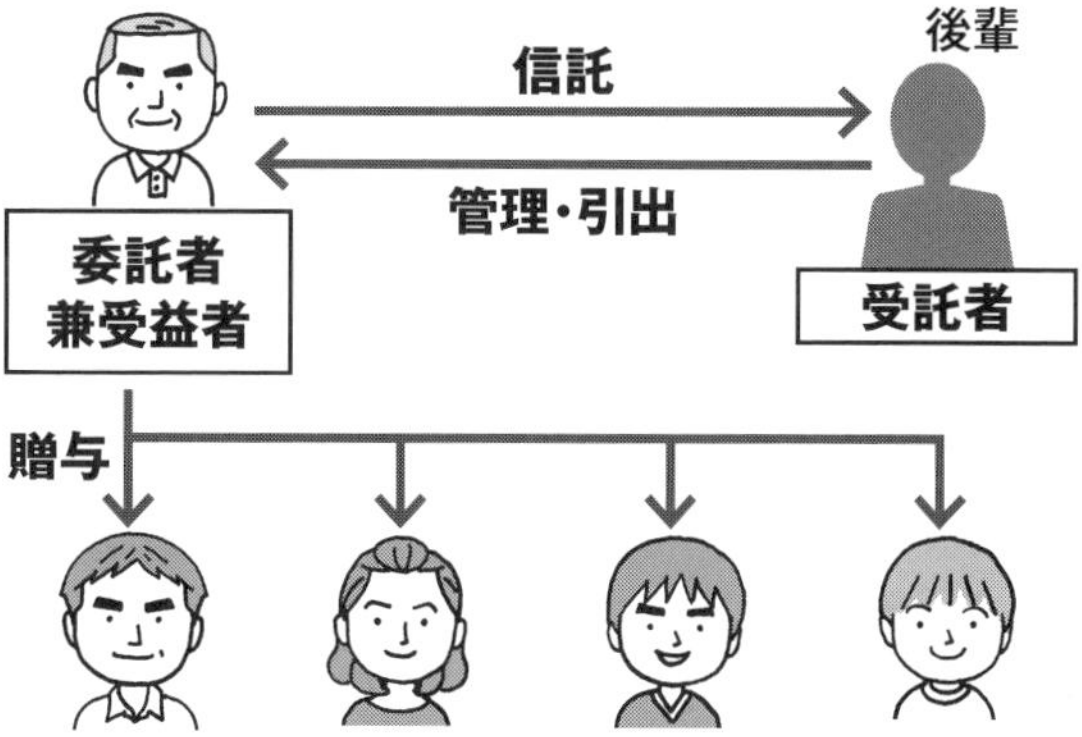

【信託実行時】

信夫の判断能力が低下してからは、信頼できる友人である受益者代理人が、信夫に代わって受託者に贈与の指示をする。信夫の願いをくみ取り、なおかつ課税状況にも注意しながら的確な贈与の指示をする。

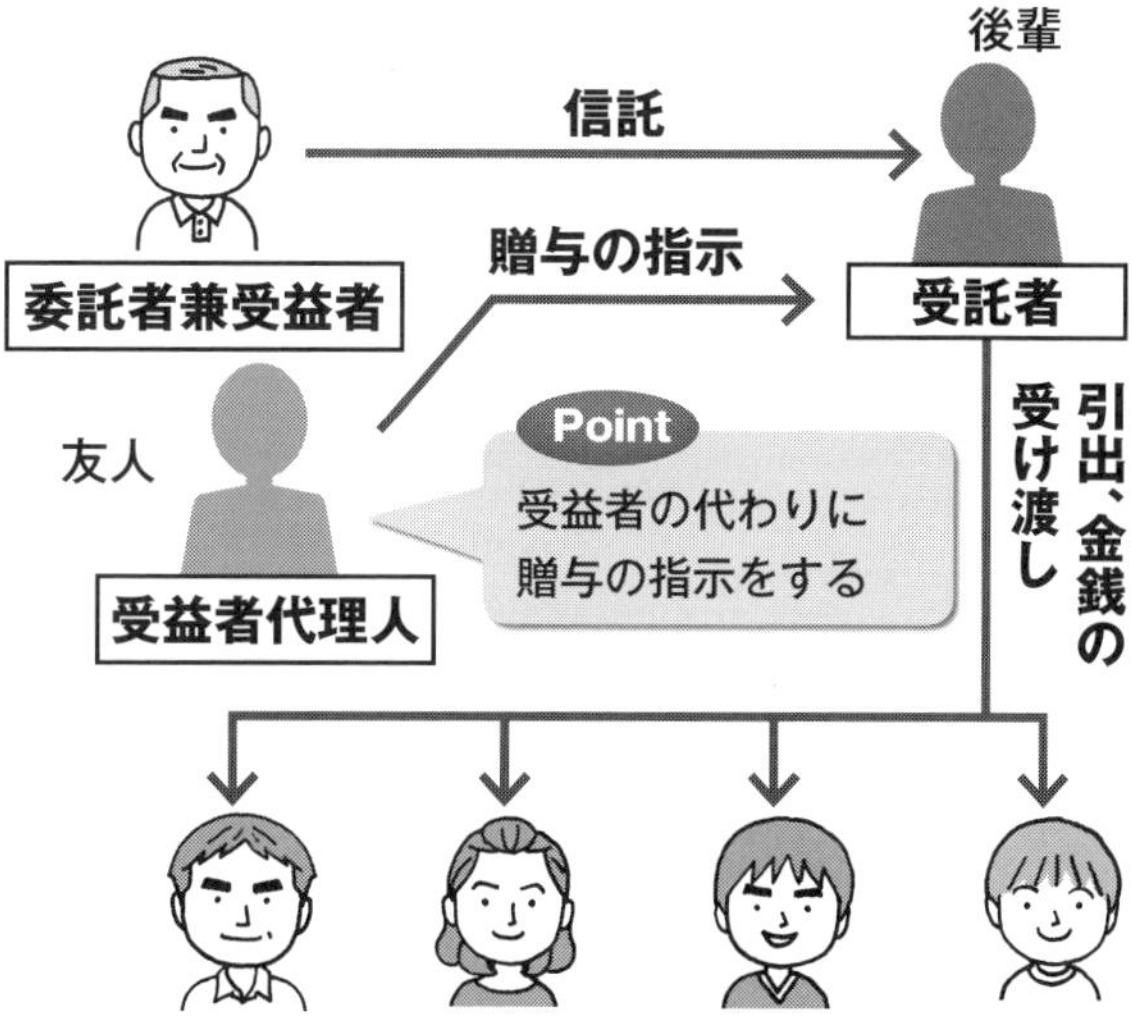

※信託した時点では財産の所有権が移転していないので、贈与税は課税されません。

【信夫の死亡時】

委託者である信夫の相続開始をもって信託は終了する。残りの財産は、遺言書の通りに分ける。

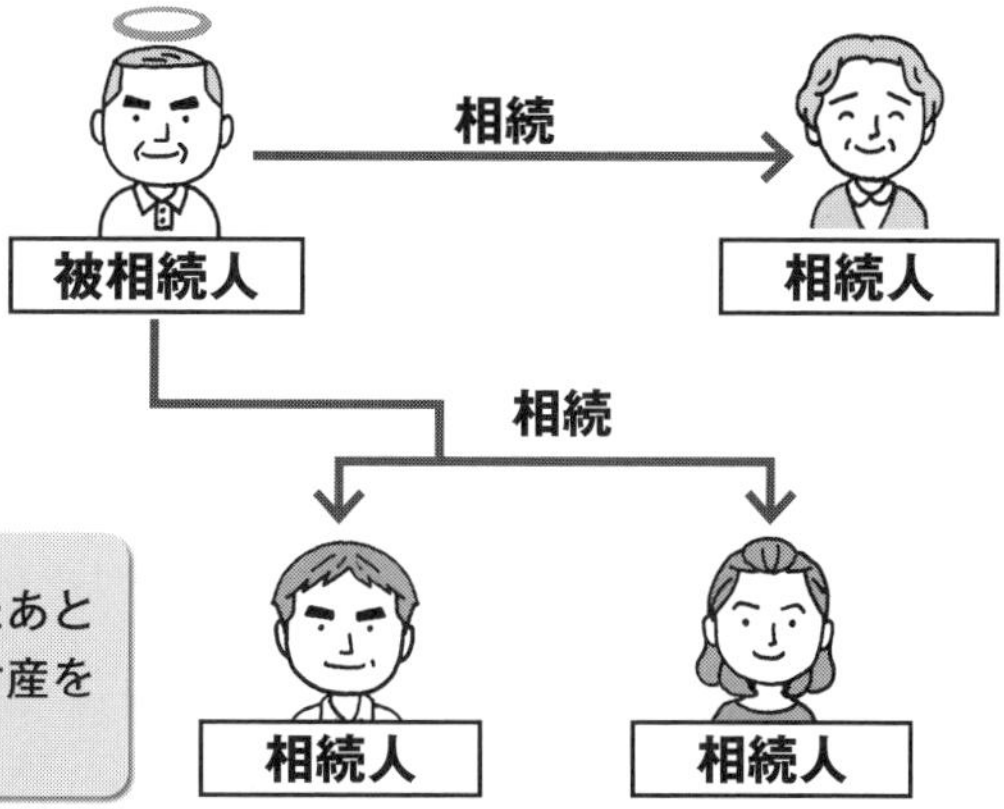

Point

亡くなる前も亡くなったあとも、自分の思い通りに財産を分けられる

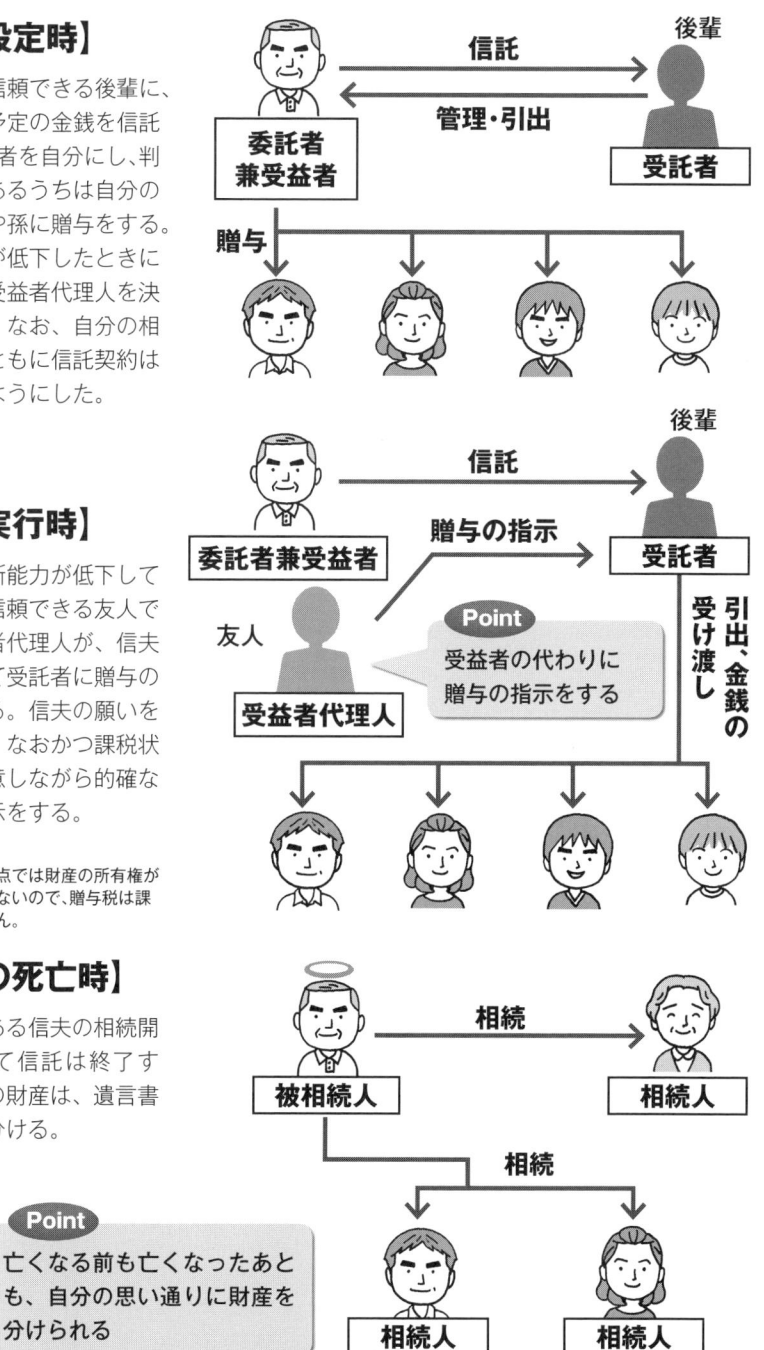

家族信託の活用例

④家督承継信託

直系の親族だけに代々伝わる財産を譲り渡す

孫やひ孫にも継がせることができる

〈もし佐藤家だったら……〉 家系図の全体像はP12

代々家督相続をしたい

佐藤家は代々続く地主の家です。信夫は、先祖が守り継いできた土地や家屋、墓などを、直系の子孫に引き継いでいきたいと考えています。
子や孫の配偶者の親族の手に渡ったり、兄弟姉妹同士で相続争いになったりして、家の存続が危ぶまれることに不安があります。

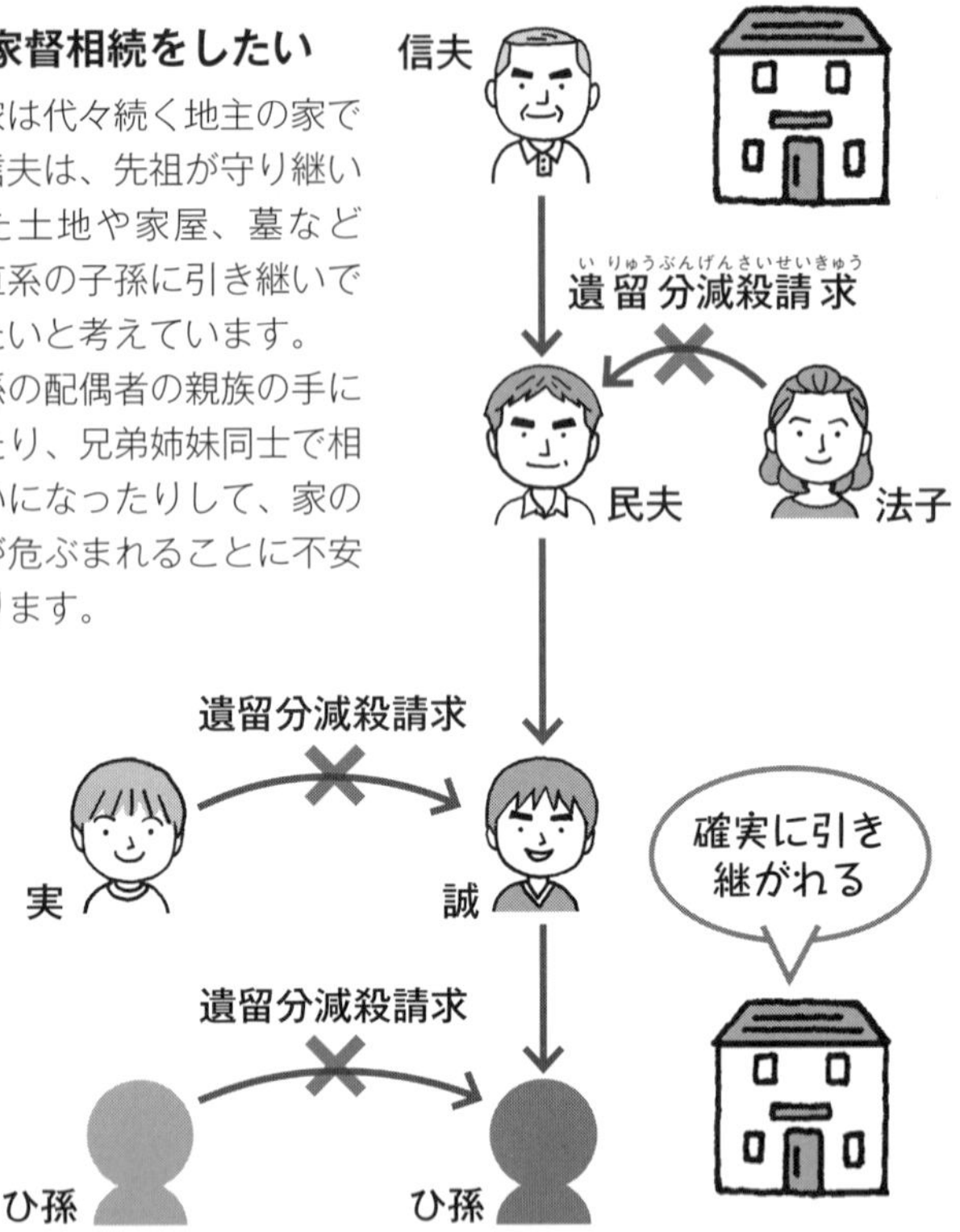

家族信託を使えば、土地や家屋などを直系の子孫に代々継がせたいという願いを実現できます。

遺言書で指定できるのは次の相続人までで、何代も先の相続人を指定することはできません。相続を重ねるうちに、配偶者の親族に財産が移転することもあります。

家族信託なら、子や孫に加え、将来生まれるひ孫まで、受益者として指定することができます。

ただし、このような信託契約は30年経過した時点での次の受益者で終了します。それ以降も継がせたい場合は、再度契約が必要です。

【信託設定時】

土地を代々引き継がせたいという信託契約は長期にわたる。受託者がいなくなるとその後1年で信託が終了するため、法人を受託者に設定する。土地、建物、墓を信託し、それ以外の財産は遺言書で指定しておく。二次以降の受益者は直系の親族と決めておく。

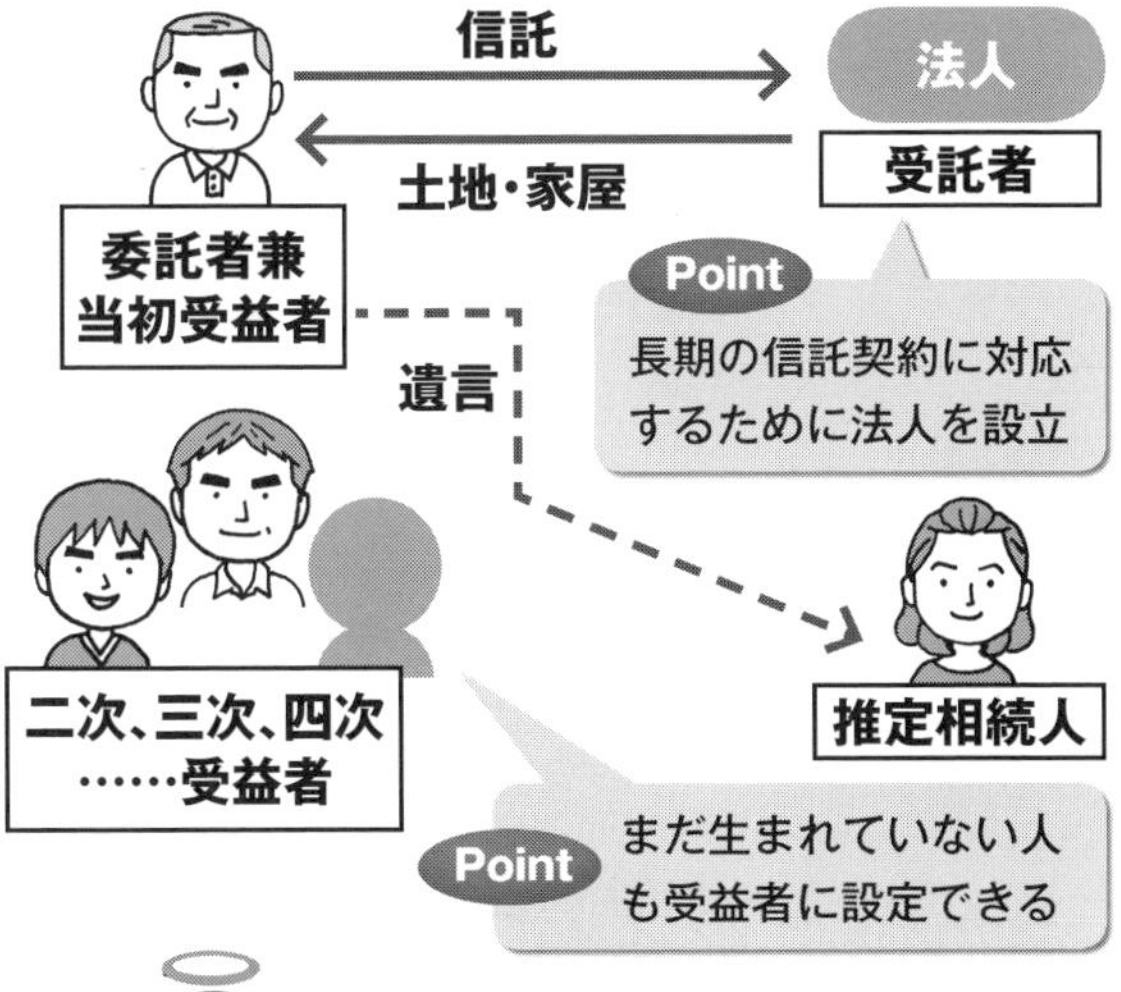

【信夫の死亡時】

受益権は、二次受益者である長男の民夫が承継する。代々伝わる土地や建物、墓を相続したのと同じことになる。

ほかの相続人は、遺言で指定された財産を相続する。

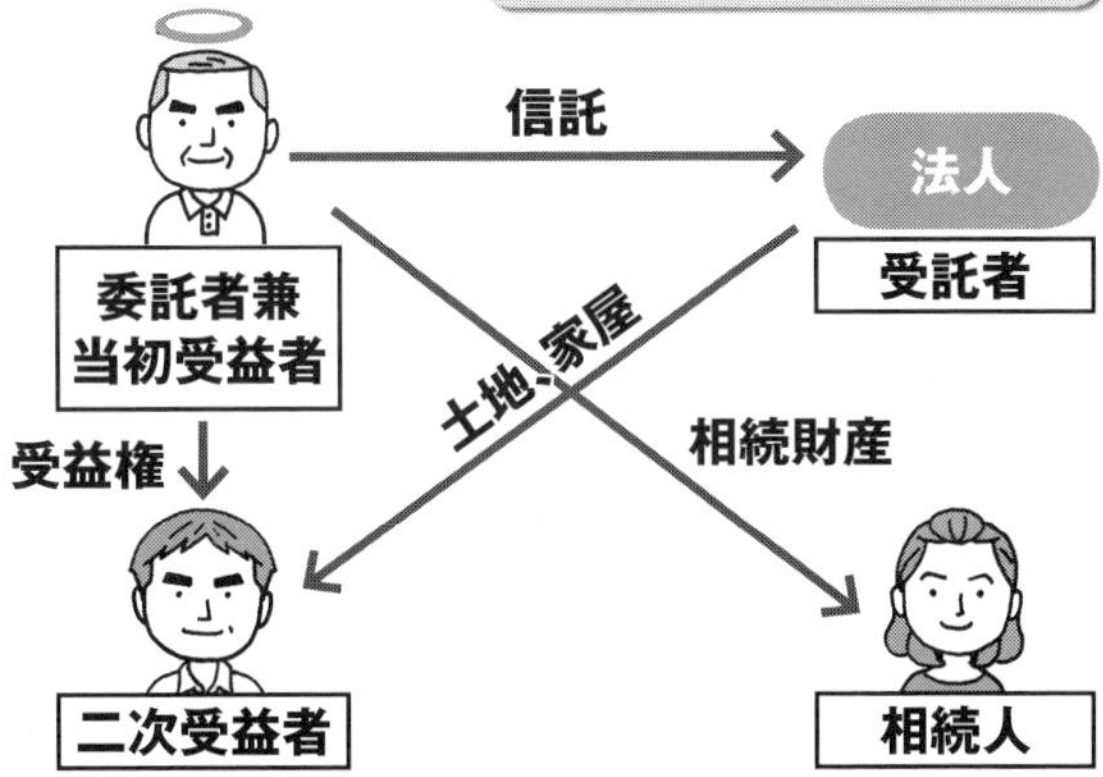

【民夫の死亡時】

「受益者の死亡により、受益権はいったん消滅し、次の受益者に新たな受益権が発生する」という取り決めを信託契約の中に盛り込んでおく。すると、二次以降の受益者は相続で取得したことにはならないので、相続の影響を受けずに済む。

受益者以外の相続人には、遺言書の付言事項で伝えておくのが望ましい。

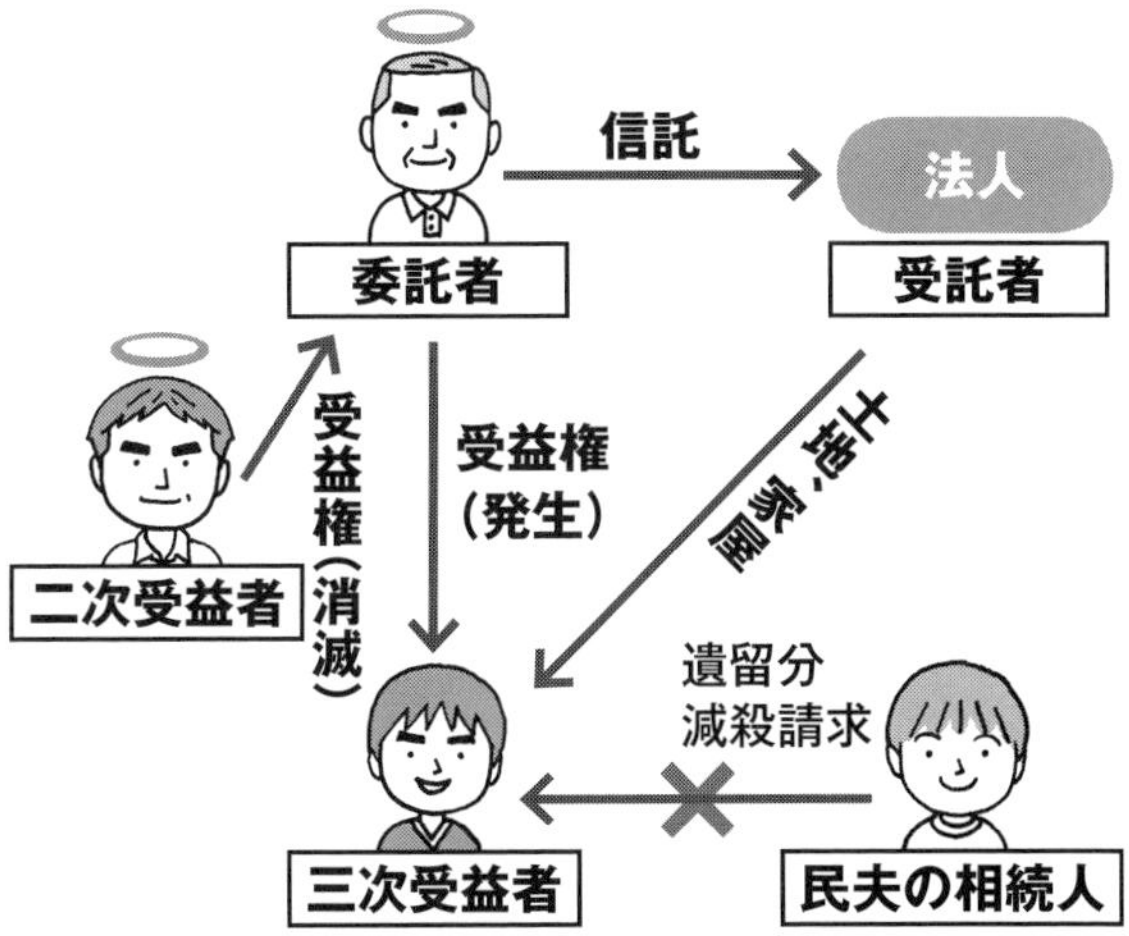

家族信託の活用例

⑤再婚支援信託（ハッピーマリッジ信託®）

再婚夫婦の〝争続〟防止に。お互いの財産を信託する

夫婦の財産を遺留分減殺請求《いりゅうぶんげんさいせいきゅう》から守る

〈再婚したい男女の場合……〉

妻の生活を守り、その後自分の子に相続させたい

ＡさんとＢさんは再婚したい男女です。二人はお互いの生活の面倒を一生見ていくつもりです。それぞれに子がおり、再婚することでお互いの子が相続人になりますが、子はすでに成人しているので、最終的にはそれぞれ自分の子に財産を引き継がせたいと考えています。

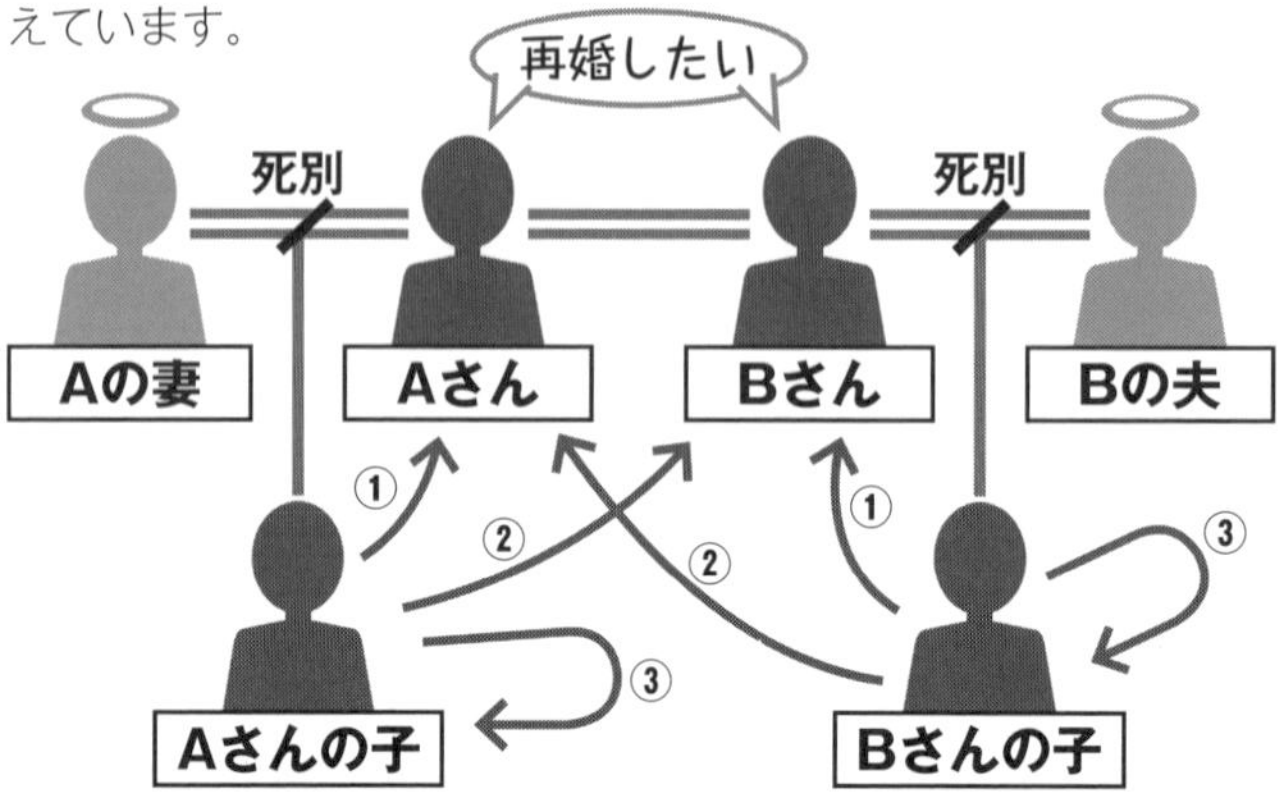

1. 両親を受益者とする信託

実の親を当初受益者（上記①)、亡くなったらその配偶者（再婚相手）を二次受益者とする（②）信託契約を結ぶ。

2. 最終的に実子が承継する

実の親の配偶者（再婚相手）が亡くなったら自分が三次受益者となる（上記③)。結果的に、実の親の財産は実子が承継する。

結婚や再婚、離婚などで家族構成が変わると、財産の相続人や相続分が大きく変わります。

特に、ある程度年齢を重ねた二人が再婚する場合、夫婦が各々で形成してきた財産があったり、それぞれに子がいたりすると、相続関係が複雑になります。

夫婦の一方が亡くなると、もう一方の子にも相続権が発生するため、財産の取り合いになることが十分に起こりうるのです。

最終的に実の子に財産の受益権がいくような信託契約をすることで、それを避けることができます。

【信託設定時】
※ここでは仮にA→Bの順で亡くなった場合を想定する。AとBが入れ替わっても同様。

AさんはAさんの子を受託者として、自宅不動産を信託した。Aさんが生きているときは、自身が受益者として自宅不動産を利用する権利をもつ。信託財産以外の財産（金銭など）は遺言書でBさんと、Aさんの子の相続分を指定しておく。

- 信託（Aさん 委託者兼当初受益者 → Aさんの子 受託者）
- 自宅の利用権
- 信託契約と遺言書で、すべての財産の帰属先を指定しておく

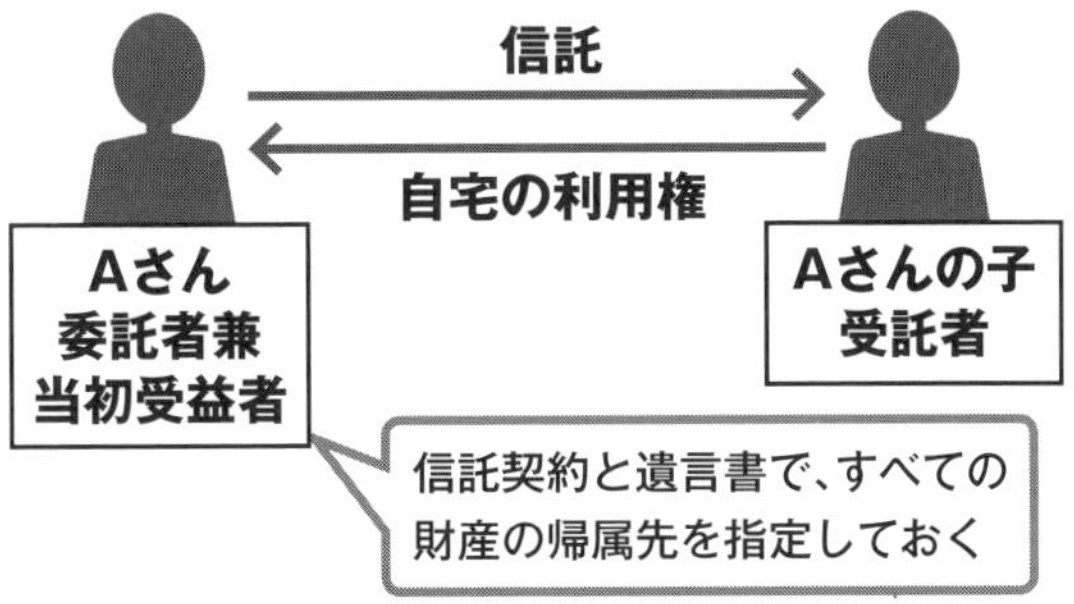

【Aさんの死亡時】

受益権（自宅を利用する権利）が二次受益者の妻Bさんに移動する。Bさんはほかにも、Aさんの遺言書にしたがって金銭を相続するため、住居と生活費を確保でき、安心して生活できる。

- 信託＋Bさんに相続させる以外の財産（(亡)Aさん 当初受益者 → Aさんの子 受託者）
- 受益権＋生活費（(亡)Aさん → Bさん 二次受益者）
- 自宅の利用権（Aさんの子 受託者 → Bさん）
- **Point** Bさんは確実にAさん宅に住み続けることができる
- 信託＋遺言書で、Bさんの子へ財産を相続させる旨を指定しておく

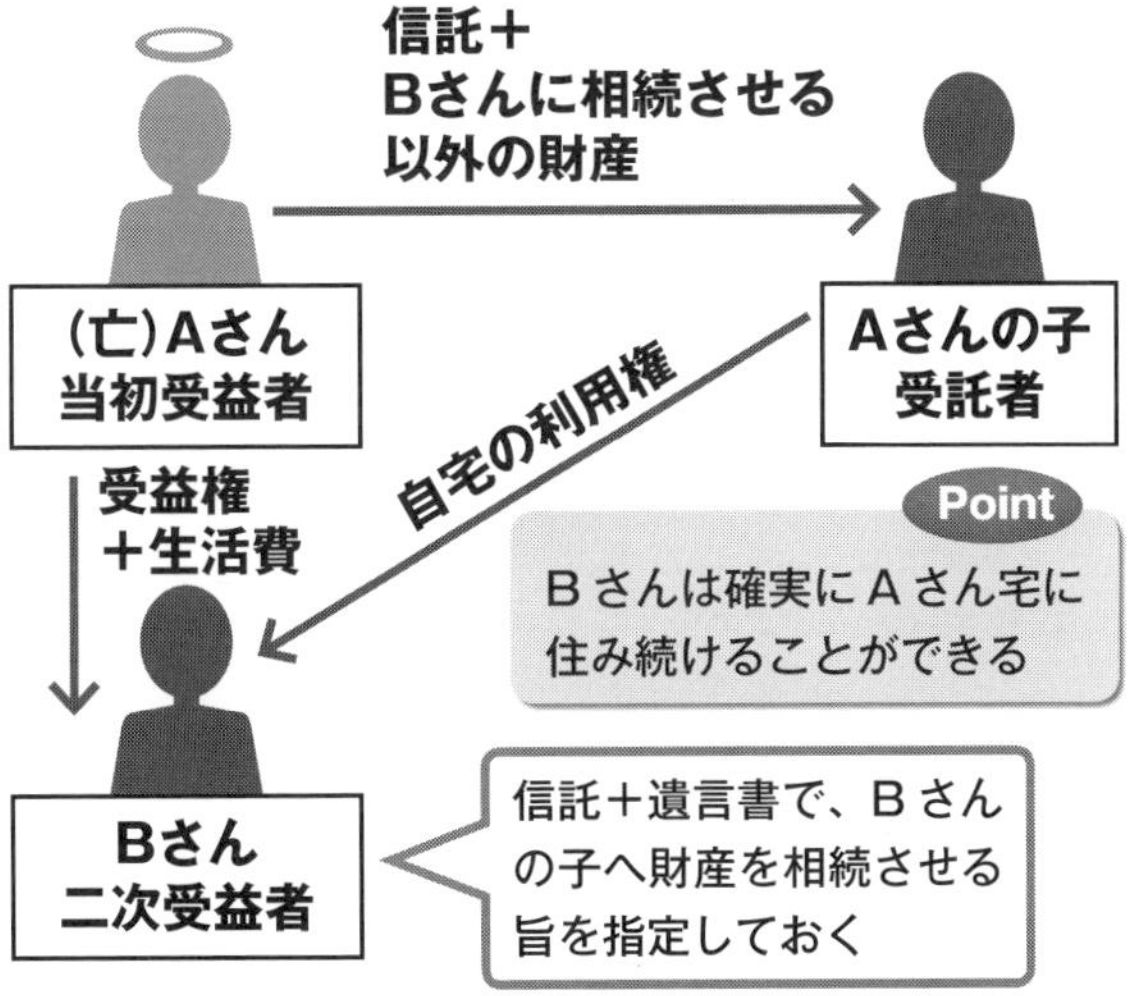

【Bさんの死亡時】

受益権（自宅を利用する権利）は、三次受益者であるAさんの子に移動する。自宅不動産はA家に戻ることになる。この目的が達成された時点で信託終了とする（ブーメラン型契約）。

Point お互いの財産が相続で混じり合うことなく、それぞれ相続される

- 信託（(亡)Aさん 当初受益者 → Aさんの子 受託者兼三次受益者）
- 受益権・自宅の利用権（(亡)Bさん 二次受益者 → Aさんの子）
- Bさんの財産（(亡)Bさん → Bさんの子 相続人）

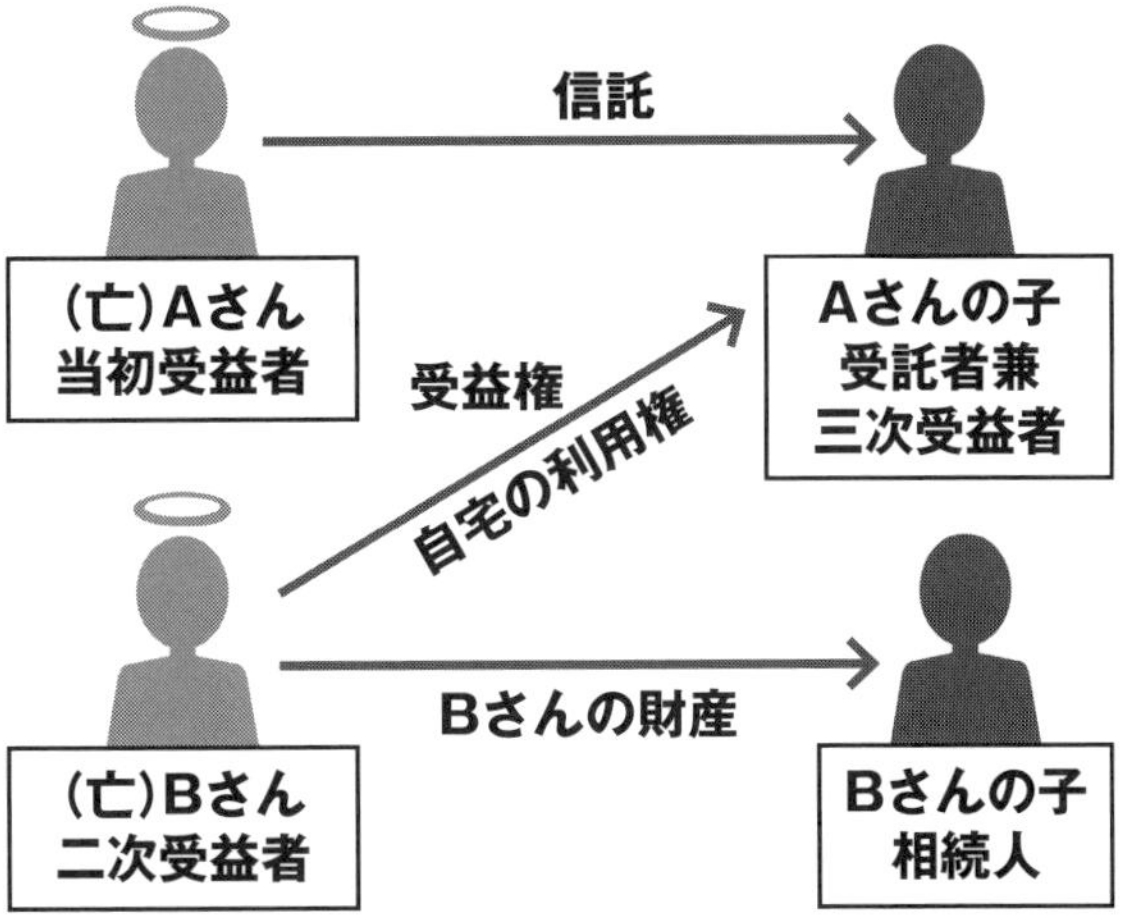

家族信託の活用例

⑥障害者福祉信託

自分の亡きあともわが子を一生養うことができる

財産を遺したい相手が、自分で財産の管理をするのが難しい場合は、家族信託で受託者に財産管理を依頼しておくと効果的です。

たとえば、認知症の配偶者や、精神障害のある子などを受益者とし、ほかの信頼できる家族を受託者とします。金銭や賃貸マンションなどの収益不動産を信託し、そこから生活費や医療費、施設への入居費などを支出してもらいます。

このような信託契約によって、自分の判断能力が低下したり、亡くなったあとでも、家族の生活を守ることができるのです。

子の兄弟姉妹に財産管理を任せる

〈障害のある子がいる場合……〉

その子が確実に利益を受けられるようにしたい

Cさん、Dさん夫妻にはEさんとFさんという2人の子がいます。Fさんは精神障害があり、夫妻がずっと面倒を見ています。Cさんは、所有する賃貸マンションの運営と、その家賃収入でFさんの面倒を見ることを、Eさんに頼みたいと考えています。

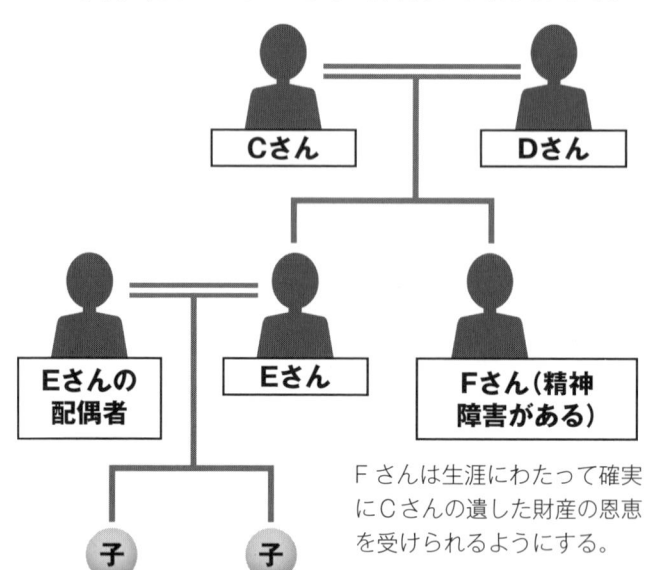

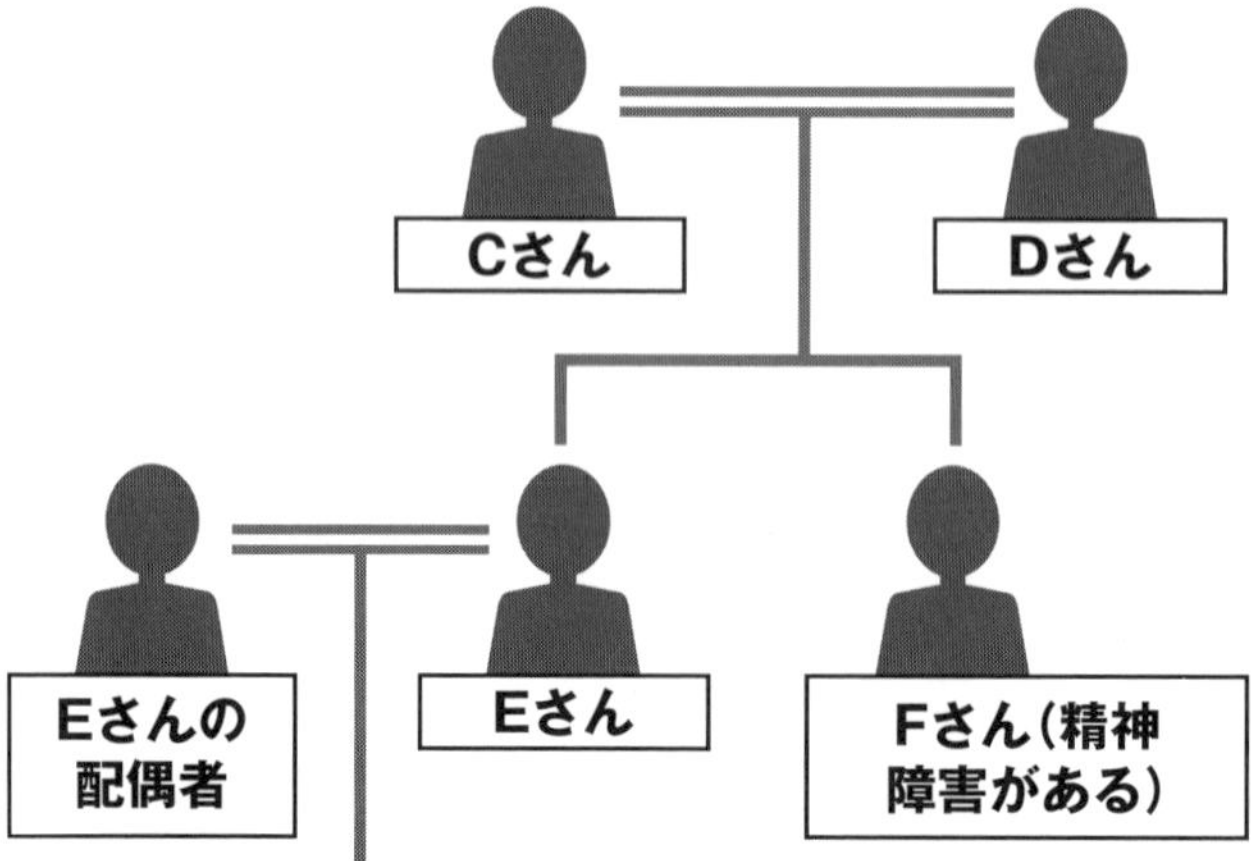

Fさんは生涯にわたって確実にCさんの遺した財産の恩恵を受けられるようにする。

● Cさん、Dさん夫妻の財産

信託対象財産	Eさんに相続させる財産
賃貸マンション　2億円 （家賃収入200万円／月）	自宅不動産　2,000万円 預金　　　　1,000万円 その他一切の財産

結果的にはすべての財産をEさんに任せることになる。そのうちFさんの生活に必要な費用を、Fさんに代わってEさんが支出する。

【信託設定時】

Cさんは、子のEさんを受託者として賃貸マンションを信託した。はじめはCさん自身が受益者となって賃貸マンションの収益を受け取り、そのお金で子のFさんを扶養する。Cさんの判断能力が低下したり、Cさんが亡くなってFさんに受益権が移動したときのために、信頼できる知人を受益者代理人に選任しておく。

Cさん　委託者兼当初受益者　――信託→　Eさん　受託者
　　　　　　　　　　　　　　←マンション管理――
↓扶養
Fさん　被扶養者

受益者代理人
受益者の判断能力が低下している場合に、受益者の代わりに財産の権利を守る。

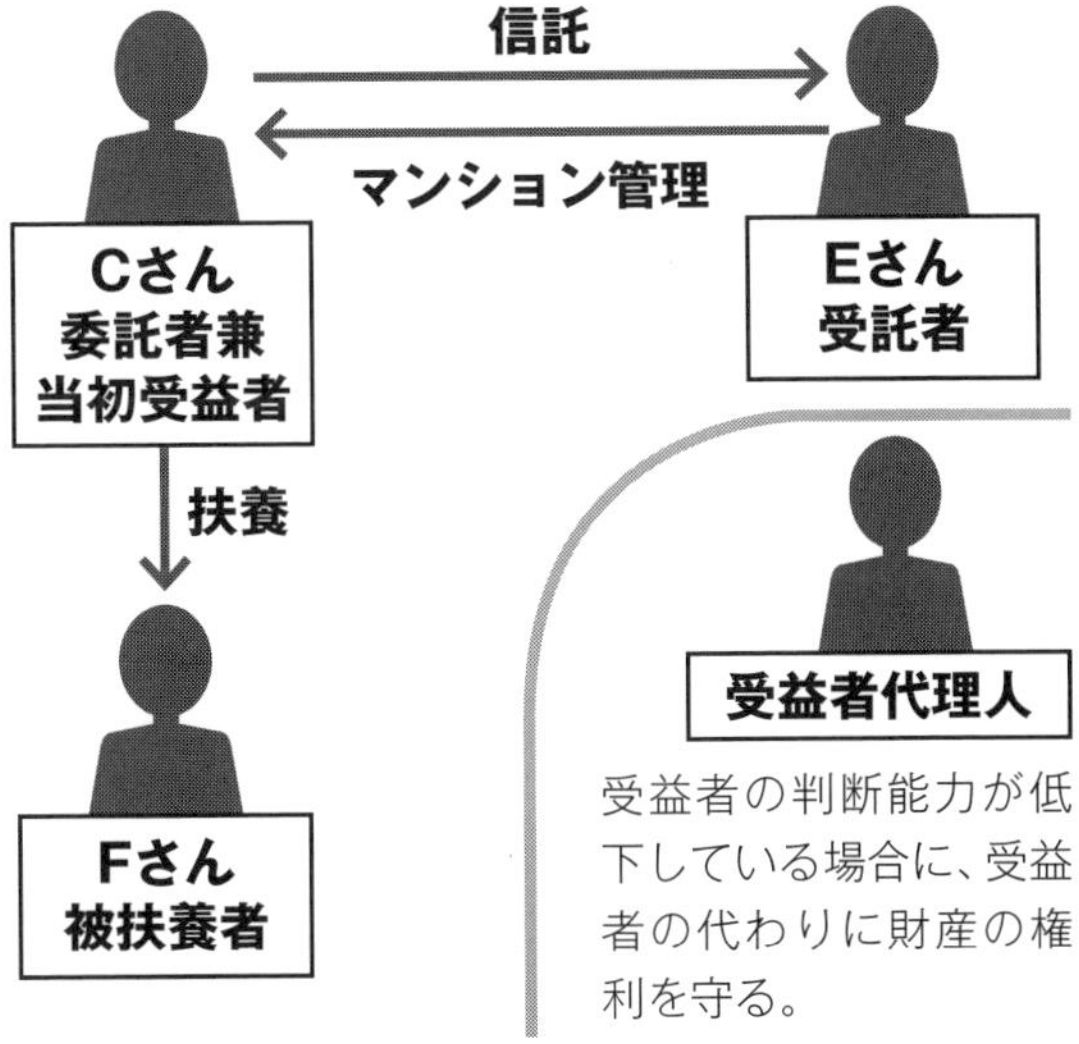

【Cさんの死亡時】

Cさんが亡くなった時点でFさんに受益権が移動する。受益者代理人である知人が、Eさんの信託財産管理を監督し、生活費の支払いを求める。EさんがFさんの入居する施設の入居料や日々の生活費を、マンションの収益から支出する。

Cさん　当初受益者　――信託→　Eさん　受託者
↓受益権　　　　　　　　　　　↑監督、生活費支払いの依頼
Fさん　二次受益者　←生活費支払い――
　　　　　　　　　　受益者代理人

第四章　自分から子・孫の代までカバー。あらゆる相続問題を生前にクリア――家族信託――

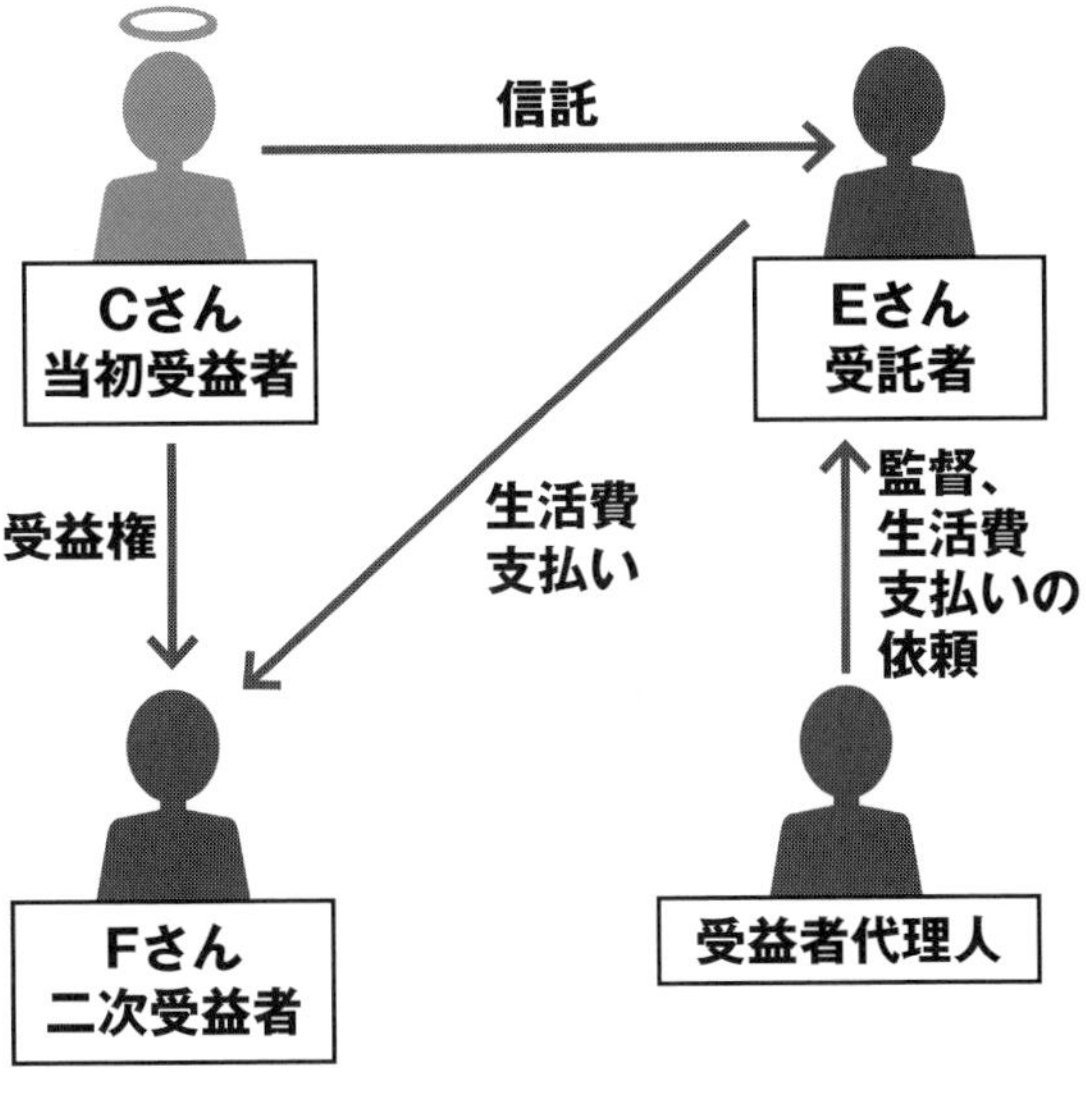

信託契約の開始と終了

契約書などによって開始。目的が達成されると終了

信託の設定方法は３種類ある

①生前に、契約によって開始する

信託契約

委託者と受託者の契約によって信託が開始する。信託の目的、財産の管理・処分方法に関する取り決めをし、双方が合意する。通常は信託契約書を作成する。
信託契約書の内容は自由に決められるため、実際に信託行為が始まる時期は自由に決められる。

②亡くなってから開始する

遺言による信託

遺言書で指定された財産を信託財産として、その管理や処分するよう依頼する。受託者に指定された人が拒否すると、家庭裁判所によって選任された人が受託者となるため、当初の目的を果たせるとは限らない。

③自分で宣言すると開始する

自己信託

自分の財産の一部を、自分が受託者となって区別して管理することをいう（P139）。
他者との契約ではなく、公正証書による「信託宣言」を行うことで信託が開始し、自己信託をした状態となる。

信託の設定方法は、契約書、遺言書、信託宣言の3つがあります。契約書が一般的です。

契約書による設定なら、契約内容、契約開始時点、契約の終了事由を、当事者同士で自由に決めることができます。

ただし、信託契約の目的が達成されたり、信託財産や信託の登場人物に著しい不足があり、信託を続けられなくなると、信託は終了します。

信託契約が終了したあとは、財産の清算、余った財産の分配などの処理をします。

条件に当てはまると、信託は終了する

“願い”に関して

- 信託の目的が達成された
- 委託者と受益者が、信託を終了する旨で合意した
- 信託の目的が達成されないことが確定した

契約内容に関して

- 別の信託契約と一緒になって新たな信託が形成された
- 信託契約によって任意で決めた条件が発生した
- 信託法で定められた信託の終了事由に該当する

いずれかに当てはまると

信託終了

清算手続き、残った財産の処理をする

信託財産に関して

- 信託財産が不足したために受託者が信託を終了した
- 信託財産について、破産手続きが開始された
- 委託者が破産手続き開始決定を受け、信託契約が終了または解除された

信託に登場する人に関して

- 受託者がすべての受益権を取得して1年が経過した
- 受託者がいない状態が1年以上経過した
- 遺言によって設定された受益者も信託監督人もいない信託が1年以上経過した

COLUMN

「遺言による信託」、「遺言代用信託」、「遺言信託」の違いを理解する

「遺言による信託」という信託の設定方法を紹介しました（右ページ）。呼び方が似ているものに「遺言代用信託（P144）」があります。これは信託の形式の一つで、委託者の相続時に特定の人に受益権が移動するという、遺言と似た作用をもたらすものです。さらに、信託銀行などが扱う商品に「遺言信託」があります。遺言書を信託銀行などに預け、その内容を執行してもらうもので、これは信託行為ではありません。混同しないように注意しましょう。

信託契約書

家族信託契約書を作成し、信託契約の存在を証明する

家族信託は、当事者同士の合意のみで契約が成立します。

しかし、信託契約が長期間になることもあり、その間に相続が起こって遺産分割協議をすることになった場合、契約書で信託契約の存在を証明する必要があります。

家族信託の契約書にひな型はなく、各家庭に合わせて作成されます。公正証書か、公証人の宣誓認証を受けた文書が最適です。

さらに、信託財産が不動産である場合は登記も必要です。手続きは家庭ごとに異なりますが、必要なことを確実に行いましょう。

家族信託の契約手続きの流れ

①現状の整理・信託の設計

信託の基本方針は、委託者の願いや目的を明確にすることで決まる。財産内容や人間関係について整理する。

やること
- □願い、目的のリストアップ
- □家系図の洗い出し
- □財産目録の作成
- □専門家への相談

↓

②信託契約書の作成

①で把握した情報を、信託契約書にまとめる。必要に応じて公証役場で手続きをする。

やること
- □関係者の合意を得る
- □専門家による内容の検証
- □契約書への署名、捺印
- □公証役場での手続き

↓

③登記、関係機関への通知

信託財産に不動産が含まれる場合などは、別途、登記の申請を行う。

やること
- □信託不動産の登記
- □金融機関への通知
- □信託口座の開設
- □税務署への届出

↓

完了 信託財産の管理・運営をする

基本の項目を、信託の内容に応じて変える

●信託契約書に盛り込む項目例

信託契約書

委託者○○○○（以下、甲という）は、財産の管理・運用・処分を目的として、本契約書の第２条に記載された財産を信託し、受託者○○○○（以下、乙という）はこれを受託しました。

①
第１条（信託の目的）
本信託契約の締結により、甲の判断能力が低下したり、死亡したりした場合でも、その財産を乙が管理・運用することによって、甲の意思が尊重され、財産が代々受け継がれることが本信託契約に込められた願いです。

②
第２条（信託の目的財産）
本信託契約における信託の目的財産は、下記の通りとします。

～省略～

③
第３条（信託不動産の管理・運用及び処分の方法）
乙は、本信託契約に特段の定めがある場合を除き、次の方法により、信託不動産を管理・運用・処分します。

～省略～

④
第○条（甲の身上監護への配慮）
乙は、甲の身上監護に努め、甲が心身ともに健やかに過ごせる環境を整えなければなりません。

⑤
第○条（受益者）
本信託契約の当初受益者は甲とします。

～省略～

⑥
第○条（受益権）
甲死亡後の受益者につき、次の通り定めます。
1．本信託契約の受益権は相続によって承継されないものとし……（省略）

～省略～

⑦
第○条（受益権の内容）
本信託契約の受益者は、信託不動産の賃料、売却代金等、信託不動産より発生する経済的利益を受けることができます。

～省略～

⑧
第○条（信託の終了）
本信託契約の終了事由は下記の通りとします。

～省略～

- □**①信託の目的**
  委託者の願いを述べる。
- □**②信託の目的財産**
  信託対象となる財産を指定する。
- □**③信託財産の扱い方**
  ②で指定した財産の管理・運用・処分方法を明記する。
- □**④委託者への配慮**
  委託者の生活環境を整えるよう書き添えておく。
- □**⑤受益者**
  契約書を交わした時点での受益者を指定する。
- □**⑥受益権**
  受益権の移動の条件を定める。
- □**⑦受益権の内容**
  受益者が受けることができる利益の内容を具体的に記載する。
- □**⑧信託の終了**
  信託が終了する事由を定める。

★ほかにも、信託財産や信託契約内容の変更に関するルール、信託終了後の財産の帰属先なども決めておくとよい。

その他の家族信託の活用例

ペットや伝統家屋も。家族信託で守れるものはまだある

第四章では、家族信託の６つの活用法を紹介しました。ほかにも、家族信託はより細分化されたニーズにも応えることができます。社会状況に応じて利用の幅が広がり、家族信託はますます注目されています。

願い	名称	信託の設計
「法的な婚姻関係でなくても、相続においては夫婦同然の扱いをしたい」	**法律外婚姻支援信託**	双方が、自分を委託者兼当初受益者、相手を受託者兼二次受益者とする信託契約を結ぶ。
「自分の亡きあとも、ペットには幸せに天寿をまっとうしてほしい」	**ペット信託®**	受託者にペットと金銭を信託し、自分の代わりにその金銭を使って世話をしてもらう。
「浪費家の子に一括で財産を渡すのは不安。誰かに間に入ってほしい」	**生活再建支援信託**	金銭を受託者に信託し、二次受益者である金銭援助が必要な子に、必要な金額だけ渡してもらう。
「独居でも、葬儀や手続きを誰かに頼みたい」	**永代供養信託**	自分を委託者兼当初受益者とし、受託者に金銭を信託する。亡くなったあとは、そのお金で葬儀や永代供養などの手続きをしてもらう。
「今は子がいないが、代々伝わる壺や掛け軸を他人の家の財産にしたくない」	**特定財産保全信託**	自己信託によって、財産を区別する。受益者は将来生まれる子とし、生まれなかった場合の予備受益者として美術館などを指定しておく。
「自分の家を、街づくりや景観整備の目的で守りながら運用したい」	**伝統的家屋保全・利用信託**	自分を委託者兼当初受益者、新設した法人を受託者とし、法人名義で改修や賃貸を行う。相続等で他人の手に渡って取り壊されることなく、家屋が保存される。

巻末特集

今後の資金計画を左右する
今さら聞けない年金・保険 Q&A

今後の大切な収入源である年金や、高額になりがちな医療費の支払いを助けてくれる健康保険も、今後のお金の管理に関わってきます。基本的な仕組みを Q&A 形式でチェックしてみましょう。

Q&A　年金編

Q1. 年金制度をもう一度おさらいしたい。

➡A1（P163）へ

Q2. 年金は、ある程度の年齢で必ずもらえるんですよね？

➡A2（P164）へ

Q3. 年金はいつからもらえるのですか？

➡A3（P165）へ

Q4. 年金受給開始を早めたり遅らせたりできますか？

➡A4（P166）へ

Q5. 年金額はどうやって調べたらいい？

➡A5（P167）へ

Q6. 家族がいると年金が増えるの？

➡A6（P168）へ

Q7. 定年後も働けば、年金と給与でダブルの収入!?

➡A7（P169）へ

Q8. 年金額が少ない……増やす方法はないの？

➡A8（P170）へ

Q&A　健康保険編

Q9. 健康保険の仕組みをおさらいしたい。

➡A9（P171）へ

Q10. 勤め人の健康保険って、どう切り替わるの？

➡A10（P172）へ

Q11. 医療費や介護費で高額出費……どうしよう！

➡A11（P173）へ

制度の確認

今後の大切な収入〝年金〟と支出に関わる〝健康保険〟を理解していますか？

今後の計画に不可欠な２つの社会保障

医療費などの支出を抑える
健康保険

年齢を重ねると医療費や介護費の支出がかさみがちです。健康保険のおかげで、年齢が上がるにつれて自己負担額が少なくなります。高額療養費なども知っておきましょう。

【要チェック！】

- 退職したら加入する保険は変わる
- 自己負担額は 70 歳、75 歳で変わる（原則）
- 高額な医療・介護費は還付を受けられる

今後の家計を支える
年金

多くの人にとって今後の収入の大部分を占めます。所得額や生年月日によって、受け取れる年金額が変わります。年金の仕組みは必ずチェック。

【要チェック！】

- 65歳から支給される（原則）
- 生年月日によって支給時期や金額が異なる
- 受給資格を満たす加入期間が短くなる
- 家族構成や就業状態によって年金の減額・増額がある

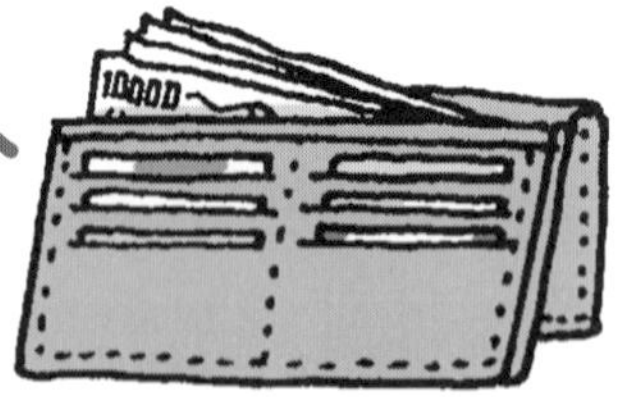

平成25年国民生活基礎調査（厚生労働省）によると、高齢者世帯の一世帯あたりの所得の約7割は公的年金が占めています。さらに、高齢者世帯のうち約6割は、公的年金の収入のみで生活しています。

多くの人にとって、年金は今後の生活になくてはならない大切な収入源なのです。

そして、年金からも保険料が天引きされ、医療費の自己負担額を抑える大きな役割を担っているのが、健康保険です。

今後の生活設計の重要な基盤となる社会保障の仕組みを、再確認しておきましょう。

年金編

Q1. 年金制度をもう一度おさらいしたい。

A1. 制度は2階建て構造。働き方などで年金の種類が変わる。

巻末特集　今後の資金計画を左右する　今さら聞けない年金・保険Q&A

日本の公的年金制度は、20歳以上のすべての人が加入する国民年金（基礎年金）の部分と、会社員や公務員が加入する厚生年金の2階建て構造になっています。退職や転職をすると加入する年金の種類が変わることもあります。必要に応じて確認や手続きをします。

受給開始年齢になると、加入期間に応じて算出される基礎年金と、会社員や公務員は報酬に応じて算出される厚生年金が受け取れます。

国民年金基金に任意で加入したり、会社によって設けられている企業年金などに加入している場合は、年金額が増えます。

基本は2階建て構造で成り立つ

- 任意：国民年金基金
- 任意：企業年金など
- 厚生年金
- 国民年金（基礎年金）
  - 第1号被保険者 ─ 自営業者、学生など
  - 第2号被保険者 ─ 会社員、公務員など
  - 第3号被保険者 ─ 第2号被保険者に扶養されている配偶者

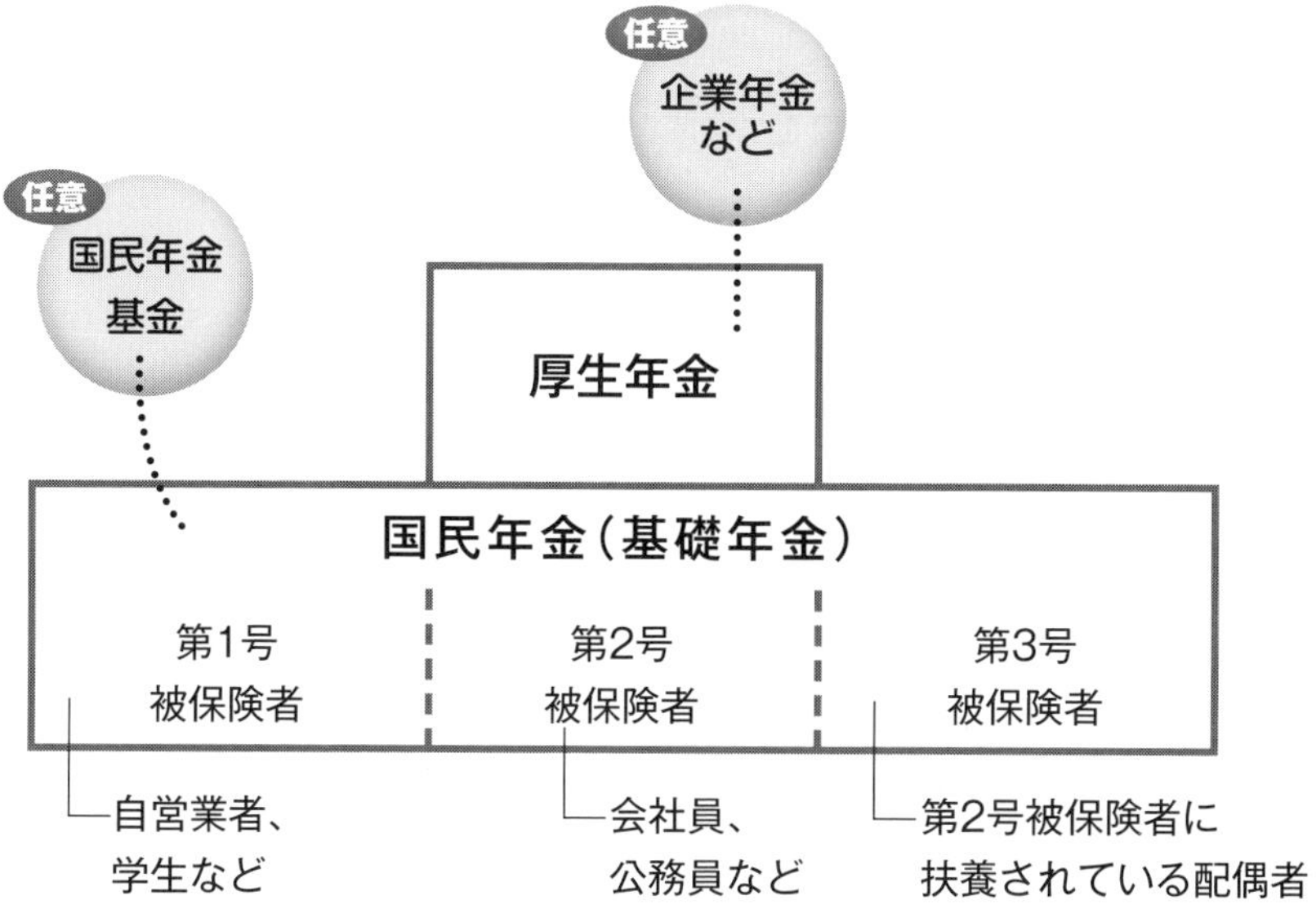

☑ チェック
☐ あなたの加入している年金の種類は？＿＿＿＿＿＿＿＿＿＿

Q2. 年金は、ある程度の年齢で必ずもらえるんですよね？

A2. 受給には条件がある。加入期間を満たさないともらえない。

20歳から60歳まで加入する

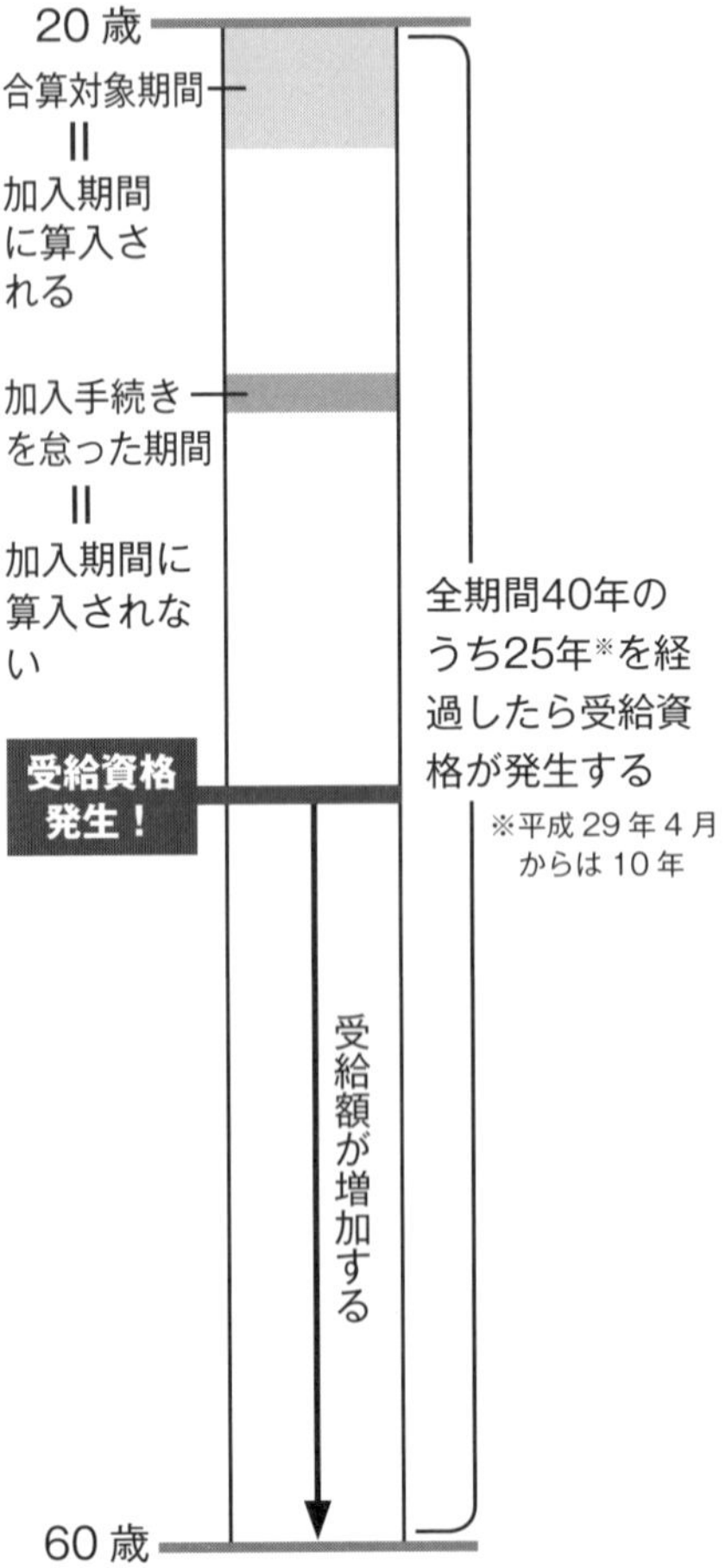

20歳から60歳までの人はすべて公的年金に加入することになっています。40年のうち25年（平成29年4月からは10年）加入すると受給資格を取得します。

加入期間に応じて年金額は増えていき、40年間加入すると、満額の基礎年金を受け取ることができます。受給資格にかかわる加入期間と、受給額を左右する保険料を納付した期間は、扱いが異なるので注意が必要です（下表）。

●期間の扱い

期間	概要	算入
納付済期間	国民年金に加入し、保険料を納付した期間。	○
保険料免除期間	収入減や失業、学生だったために保険料を納付していない期間など。	○
合算対象期間	昭和61年3月以前に国民年金に任意加入できる人が加入していなかった期間など。	○
未納期間	保険加入や保険料免除の手続きをしていない期間。	×

☑ チェック

□あなたの年金の加入期間は？＿＿＿＿＿＿年＿＿＿カ月

年金編

Q3. 年金はいつからもらえるのですか？

A3. 支給開始年齢は、生年月日によって異なる。

国民年金（基礎年金）は、原則として65歳から支給開始です。厚生年金は、60歳だった支給開始年齢が65歳に段階的に引き上げられており、生年月日によって異なります。

65歳になるまでの間は、特別支給の厚生年金を受け取ることになります。受給の際には請求が必要です。

●特別支給の厚生年金の内訳

定額部分

生年月日に応じた率と加入期間の月数を用いて算出される。

報酬比例部分

平均月収に加入期間の月数と一定割合をかけて算出される。個人の現役時代の収入額によって変わる。

男女5歳差で、支給開始年齢が上がる

<table>
<tr><th colspan="2">生年月日</th><th colspan="3">支給開始年齢</th></tr>
<tr><th>男</th><th>女</th><th>報酬比例部分</th><th>定額部分</th><th>厚生年金＋基礎年金</th></tr>
<tr><td>昭和20年4月2日～
昭和22年4月1日</td><td>昭和25年4月2日～
昭和27年4月1日</td><td rowspan="3">60</td><td>63</td><td rowspan="8">65</td></tr>
<tr><td>昭和22年4月2日～
昭和24年4月1日</td><td>昭和27年4月2日～
昭和29年4月1日</td><td>64</td></tr>
<tr><td>昭和24年4月2日～
昭和28年4月1日</td><td>昭和29年4月2日～
昭和33年4月1日</td><td rowspan="6">廃止</td></tr>
<tr><td>昭和28年4月2日～
昭和30年4月1日</td><td>昭和33年4月2日～
昭和35年4月1日</td><td>61</td></tr>
<tr><td>昭和30年4月2日～
昭和32年4月1日</td><td>昭和35年4月2日～
昭和37年4月1日</td><td>62</td></tr>
<tr><td>昭和32年4月2日～
昭和34年4月1日</td><td>昭和37年4月2日～
昭和39年4月1日</td><td>63</td></tr>
<tr><td>昭和34年4月2日～
昭和36年4月1日</td><td>昭和39年4月2日～
昭和41年4月1日</td><td>64</td></tr>
<tr><td>昭和36年4月2日以降</td><td>昭和41年4月2日以降</td><td></td></tr>
</table>

☑ **チェック**

□あなたはいつから年金をもらえますか？＿＿＿＿＿＿＿＿歳

年金の支給開始の引き上げにより、無収入になる期間が　ある□　ない□

Q4. 年金受給開始を早めたり遅らせたりできますか？

A4. 受給開始年齢は調整できる。繰り上げ・繰り下げを選択できる。

　年金は、原則としてQ3（P165）で紹介した受給開始年齢から受け取れます。ただし、希望すれば、原則の受給開始年齢よりも繰り上げ・繰り下げることができます。

　繰り上げは60歳から65歳になるまで可能です。繰り上げると年金額は減額、65歳以降に繰り下げると増額されます。

　繰り上げ・繰り下げ請求をした時点に応じて年金の減額率・増額率が決まり、その後変更はできません。

年金の減額率、増額率のめやす

●繰り上げた場合の減額率（基礎年金、全部繰り上げの場合）

※厚生年金は別途計算方法がある

年齢	減額率
60歳0カ月～11カ月	30.0%～24.5%
61歳0カ月～11カ月	24.0%～18.5%
62歳0カ月～11カ月	18.0%～12.5%
63歳0カ月～11カ月	12.0%～6.5%
64歳0カ月～11カ月	6.0%～0.5%

減額率＝
0.5%×年金請求月から
65歳になる月の前月までの月数

請求時期が1カ月変わるごとに0.5%の差が出る。

●繰り下げた場合の増額率（基礎年金・厚生年金共通。全部繰り下げの場合）

年齢	増額率
66歳0カ月～11カ月	8.4%～16.1%
67歳0カ月～11カ月	16.8%～24.5%
68歳0カ月～11カ月	25.2%～32.9%
69歳0カ月～11カ月	33.6%～41.3%
70歳0カ月～	42.0%～

増額率＝
0.7%×65歳になった月から
年金請求月の前月までの月数

請求時期が1カ月変わるごとに0.7%の差が出る。

☑ **チェック**

□いつから年金をもらいますか？＿＿＿＿＿＿＿＿歳＿＿＿＿カ月

□その年齢からもらうと、何%増額、減額しますか？＿＿＿＿＿＿＿＿%

Q5. 年金額はどうやって調べたらいい?

A5. 加入期間と所得金額から算出される。ねんきんネットなどで確認を。

国民年金（基礎年金）の額は、加入している期間に応じて算出されます。一方、厚生年金は、定額部分と報酬比例部分、加給年金（Q6。P168）を足して算出されます。なお、通常そこから所得税や健康保険料が差し引かれます。

受給額は、日本年金機構から届く「ねんきん定期便」やオンラインサービス「ねんきんネット」で確認することができます。

ねんきんネットとは？

日本年金機構が運営しているインターネットサービス。年金番号などの利用者情報を登録すれば、自分の年金記録や受給見込み金額などを確認できる。
●日本年金機構ホームページ
http://www.nenkin.go.jp/

年金の計算方法

※免除の種類などに応じて変わる。

●老齢基礎年金＝

満額の年金額 ✕ $\dfrac{\text{保険料を納めた月数＋(保険料を免除された月数 × 一定割合※)}}{\text{40年(加入可能年数)×12カ月}}$

●老齢厚生年金＝

定額部分 ＋ **報酬比例部分** ＋ **加給年金**

- 定額部分：生年月日に応じて算出される基礎部分（P165）
- 報酬比例部分：現役時代の給与に応じて算出される部分（P165）
- 加給年金：扶養家族の有無によって上乗せされる部分（P168）

☑ **チェック**

□ねんきんネットで受給額を確認しましたか？ ＿＿＿＿＿＿＿＿ 円／月

実際にはさらに細かい規定がある。詳しくは日本年金機構ホームページを参照。

Q6. 家族がいると年金が増えるの？

A6. 厚生年金では65歳未満の配偶者などがいると、加給年金が支給される。

厚生年金の被保険者期間が 20 年以上ある人が、受給開始年齢になった時点で、下記の条件に当てはまる家族がいる場合には、扶養手当にあたる加給年金が受け取れます。

加給年金の対象者である家族が 65 歳になると、加給年金は打ち切られます。代わりに、振替加算といって、配偶者の年金額に加算されます。

●妻がいる男性の場合

妻が65歳未満だと

妻が65歳以上だと

条件に当てはまる家族がいると年金額は増える

●配偶者が65歳未満の場合

〈加給年金〉

対象者	金額（年額）
配偶者（65 歳未満）	224,500 円
1 人目・2 人目の子（18 歳未満もしくは 1 級・2 級の障害のある 20歳未満の子）	各 224,500 円
3 人目以降の子（18 歳未満もしくは 1 級・2 級の障害のある 20 歳未満の子）	各 74,800 円

〈配偶者の特別加算〉

受給権者の生年月日	金額（年額）
昭和9年4月2日～昭和15年4月1日	33,200円
昭和15年4月2日～昭和16年4月1日	66,200円
昭和16年4月2日～昭和17年4月1日	99,400円
昭和17年4月2日～昭和18年4月1日	132,500円
昭和18年4月2日以降	165,600円

●配偶者が65歳以上の場合

〈振替加算〉

振替加算額は、65歳になるまで支給されていた加給年金額に、配偶者の生年月日に応じた割合をかけた金額が支給される。

☑ チェック

加給年金の対象となる家族が　いる□　いない□

□加給年金で、受給額はいくら増えますか？ ________________ 円

年金編

Q7. 定年後も働けば、年金と給与でダブルの収入!?

A7. 一定額以上の収入がある人は年金が減額になる。

年金の受給者が会社などで働いて厚生年金に加入する場合、給与や年金額が一定額を超えると、年金の一部または全部が支給停止となります。これを在職老齢年金といい、給与額に応じて年金額が算出されます。

●計算に必要な用語

総報酬月額相当額:その月の標準報酬月額＋その月以前1年間の標準賞与額÷12

基本月額:(65歳未満)加給年金額を除いた特別支給の老齢厚生年金の月額
(65歳以降)加給年金額を除いた、老齢厚生年金の報酬比例部分の月額

在職老齢年金の計算

●60歳～65歳未満

総報酬月額相当額	基本月額	支給額の計算方法
合計28万円以下		全額支給
47万円以下	28万円以下	基本月額－(総報酬月額相当額＋基本月額－28万円)÷2
	28万円超	基本月額－総報酬月額相当額÷2
47万円超	28万円以下	基本月額－{(47万円＋基本月額－28万円)÷2＋(総報酬月額相当額－47万円)}
	28万円超	基本月額－{47万円÷2＋(総報酬月額相当額－47万円)}

●65歳以降

基本月額と総報酬月額相当額の合計額	支給額の計算方法
合計 47 万円以下	全額支給
合計 47 万円超	基本月額－(基本月額＋総報酬月額相当額－47 万円) ÷ 2

★計算の結果がマイナスになる場合、年金は全額支給停止となる。

☑ **チェック**

□働く場合、年金受給額はいくら減額になりますか？ ＿＿＿＿＿＿円

□繰り下げ受給とどちらが有利ですか？ ＿＿＿＿＿＿

Q8. 年金額が少ない……増やす方法はないの？

A8. 基礎年金の任意加入制度、付加年金で受給額を増やせる人も。

国民年金（基礎年金）は、20歳から60歳までの間に25年間加入していないと年金を受け取れません。また、最長の40年間加入すると満額の年金が受け取れますが、これに満たない場合は受給額が少なくなります。

国民年金（基礎年金）の第1号被保険者は、国民年金に任意加入することで、受給額を増やすことができます。また、定額の年金保険料に上乗せして保険料を納めると受給額が増える、付加年金という方法もあります。

●任意加入中に付加年金を納めるとより効果的

・任意加入制度

→年金の基本額が上がる

・付加年金

→終身で受け取れる。1年間納付した年金は2年間で元が取れる

任意加入制度

加入期間が受給資格の25年（平成29年4月からは10年）に満たない、または受給資格はあるが最大の40年に満たない第1号被保険者は、60歳以降も任意で国民年金に加入し、加入期間を延ばして受給額を増やすことができる。

加入できる年齢

・年金額を増やしたい場合は65歳まで
・受給資格を満たしていない場合は70歳まで
・外国に住む日本人なら、20歳以上65歳未満

付加年金

定額の保険料に加えて付加保険料を納めると、付加年金が支給額に加算される。増額分は終身で受け取れるため、短期間でも加入すれば少額でも確実に増える。なお、国民年金基金に加入している人は対象外。

●付加保険料：400円／月
●付加年金額：
200円×付加保険料納付月数

☑ チェック

□年金加入期間は最長の40年間を満たしていますか？
□満たしていない場合、任意加入制度や付加年金を利用していますか？

Q9. 健康保険の仕組みをおさらいしたい。

A9. 勤め人は健康保険、自営業なら国民健康保険に加入する。

日本ではすべての国民が、何らかの健康保険に加入します。75歳になるまでは、国民健康保険、協会けんぽ（協会管掌健康保険）、組合健保（組合管掌健康保険）、共済組合という種類があります。

いずれも給付の内容に大きな違いはありません。75歳になると後期高齢者医療制度に移行します。

医療費負担は、70歳未満は3割、70歳から75歳未満は2割、75歳以上は1割に抑えられます。ただし、所得額によっては例外もあるので注意してください。

公的な保険の仕組み

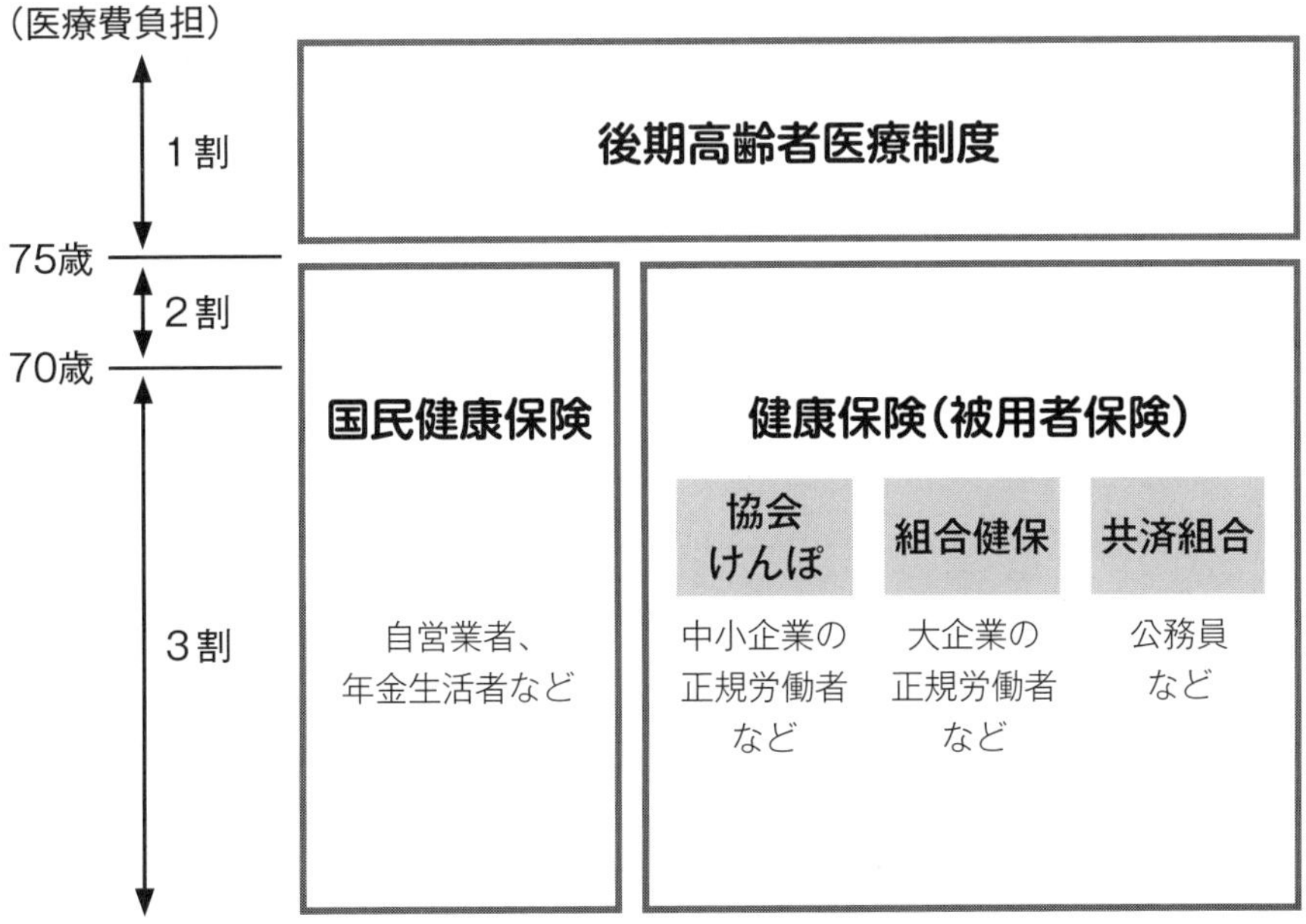
（医療費負担）
1割
75歳
2割
70歳
3割
後期高齢者医療制度
国民健康保険
自営業者、
年金生活者など
健康保険（被用者保険）
協会
けんぽ
中小企業の
正規労働者
など
組合健保
大企業の
正規労働者
など
共済組合
公務員
など

☑ チェック

□健康保険のしくみと、医療費負担の変化を確認できましたか？

健康保険編

Q10. 勤め人の健康保険って、どう切り替わるの？

A10. 退職後2年間は健康保険を継続可能。その後は国民健康保険に加入する。

就職・退職で切り替える

定年退職前

健康保険に加入
勤め先の健康保険に加入する。手続きは勤め先が行う。定年退職後に再就職した場合は、再び就職先の健康保険に加入する。

定年退職後

下のいずれかを選ぶことができる

2年間限定の任意継続
扶養家族と一緒に入れる。任意継続中に国民健康保険に切り替えることもできる。

国民健康保険に加入
居住する自治体が運営する国民健康保険に加入する。家族の人数分の保険料を世帯単位で納付する。

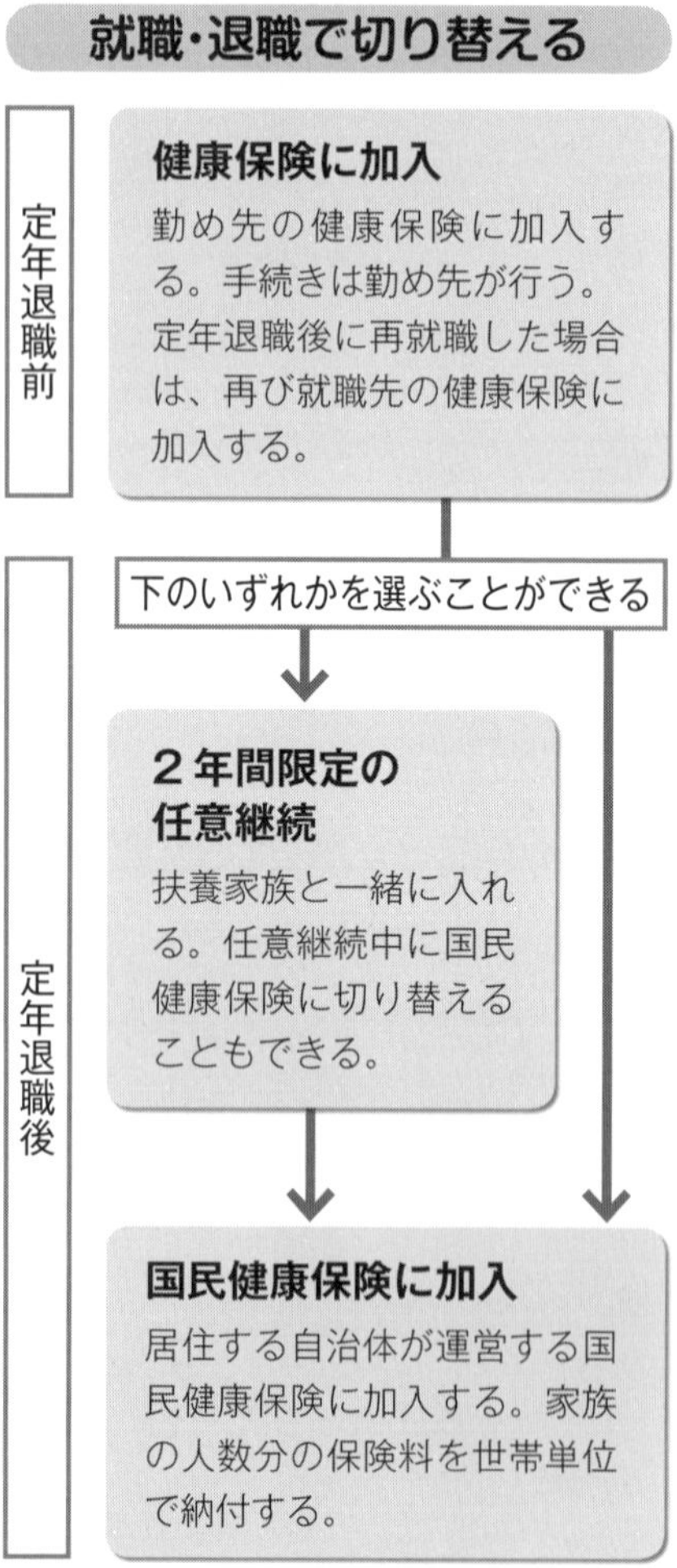

原則、会社員や公務員は被用者保険、それ以外の人は国民健康保険に加入します。ただし、会社員や公務員の場合、一定の被保険者期間があれば、退職から2年間は被用者保険を任意継続することができます。

被用者保険は、加入者の所得に応じて算出される保険料を納め、その扶養家族（配偶者や子）も健康保険の対象となります。逆に、家族の扶養に入ることもできます。一方、国民健康保険は、個人に対して保険料が算出されるため、家族の人数に応じて保険料は変わります。

●**手続き方法**

〈任意継続の場合〉
手続き先 協会けんぽ、組合健保、共済組合の都道府県支部など
期限 退職後20日以内

〈国民健康保険〉
手続き先 市区町村
期限 特にないが、未加入期間がないほうが望ましい。

☑ **チェック**
□健康保険の任意継続・新規加入の手続きを確認できましたか？

Q11. 医療費や介護費で高額出費……どうしよう！

A11. 高額療養費の払い戻し、介護保険制度の利用で負担減に。

健康保険のおかげで、医療費の自己負担は３割〜１割負担で済みます。しかし、医療費が高額になると、自己負担額だけでも相当な金額になるため、限度額が決められています。それを超えた部分は申請すれば高額療養費として払い戻されます。

さらに、介護保険制度を利用している場合は、医療保険と介護保険の自己負担合計額が一定額を超えた場合に、その超えた部分の金額が支給される制度もあります。

医療費の自己負担には限度額がある

標準報酬月額（事業主から受ける報酬の３カ月以上の期間の平均金額）に応じて限度額は変わる。なお、同一世帯で１年間に３回以上、高額療養費の支払いを受けている場合、４回目からは「多数該当」の金額が適用される。

※ 70 歳未満の場合

標準報酬月額	自己負担限度額	多数該当
83万円以上の人	252,600円＋（総医療費－842,000円）×1％	140,100 円
53万～79万円の人	167,400円＋（総医療費－558,000円）×1％	93,000 円
28万～50万円の人	80,100円＋（総医療費－267,000円）×1％	44,400 円
26万円以下の人	57,600円	44,400 円
標準報酬月額が低く、 市区町村民税が非課税の人	35,400円	24,600 円

70 歳以上の医療費の自己負担額は別途定められています。

介護保険と合算して基準額を超えた分も支給される

同一世帯で同じ健康保険に加入している人の、前年８月１日から７月 31 日の１年間にかかった健康保険と介護保険の自己負担額（高額療養費制度を適用した金額は除く）の合計額が一定額を超えると、その超えた部分が支給される（高額介護合算療養費）。

☑ **チェック**

□医療費や介護費の自己負担額を軽減できる制度を確認できましたか？

付録 いくらもらえて、いくら支払う？ 老後のお金試算表

年金、保険のポイントを確認できたら、自分の財産状況と月々の支出を把握し、今後の資金計画を立てましょう。計画を立てておけば、それに見合った生活を心がけることもできます。

毎月確実にある出費のほかに、医療費や介護費、自宅の修繕費など、予定外の出費に対応できるように蓄えておけるのが理想的です。

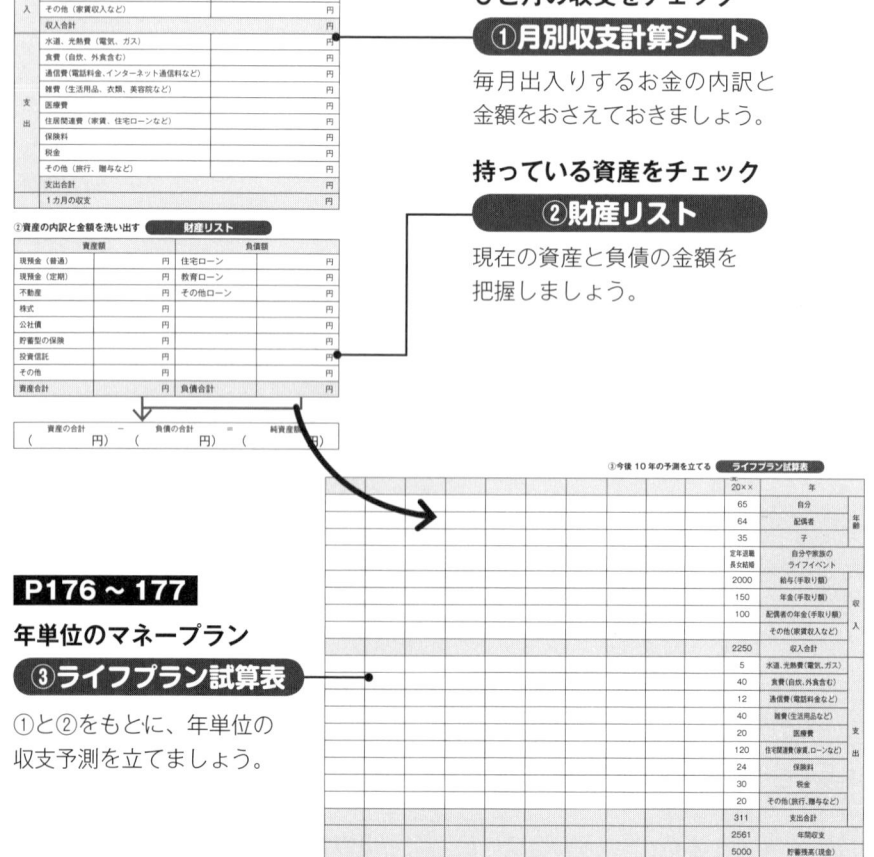

試算表の使い方

①月々の収支を把握する　月別収支計算シート

	内訳	金額
収入	給与（手取り額）	円
	年金（手取り額）	円
	その他（家賃収入など）	円
	収入合計	円
支出	水道、光熱費（電気、ガス）	円
	食費（自炊、外食含む）	円
	通信費（電話料金、インターネット通信料など）	円
	雑費（生活用品、衣類、美容院など）	円
	医療費	円
	住居関連費（家賃、住宅ローンなど）	円
	保険料	円
	税金	円
	その他（旅行、贈与など）	円
	支出合計	円
	1カ月の収支	円

P175

ひと月の収支をチェック

①月別収支計算シート

毎月出入りするお金の内訳と金額をおさえておきましょう。

②資産の内訳と金額を洗い出す　財産リスト

資産額		負債額	
現預金（普通）	円	住宅ローン	円
現預金（定期）	円	教育ローン	円
不動産	円	その他ローン	円
株式	円		円
公社債	円		円
貯蓄型の保険	円		円
投資信託	円		円
その他	円		円
資産合計	円	負債合計	円

資産の合計（　　円）－ 負債の合計（　　円）＝ 純資産額（　　円）

持っている資産をチェック

②財産リスト

現在の資産と負債の金額を把握しましょう。

③今後10年の予測を立てる　ライフプラン試算表

										(例) 20××	年	
										65	自分	年齢
										64	配偶者	
										35	子	
										定年退職 長女結婚	自分や家族のライフイベント	
										2000	給与(手取り額)	収入
										150	年金(手取り額)	
										100	配偶者の年金(手取り額)	
											その他(家賃収入など)	
										2250	収入合計	
										5	水道、光熱費(電気、ガス)	支出
										40	食費(自炊、外食含む)	
										12	通信費(電話料金など)	
										40	雑費(生活用品など)	
										20	医療費	
										120	住宅関連費(家賃、ローンなど)	
										24	保険料	
										30	税金	
										20	その他(旅行、贈与など)	
										311	支出合計	
										2561	年間収支	
										5000	貯蓄残高(現金)	

P176～177

年単位のマネープラン

③ライフプラン試算表

①と②をもとに、年単位の収支予測を立てましょう。

参考：三井住友信託銀行ライフプラン表

※コピーして使用してください。

①月々の収支を把握する　月別収支計算シート

	内訳	金額
収入	給与（手取り額）	円
	年金（手取り額）	円
	その他（家賃収入など）	円
	収入合計	円
支出	水道、光熱費（電気、ガス）	円
	食費（自炊、外食含む）	円
	通信費（電話料金、インターネット通信料など）	円
	雑費（生活用品、衣類、美容院など）	円
	医療費	円
	住居関連費（家賃、住宅ローンなど）	円
	保険料	円
	税金	円
	その他（旅行、贈与など）	円
	支出合計	円
	1カ月の収支	円

②資産の内訳と金額を洗い出す　財産リスト

資産額		負債額	
現預金（普通）	円	住宅ローン	円
現預金（定期）	円	教育ローン	円
不動産	円	その他ローン	円
株式	円		円
公社債	円		円
貯蓄型の保険	円		円
投資信託	円		円
その他	円		円
資産合計	円	負債合計	円

資産の合計	−	負債の合計	＝	純資産額
（　　　円）		（　　　円）		（　　　円）

※コピーして使用してください。

③今後 10 年の予測を立てる　ライフプラン試算表

			（例）			
			20××	年		①
			65	自分	年齢	①
			64	配偶者	年齢	①
			35	子	年齢	①
			定年退職 長女結婚	自分や家族の ライフイベント		②
			2000	給与（手取り額）	収入	②
			150	年金（手取り額）	収入	②
			100	配偶者の年金（手取り額）	収入	②
				その他（家賃収入など）	収入	②
			2250	収入合計	収入	②
			5	水道、光熱費（電気、ガス）	支出	②
			40	食費（自炊、外食含む）	支出	②
			12	通信費（電話料金など）	支出	②
			40	雑費（生活用品など）	支出	②
			20	医療費	支出	②
			120	住宅関連費（家賃、ローンなど）	支出	②
			24	保険料	支出	②
			30	税金	支出	②
			20	その他（旅行、贈与など）	支出	②
			311	支出合計	支出	②
			2561	年間収支		③
			5000	貯蓄残高（現金）		④

単位：万円

【使い方】

①まず、年と、自分と家族の年齢を書き入れます。
② P175 の①「月別収支計算シート」を使って 1 カ月分の収入と支出を把握し、それをもとに年間の収入と支出の金額を概算します。
③②をもとに年間収支の金額を出します。
④ P175 の②「財産リスト」の現預金の金額から、③で出した年間収支の金額を引き、生活資金として手元にあるお金の残高を書き込みましょう。

さくいん&ひとこと用語解説

本書に出てくる法律用語をまとめました。途中でわからなくなったら、参照してください。詳しい説明を読みたい場合は、本編の該当ページへ。

あ

遺産分割……36、97、**100**
遺言書等で帰属先が決まっていない相続財産を法定相続人が分けること。借金などマイナスの財産については、債権者の同意が必要となる。

遺贈……**97**、101、115
遺言書によって財産を贈与すること。特定の財産が指定される。

委託者……**134**、138
信託の設定者。財産の所有者であり、信託において他者にその財産を託する人。

遺留分《いりゅうぶん》……25、37、97、**98**
一部の法定相続人に認められる、請求すればもらえる権利がある遺産の割合。

遺留分減殺請求《いりゅうぶんげんさいせいきゅう》……97、**98**、147
遺留分を請求すること。相続人同士で交渉し、まとまらない場合は家庭裁判所で調停を行う。

永代供養信託……160
葬儀や供養などに必要な金銭を他者に託し、亡くなったときにその金銭で葬儀や埋葬、供養や祭祀などの長期のお世話を行ってもらう家族信託の形。

か

加給年金……168
厚生年金の加入者で65歳未満の配偶者や18歳未満の子がいる場合などに、通常の年金額に上乗せして受給できる年金。

家族信託……19、21、23、25、26、29、**40**、42、45、68、91、92、**124〜160**
財産の一部を、家族に託すること。報酬が発生せず、信頼関係のもとで信託財産の管理が行われる。民事信託ともいう。

家庭裁判所……28、35、59、63、**78〜81**
家庭内の紛争を解決する裁判所。任意後見の申立てや監督、遺言書の検認などを行う。

家督承継信託……143、**150**
代々直系の子孫に財産を承継させる家族信託の形。二次受益者以降を直系の子孫に指定することにより可能になる。

仮登記……115
不動産の登記で、将来本登記をしたときに確実に優先されるように、あらかじめ

さくいん＆ひとこと用語解説

換価分割 ……… 100
相続した財産の一部または全部を売却して現金にし、その現金を分ける遺産分割方法。不動産などの分割しにくい財産があるときにも有効。

基礎控除 ……… 118、120
贈与税や相続税において、課税される財産価格の合計額から差し引くことができる部分。

教育資金〈孫〉 ……… 39、116
「直系尊属から教育資金の一括贈与を受けた場合の非課税」という特例があり、直系の孫への教育資金贈与が、最大で1500万円まで非課税となる。

共有分割 ……… 100
相続した財産を、分割せずに相続人全員の共有にする遺産分割方法。共有者全員の合意がないと処分できなくなる。

寄与分 ……… 99
被相続人の資産形成を手伝った相続人が、ほかの相続人よりも多くもらえる遺産の部分。

金銭贈与信託 ……… 143、148
判断能力がなくなったあとにも贈与を続けられるように、贈与予定の財産を信託しておく家族信託の形。

結婚・子育て資金〈子、孫〉 ……… 39、117
「直系尊属から結婚・子育て資金の一括贈与を受けた場合の非課税」という特例があり、直系の子や孫への結婚・子育て資金贈与が、最大1000万円まで非課税となる。

健康保険 ……… 162
被雇用者が加入する公的な医療保険。健康保険協会、健康保険組合などが運営している。

現金分割 ……… 100
相続した財産の形を売却したりせずに、現物のまま分ける遺産分割方法。

高額療養費制度 ……… 173
高額の医療費を支払った場合に、健康保険の自己負担限度額を超える部分が支給される制度。

後期高齢者医療制度 ……… 171
75歳以上の人の医療費負担額が1割となる制度。なお、前期高齢者の70歳から74歳までの人は2割負担。（いずれも現役並みの所得がある人は3割負担）

後見事務 ……… 66、79、80
成年後見人（任意後見人、法定後見人）が被後見人のために行う事務。身の回りの契約や支払いの代理など。

公証人 ……… 82、85、93
公証役場で、公証証書の定款に認証を与えたり、私文書や会社の定款に認証を与える業務を行う国家公務員。

公証役場 ……… 28、62、82、85、93、110
公証人が業務を行う場所。各地域に置かれている。

公証証書 ……… 28、59、60、82、85、88、92、110
公証人の立ち会いのもとで作成された文書。確実に法的効力をもつ。

公正証書遺言 ……… 19、29、37、93
公正証書によって作成された遺言書。相続開始時に検認を必要とせず、すぐに執

179

行できる。

厚生年金……163

被雇用者が加入する公的年金。国民年金（基礎年金）に上乗せされて、所得に比例した金額が支給される。

国民健康保険……**171**、172

自営業者、年金生活者、非正規雇用の労働者などが加入する公的な医療保険。市町村などが運営している。

国民年金（基礎年金）……163

20歳以上60歳未満のすべての国民が加入する公的年金。加入期間などに応じた金額が支給される。

さ

再婚支援信託
（ハッピーマリッジ信託®）……143、**152**

子がいる男女が再婚した場合に、相続でお互いの財産が混ざり合わないようにする家族信託の形。

在職老齢年金……169

60歳を過ぎて働いている人は、老齢厚生年金と所得の額に応じて、年金の一部または全部が支給停止になること。

詐害《さがい》信託……143

債務を負っている人が、強制執行を免れようとして財産を隠すために設定した信託。債権者が訴訟によって取り消すことができる。

死因贈与……**29**、42、114

亡くなったときに財産が移転する贈与。あげる人ともらう人の合意が必要。契約行為だが、民法上、遺言と同一に扱われる。

死後事務委任契約……48

葬儀や供養などの方法を指定し、執行してもらう契約。契約の相手に、死後事務にかかる金銭を預託しておく。

自己信託……41、139、**156**

財産の所有者が、自分を受託者として行う信託。そのため「信託宣言」とも呼ばれる。実質的には、自分の財産の一部を切り離して管理することになる。

死後認知……101

遺言書によって子を認知すること。生前には知られていなかった子が、相続時にはじめて、新たに法定相続人に加わる。

自筆証書遺言……29、**93**、103

遺言書の形式の一つ。すべて手書きで作成し、署名・捺印する。遺言の執行には裁判所の検認が必要。

社会福祉協議会……46

社会福祉活動を推進する、営利目的ではない民間の組織。それぞれの都道府県、市区町村にあり、医療や介護の従事者と連携して活動する。

受遺者《じゅいしゃ》……97

遺贈を受けた人。法定相続人のほか、誰でもなることができる。

住宅取得資金〈子、孫〉……39、**117**

「直系尊属から住宅取得等資金の贈与を受けた場合の非課税」という特例があり、直系の子や孫への住宅取得資金贈与時の税負担が大幅に軽減される。

住宅取得資金〈配偶者〉……117

「夫婦の間で居住用の不動産を贈与したときの配偶者控除」という特例があり、夫婦間の不動産または不動産取得資金

さくいん&ひとこと用語解説

の贈与時の税負担が軽減される。

受益権……**140**
信託において、信託財産を利用したり、信託財産から生み出される利益を受ける権利。

受益者……131、**134**、138、140
受益権をもつ人。

受益者指定権者……41、**135**
次の受益者が決まらないうちに前の受益者が亡くなってしまった場合に、次の受益者を指定することができる人。

受益者代理人……41、131、**135**
受益者を代理して受益権を行使できる人。幼い子や認知症などで意思表示が難しい受益者の権利を守る。

受贈者……114、126
贈与を受けて財産を取得する人。取得額によっては贈与税を課税される。

受託者……131、**134**、138
信託において、信託財産を託される人。委託者の願いを叶え、受益者に利益をもたらすために財産を管理・運用する。

障害者福祉信託……143、**154**
障害をもつ家族などを、自分が亡くなったあとも生活に困らないように守るための家族信託の形。障害のある子の生活費を他者に信託し、生涯扶養する。

商事信託……132
財産の一部を、信託銀行や信託会社に託すること。利用者は報酬を支払う。金融庁の監督のもとで信託財産の管理が厳格に行われる。

所有権……115、**136**
所有物を自由に使用、処分できる権利。

身上監護《しんじょうかんご》……**58**、75、80
日常生活に必要な、身の回りの契約や手続き。任意後見制度では、病院で治療を受けたり、介護施設に入所するための事務手続きをやってもらう。

信託監督人……41、**135**
受託者による信託財産の管理が正しく行われているかどうかを監督する人。

信託業法……131
受託者が「営業」として信託行為を行う場合について定められた法律。信託法の特別法。

信託銀行……41、131、**139**
業務として信託を取り扱う銀行。法律によって認可を受けている。

信託法……41、**131**
信託について定められた法律。１９２１年に制定、２００６年に改正された。

生活再建支援信託……160
主に浪費癖のある子の生活を守るための家族信託の形。他者に財産を託し、少額ずつ子に渡してもらうことで、大切な財産の浪費を防ぐ。

生前契約……48
生前にする契約。本書では、自分が亡くなったあとの葬儀や供養の手配に関わる契約を生前にしておくことを指す。

生前贈与……**29**、42、112、114
生前に行う贈与。贈与契約をするとただちに財産が受贈者に移転する。

成年後見制度……**28**、87
認知症や精神障害などで判断能力が不十分な人を支援する制度。法定後見制度と任意後見制度がある。

生命保険（生命保険金）……101、113、**122**
死亡や病気にともなう損失を保障するための保険。契約時の条件を満たすと、保険金の受取人に保険金が支払われる。

宣誓認証……29、158
作成済みの私文書に対し、公証人が本人確認と意思確認を行い「本人が署名捺印したもの」という認証文をつけること。家族信託契約でよく用いられる。

臓器提供宣言公正証書……15、**88**
脳死判定が下されたときなどに、臓器を提供する旨を宣言する公正証書。

相続……25、37、106、112、126
人が亡くなったあとに、その人が遺した財産を特定の親族が承継すること。

相続時精算課税……113、**118**
贈与税の課税方式の一つ。２５００万円までの特別控除額までは贈与税がかからず、相続時に相続財産として精算、課税される。

相続税……**36**、126
相続によって財産を取得した人が、その取得額に応じて納める国税。さまざまな控除や特例がある。

相続人……90、**96**、98、100、102、104、106、110
相続によって財産を取得した人。相続開始後にこの呼び名が使われる。相続開始前で、相続人になることが予想される人は推定相続人という。

相続分……**98**、100、102
相続人が取得する財産の、遺産全体に占める割合。

贈与……26、**29**、45、69、112、118、148
財産を無償で他者に与えること。

贈与者……114
財産の所有者で、贈与によって財産を与える人。

贈与税……**118**、126
贈与によって財産を取得した人が、その取得額に応じて納める国税。

尊厳死宣言公正証書……15、**88**
回復の見込みがなく、死期が迫ったときに、延命措置を取りやめるよう宣言するための公正証書。

た

代襲相続……96
相続人が亡くなっている場合などに、その相続人の子に相続権が移ること。

代償分割……100
相続人のうちの一人に遺産の全部を相続させ、ほかの相続人には代わりに現金などを渡す遺産分割方法。

代理権目録……32、68、82、**84**
代理権を与える行為を記した目録。

多重遺言……19、104、**106**
推定相続人が相続時にすでに亡くなっていた場合に備えて、その次の相続人を決めておく遺言書の形。

地域包括支援センター……46
地域住民の医療・介護などの支援を行う機関。各市区町村に設置されている。

伝統的家屋保全・利用信託……160
伝統的な家屋を、街づくりや景観整備の目的で残すための家族信託の形。

さくいん&ひとこと用語解説

特定財産保全信託……160
代々伝わる骨董品などの特定の財産を、将来にわたってその家系で守るための家族信託の形。

特別受益《とくべつじゅえき》……**99**、100
特定の相続人が、相続分とは別に生前に贈与を受けた分。特別受益分は、遺言で禁止されていなければ、遺産分割時に相続分から差し引かれる。

特約目録……84
任意後見契約において、特別重要であり被後見人の同意を必要とする事項を記した目録。

な

日常生活自立支援事業……46
自分で財産管理や契約行為を行うのが不安になってきたときに、支援を受けられる制度。社会福祉協議会が実施している。

任意加入制度〈国民年金〉……170
国民年金の加入期間が受給資格に足りない場合や、最長期間に満たない場合に、60歳を超えて任意で加入すること。

任意継続〈健康保険〉……172
被雇用者が退職したあとも2年間に限り、勤め先の健康保険に任意で継続できる制度。

任意後見監督人……63、66、72、**78**、80、83
任意後見人の後見事務が正しく行われているかどうかを監督する人。

任意後見制度〈任意後見契約〉……15、17、21、23、26、28、32、**34**、42、44、45、51、**55**、60、62～87、146
判断能力があるうちに自分で任意後見人を選んでおき、将来、判断能力が不十分になったときに財産管理や身の回りの契約行為などを代理でやってもらう制度。

任意後見人……34、55、62、66、**72**、78、80、82、85
任意後見契約の相手方で、将来判断能力が不十分になったときに後見事務を行う人。

任意代理契約……15、17、23、26、28、**32**、42、44、51、**54**、58、60、68
判断能力が十分なうちから財産管理を代理してもらう契約。契約内容は自由に決められる。

年金……**30**、162～170
毎年定期的に給付される金銭。公的年金（国民年金、厚生年金）、個人年金などがある。

は

配偶者の特別加算〈厚生年金〉……168
厚生年金の加入者で65歳未満の配偶者がいる場合に、一定の条件を満たしていれば通常の年金額に上乗せされて受給できる年金。

廃除……101
被相続人が、自分に侮辱や虐待をした人から相続権を奪うこと。生前に家庭裁判所に申し立てるか、遺言書によって指定する。

被後見人……**66**、69、78
成年後見制度（任意後見制度、法定後見制度）で、後見を受ける人。

秘密証書遺言……29、**93**
作成してから公証役場に持ち込み、認証だけしてもらった遺言書。中身を知られることなく、遺言書の存在だけを証明することができる。

付加年金〈国民年金〉……170
定額の保険料に加えて付加保険料を納めると、納めた期間に応じて年金支給額に加算される制度。

複数後見人……74
同時に複数の人に任意後見人を頼むこと。任意後見人の状況や後見事務の内容に応じて柔軟に対応できる。

付言事項……101
遺言書に記す、遺言者から相続人へのメッセージ。感謝の思いや、遺言の趣旨を伝える。法的効力はないが大切な事項。

負担率……113、120
相続財産に占める相続税額の割合や、贈与財産に占める贈与税額の割合。

振替加算〈厚生年金〉……168
加給年金の対象者の配偶者が65歳以上になった場合に、その配偶者の年金額が加算される制度。

ペット信託®……160
自分の亡きあともペットに天寿をまっとうしてほしいという願いを叶えるための家族信託の形。ペットの飼育にかかる金銭を他者に信託する。

法人後見人……76
法人が、任意後見人や法定後見人になること。

法定後見制度（法定後見契約）……**28**、42、70
すでに判断能力が不十分になっている人が、家庭裁判所によって選任された法定後見人に、財産管理や身の回りの契約行為などを代理でやってもらう制度。

法定相続……24、**92**、106、108
民法の規定にしたがって行われる相続。法定相続人、法定相続分が定められている。遺言書がない場合や、無効の場合は法定相続になる。

法定相続人……**96**、98
相続によって財産を承継できる、民法で定められた一定範囲の親族。配偶者、子、親、兄弟姉妹、代襲相続の場合の孫など。

法定相続分……98
民法で定められた、法定相続人が受け取れる財産の取得分。相続人の構成によって変わる。

法律外婚姻支援信託……160
法的な婚姻関係にない二人の財産を、相続において夫婦同然の扱いをすることができるようにする家族信託の形。

補充遺言……19、104、**108**
夫婦が、一方が亡くなったときに備えてお互いのために書く遺言書の形。どちらが先に亡くなっても、残された配偶者が困らないようにする。

さくいん&ひとこと用語解説

ま

見守り契約……15、17、21、26、28、42、44、**53**、56、63、69

定期的な連絡や面会で、体の不調や判断能力の有無を見てもらう契約。任意後見制度の利用開始時期を見極めるために必須。

や

遺言……26、**29**、36、69、115

自分が亡くなったあとの財産の処分について、意思表示をすること。判断能力があるうちにされたもののみ有効。

遺言・後見併用型信託……143、**146**

遺言書・任意後見制度と併用して行う家族信託の形。信託する財産、任意後見人に管理を任せる財産、遺言によって帰属先を指定する財産に分けて管理する。

遺言控除……37

2018年までの新設が検討されている制度。遺言書にもとづいて遺産を相続すれば、基礎控除に上乗せして控除額が増え、相続税額が減らせるというもの。

遺言執行者……110

遺言書の内容を実現するための手続きを、職務として任された人。遺言者の代理人に近い役割で、遺言者が指定することができる。

遺言書……25、26、**36**、42、44、**90~111**、126、144、146、150

遺言の意思表示を、文書にあらわしたもの。決まりにのっとって作成されたもののみ法的効力をもつ。

遺言信託……157

遺言書を信託銀行に預け、亡くなったときに遺言執行者として手続きを行ってもらう、信託銀行のサービス。

遺言代用信託……141、143、**144**

遺言書による相続が起こったときと同じような効果をあわせもつ家族信託の形。遺言書よりも確実に実現できる。

遺言による信託……156

遺言書によって受託者と受益者を指定して設定される信託。受託者に指定された人が拒絶すると成立しないので、不安定な要素が多い。

予備後見人……74

一人の後見人が病気や死亡、破産などによって後見人を務めることができなくなった場合に備えて次の後見人を選任しておくこと。

ら

暦年課税……113、**118**

贈与税の課税方式の一つ。1年間に贈与によって取得した財産の金額に応じて課税される。年110万円の基礎控除額がある。

困ったときの問い合わせ先

地域の支援全般については

地域包括支援センター

各自治体に設置されている。地域によっては、庁舎や病院の中にセンターが設けられていることもある。自治体から委託を受けたNPO法人などによって運営されていることもある。

⇒自治体の福祉課などに問い合わせる。

日常生活自立支援事業、成年後見制度については

厚生労働省ホームページ

●日常生活自立支援事業

⇒ http://www.mhlw.go.jp/

社会福祉協議会

全国、都道府県、市区町村単位で設置されている。

⇒自治体の福祉課などに問い合わせるか、各地の社会福祉協議会のホームページにアクセスする（下記）。

社会福祉法人全国社会福祉協議会ホームページ

都道府県の社会福祉協議会のホームページにリンクしている。さらに、各都道府県の社会福祉協議会のホームページは市区町村の社会福祉協議会のホームページにリンクしている。

⇒ http://www.shakyo.or.jp/

贈与・相続の税制や特例については

国税庁

〒100-8978 東京都千代田区霞が関3-1-1

03-3581-4161（代表）

●国税庁ホームページ

https://www.nta.go.jp/

●各地の国税局の所在地及び管轄地域

https://www.nta.go.jp/soshiki/kokuzeikyoku/kankatsukuiki/syozaiti.htm

●タックスアンサー（よくある税の質問）

https://www.nta.go.jp/taxanswer/index2.htm

任意後見制度については

公益社団法人　成年後見センター・リーガルサポート

日本司法書士連合会が中心となって運営している。本部は東京。各都道府県の主要都市に支部があり、最寄りの支部の相談窓口で相談を受け付けている。

●本部

〒160-0003　東京都新宿区本塩町9-3　司法書士会館5F
03-3359-0541

●各地支部の検索

⇒ http://www.legal-support.or.jp/search/

権利擁護センター　ぱあとなあ

公益社団法人日本社会福祉士会が運営している。また、都道府県の社会福祉士会にもそれぞれ、「ぱあとなあ」が設けられており、最寄りの相談窓口で相談を受け付けている。

●公益社団法人日本社会福祉士会が運営する「ぱあとなあ」

〒160-0004　東京都新宿区四谷1-13 カタオカビル2階
03-3355-6546

●全国の社会福祉士会一覧

http://jacsw.or.jp/01_csw/06_zenkokukai/index.html

★弁護士会が運営する成年後見制度（任意後見制度、法定後見制度）に関する相談センターは各地にあります。ここでは東京の弁護士会が運営するところを例にあげて紹介します。

高齢者・障がい者総合支援センター　オアシス

東京弁護士会が運営している。
〒100-0013　東京都千代田区霞が関1-1-3 東京弁護士会
03-3581-9110

成年後見センター　しんらい

第一東京弁護士会が運営している。
〒100-0013　東京都千代田区霞が関1-1-3 第一東京弁護士会
03-3595-8575

高齢者・障がい者総合支援センター　ゆとり～な

第二東京弁護士会が運営している。
〒100-0013　東京都千代田区霞が関1-1-3 弁護士会館9階
第二東京弁護士会法律相談課
03-3581-9110

あとがき

遺すお金に愛を込めて。美しい人生のエピローグを

『知識ゼロからの老後のお金入門』、いかがでしたか？

それぞれの制度には、難しい部分や専門的な内容もあったかもしれません。

しかし、少なくとも「何もしない」ということが、あなたの日常生活をおびやかしかねないうえに、周囲の人たちに対して大変に無責任なことである、という重要な事実には、気づいていただけたと思います。

誰もがいつかは〝老い〟を感じる日を迎えます。この先に訪れるであろうさまざまなリスクを知り、それに対応する方法を考えておく必要があるのです。

昔からのことわざには、「転ばぬ先の杖」「備えあれば憂いな

し」といった、リスクマネジメントを推奨するもの、「立つ鳥跡を濁さず」といった、去りゆく者の美学を語るものがあります。

フランス語には「ノブレス・オブリージュ（noblesse oblige ＝高貴なる者にともなう義務）」という言葉があり、まさに「大人の責任」の必要性を語っています。

お金の価値は、その金額の多寡ではなく、それに込められた「気持ち」「心」の部分が最も大切なのではないかと思います。

自分のお金は、自分自身の人生の楽しみのために精一杯使い、また周囲の人に迷惑をかけないため有効に活用し、最後は大切な人や愛する人のために遺す。これこそが、大人の責任を果たした美しい生き方、そして理想的な人生の終わり方なのではないでしょうか。

みなさまが本書を活用し、お金に関する〝想い〟を叶えることができるよう、心より願っております。

司法書士法人ソレイユ 代表司法書士

河合保弘

取材協力(ページ順)

司法書士法人ソレイユ

(2章、4章ほか)

個人と中小企業の承継対策をメインとして、紛争予防、リスクマネジメントを専門とする。遺言や任意後見などはもちろん、特に家族信託(民事信託)と種類株式に関してはトップランナーで、前例のない新しい信託のモデルを数々作り出している。

染宮教育総研株式会社

税理士 染宮勝己 (P120 ~ 122)

税理士の知識を生かし、生命保険に関わる税務を生命保険会社の営業職向けに解説する講演活動を行う。生命保険を活用した相続、贈与に関するコンサルティングにも力を入れている。

三井住友信託銀行

町井昭彦 (P139、174 ~ 177)

信託業法にもとづく日本初の信託銀行。資産運用・管理・承継に関するサービスを提供している。老後に関する、遺言信託や後見制度支援信託、教育資金贈与信託などの金融商品を扱う。

認定NPO法人
市民福祉団体全国協議会

田中尚輝、廣川隆一 (P48、186)

高齢者や障害者の生活を支援する民間団体が集まる全国組織。「市民協」の愛称で親しまれる。各地の福祉系NPO団体やボランティア団体と連携し、情報共有や新しい支援の取り組みなどを行う。

一般社団法人
家族信託普及協会

(P133)

家族信託を学び、顧客の相続や資産承継問題への対応を目指す、士業・保険・不動産の仕事に従事する人、FPなどが参加する協会。家族信託の基礎から具体的な信託の組成手法まで、幅広く教育と普及活動を行う。

株式会社
アセットパートナーズ

飯塚祥一 (P145)

事業再生・事業承継・不動産の流動化支援を行う。担保不動産や貸宅地を処分することによって、資金繰りを改善するなど、不動産を活用した事業再生のコンサルティング業務に力を入れている。

河合保弘（かわい・やすひろ）

司法書士法人ソレイユ 代表司法書士

司法書士。司法書士法人ソレイユ代表。企業再建・承継コンサルタント協同組合常務理事。宮城県亘理町観光親善大使。

家族信託（民事信託）や任意後見契約、遺言書の作成などの“エピローグケア”全般を得意とする。また、中小企業に特化した事業承継などの「企業支援業務」に取り組むと同時に、人材の育成を行っている。現在は、中小企業の事業承継や家族信託と種類株式を活用した書籍の執筆と講演活動に注力している。『WILLプロジェクト　間違いだらけの遺言を超える！』（出版文化社）、『企業承継の考え方と実務』（共編著、ダイヤモンド社）、『願いが叶う!! 想いが実る!!　究極の財産管理ツール民事信託超入門』（日本加除出版）、『種類株式＆民事信託を活用した戦略的事業承継の実践と手法』（日本法令）、『知識ゼロからの会社の継ぎ方・事業承継入門』（監修、幻冬舎）、『家族信託活用マニュアル』（日本法令）、ほか、著書多数。

司法書士法人ソレイユ

（本店）〒100-0005　東京都千代田区丸の内2-2-1　岸本ビルヂング602号
電話03-3214-2107　ホームページhttp://votre-soleil.com/

参考文献

『WILLプロジェクト 間違いだらけの遺言を超える！』河合保弘著（出版文化社、2007）

『すぐに役立つ信託・遺言・財産管理のしくみと手続き』千賀修一監修（三修社、2013）

『願いが叶う!!　想いが実る!!　究極の財産管理ツール民事信託超入門』河合保弘著（日本加除出版、2014）

『誰でも使える民事信託――財産管理・後見・中小企業承継・まちづくりetc.活用の実務』（日本加除出版、2012）

『第２版 Q&A 遺言・信託・任意後見の実務　公正証書作成から税金、遺言執行、遺産分割まで』雨宮則夫、寺尾洋編著（日本加除出版、2015）

『実践　成年後見No.45』田中敦司編集（株式会社民事法研究会）

『成年後見の法律相談〈第３次改訂版〉』赤沼康弘、鬼丸かおる編著（学陽書房、2014）

『成年後見と財産管理の法律とトラブル解決法67』原田正誉監修（三修社、2010）

『「老い」に備える　老後のトラブルと予防法』中山二基子著（文春文庫、2008）

『「老いじたく」成年後見制度と遺言』中山二基子著（文春新書、2005）

装幀　石川直美（カメガイデザインオフィス）
イラスト　秋田綾子
本文デザイン　バラスタジオ（高橋秀明）
校正　渡邉郁夫
編集協力　オフィス201（小川ましろ、鳥海紗緒梨）
編集　鈴木恵美（幻冬舎）

知識ゼロからの老後のお金入門

2016年2月10日　第1刷発行

著　者　河合保弘
発行人　見城　徹
編集人　福島広司
発行所　株式会社 幻冬舎
　　　　〒151-0051　東京都渋谷区千駄ヶ谷4-9-7
　　　　電話　03-5411-6211（編集）　03-5411-6222（営業）
　　　　振替　00120-8-767643
印刷・製本所　株式会社 光邦

検印廃止

万一、落丁乱丁のある場合は送料小社負担でお取替致します。小社宛にお送り下さい。

本書の一部あるいは全部を無断で複写複製することは、法律で認められた場合を除き、著作権の侵害となります。

定価はカバーに表示してあります。

©YASUHIRO KAWAI,GENTOSHA 2016
ISBN978-4-344-90309-8 C2077
Printed in Japan
幻冬舎ホームページアドレス　http://www.gentosha.co.jp/
この本に関するご意見・ご感想をメールでお寄せいただく場合は、comment@gentosha.co.jpまで。